J. ALBERTO SOGGIN
DAS KÖNIGTUM IN ISRAEL

J. ALBERTO SOGGIN

DAS KÖNIGTUM IN ISRAEL

URSPRÜNGE, SPANNUNGEN, ENTWICKLUNG

VERLAG ALFRED TÖPELMANN

BERLIN 1967

CBPac

BEIHEFTE ZUR ZEITSCHRIFT FÜR DIE
ALTTESTAMENTLICHE WISSENSCHAFT
HERAUSGEGEBEN VON GEORG FOHRER

104

©
1967
by Alfred Töpelmann, Berlin 30, Genthiner Straße 13
Alle Rechte, insbesondere das der Übersetzung in fremde Sprachen, vorbehalten.
Ohne ausdrückliche Genehmigung des Verlages ist es auch nicht gestattet, dieses Buch oder
Teile daraus auf photomechanischem Wege (Photokopie, Mikrokopie) zu vervielfältigen.
Printed in Germany
Satz und Druck: H. Heenemann KG, Berlin
Archiv-Nr. 38 22 675

S. C. N. in tiefer Verbundenheit

Vorwort

Bevor ich diese Abhandlung dem Herausgeber der Reihe übergebe, ist es mir eine angenehme Pflicht, in Dankbarkeit derjenigen zu gedenken, die mir bei ihrer Fertigstellung behilflich gewesen sind. Ich erwähne besonders die Herren Kollegen G. Bucellati (Los Angeles), G. R. Castellino (Roma), K. H. Deller (Roma), O. Eissfeldt (Halle), G. Garbini (Roma–Napoli), I. J. Gelb (Chicago), S. Herrmann (Leipzig–Berlin), H. Klengel (Berlin), H. Kosmala (Jerusalem), S. N. Kramer (Philadelphia), A. Malamat (Jerusalem), M. Noth (Bonn-Jerusalem), A. L. Oppenheim (Chicago), H. M. Orlinsky (New York), G. Rinaldi (Trieste), H.-J. Stoebe (Basel), R. de Vaux (Jerusalem), G. Wallis (Halle) und G. E. Wright (Harvard). Einige unter ihnen haben freundlicherweise Teile der Arbeit durchgesehen oder mit mir besprochen. Natürlich sind sie keinesfalls verantwortlich für meine eigenen Stellungnahmen, eventuelle Fehler oder Ähnliches, vielmehr anerkenne ich gerne ihren Beitrag zu dem, was in diesem Buche gültig ist.

Ein Wort des Dankes gebührt auch den Teilnehmern des »Graduate Seminar« des Princeton Theological Seminary, Princeton, N. J. (Sommersemester 1966), mit denen ich manche der hier im I. Teil vorgetragenen Thesen einer eingehenden Nachprüfung unterziehen konnte. Ich nenne die Herren B. L. Brenner (Kap. I, 6), W. L. Hufham (über *nagîd* und Charismatikertum), A. Marx (Kap. I, 3–4) und C. E. Williams (Kap. I, 2). Ihre Seminararbeiten haben oft dazu beigetragen, noch umstrittene Punkte zu klären oder zu vervollständigen.

Müßte ich die Institute und Bibliotheken aufzählen, die mir großzügig entgegengekommen sind, so würde diese Liste länger, als die Leser es ertragen könnten. Es sei mir also erlaubt, auch ihnen einen kurzen, doch deswegen nicht weniger herzlichen Dank auszusprechen!

Diese Arbeit befaßt sich nur nebenbei mit dem sogenannten »sakralen Königtum«. Dies geschieht nicht, um irgendeine Opposition gegen die Thesen der Uppsalienser oder der »Myth and Ritual«-Schule zu äußern (ein gar merkwürdiges, wenn auch nicht unbekanntes Verfahren wäre es, durch Schweigen eine Opposition sozusagen lautwerden zu lassen), sondern weil ich das ursprünglich nicht zur israelitischen Monarchie gehörige und erst später aufkommende sakrale Element als einen Teil der Festigung der königlichen Institution in Israel nach kanaanäischem Muster betrachte. Die Sache ist so wichtig, daß sie eine Arbeit für sich und nicht nur eine Marginalerwähnung verdient.

Das Buch wird der hochwürdigen Theologischen Fakultät der Universität Basel als Dissertation vorgelegt, und das 1. Kap. des I. Teiles wird als Sonderdruck herausgegeben. Den Herren Referenten, Prof. Dr. E. Jenni und H.-J. Stoebe, danke ich nicht nur für ihre Ratschläge, sondern auch für die Entgegennahme eines in italienischer Sprache verfaßten Originalmanuskriptes, was ihnen die Lektüre bestimmt nicht erleichtert, mir aber das Arbeitstempo und das sonstige Verfahren erheblich vereinfacht und verkürzt hat.

Zuletzt gilt mein Dank Fräulein Monika Sutter vom »German Department« der Princeton University, die sich um die Korrektur meiner eigenen Übersetzung ins Deutsche bemüht hat, und Herrn Kollegen G. Fohrer für die Aufnahme der Arbeit in die Beihefte zur ZAW, und für die Mithilfe bei der endgültigen Anfertigung des Manuskriptes zum Druck.

Roma, Dezember 1965
Princeton, April 1966   J. A. S.

Inhaltsverzeichnis

Vorwort VII

EINLEITUNG: Fragestellung und Vorbemerkungen 1

Kap. I Fragestellung und Vorbemerkungen 3
1. Königtum und Götterwelt 3
2. Grundlagen des israelitischen Königtums 6
3. Notwendigkeit seiner institutionellen Entwicklung 7

Kap. II Erste Versuche einer monarchischen Verfassung 11
1. Die Richter als Vorläufer des Königtums 11
2. Die Wahl Gideons, Jdc 6–8 15
3. Das Königreich Abimælæks in Sichem, Jdc 9 20
4. Jephta, Führer von Gilead 25

I. TEIL: Das Königtum in Israel nach den biblischen und inschriftlichen Quellen 27

Kap. I Die Episode des Königtums Sauls 29
1. Sachlage 29
2. Die erste Überlieferung (I Sam 8 10 17–27; 12; vgl. 7 und 15) 31
3. Die zweite Überlieferung (I Sam 9 1–10 16 und 13 5–15) 39
4. Die dritte Überlieferung (I Sam 11 13 1–4. 16 ff. 14) 41
5. Das Königtum Sauls 45
6. Das Zerwürfnis zwischen Saul und Samuel 53

Kap. II David König von Juda und Israel 58
1. David und Saul (I Sam 16 ff.) 58
2. David König von Juda 63
3. Die Lage im Norden 66
4. David König von Juda und Israel 70
5. Merkmale des Reiches Davids 73

Kap. III Das Königreich Salomos 77
1. Das Problem der Thronnachfolge 77
2. Die Anfänge des Königtums Salomos 79
3. Der Tempelbau 84
4. Entwicklungen im Salomonischen Reiche 85

Kap. IV Das getrennte Königtum: Israel 90
  1. Die Auflösung der Personalunion(I Reg 12//II Chr 10) 90
  2. Der König Jerobeam I. 95
  3. Nadab, Baasa, Elah, Zimri und Tibni 98
  4. Das „Haus Omri" 100
  5. Das „Haus Jehu" und die letzten Jahre Israels 102

Kap. V Das getrennte Reich: Juda 104
  1. Die neue Lage im Süden 104
  2. Die Könige bis zur Mitte des 8. Jahrhunderts 108
  3. Juda bis zum Exil 109

II. TEIL: Das Königtum in Israel und bei den benachbarten Völkern des Alten Orients 113

Kap. I Das Königtum in Syrien-Palästina 115
  1. Einleitung 115
  2. Das Königtum in Ugarit 117
  3. Alalaḫ und die El-ʿAmarna-Briefe 118
  4. Texte vom Ende des 2. Jt. und des 1. Jt. 122
  5. Das israelitische und das syro-palästinische Königtum 124

Kap. II Das Königtum in Ägypten und bei den Hethitern 127
  1. Einleitung 127
  2. Die hethitische Monarchie 127
  3. Für unsere Untersuchung wichtige hethitische Könige 129
  4. Hethitisches und syro-palästinisches Staatswesen 131
  5. Ägypten 133

Kap. III Die „primitive Demokratie" im prähistorischen Mesopotamien 136
  1. Einleitung 136
  2. Die „primitive Demokratie" 138
  3. Fragen zur „primitiven Demokratie" 143
  4. Die „primitive Demokratie" und das Alte Testament 146

Kap. IV Die alte halbnomadische und nomadische Gesellschaft .. 149
  1. Einleitung 149
  2. Die Nomaden zur Zeit des Königreiches Mari 153
  3. Die beduinische Gesellschaft und ihre Regierungsformen 156
  4. Die alte nomadische Gesellschaft und das Alte Testament 159

Register 163
  A. Texte 163
  B. Gegenstände, Namen und Verfasser 164
  C. Wörter 166

EINLEITUNG

Fragestellung und Vorbemerkungen

»Der Idee nach ein Gott unter Menschen, allwissend und gewaltig, ist der König in der Praxis nur allzuoft ein eingeschüchterter Mann, der Volksstimmung zuliebe das Gottesrecht preisgebend, in sinnloser Trunkenheit wehrlos den Großen und den Prätorianern ausgeliefert oder in Furcht vor ihnen zitternd.«

J. HEMPEL, Das Ethos des Alten Testaments (BZAW Nr. 67), 2. Aufl. Berlin 1964, S. 3.

KAPITEL I

Fragestellung und Vorbemerkungen

1. a) In allen Ländern des sogenannten »Fruchtbaren Halbmondes«, mit der einzigen, beachtenswerten Ausnahme Israels, wird das Königtum in der einen oder anderen Weise als göttlichen Ursprungs betrachtet[1]. Als typisch für diese Anschauung darf wohl der Anfangssatz der Sumerischen Königsliste gelten: »Als das Königtum vom Himmel herabstieg ...«. In ihm finden wir, in knappen Worten zusammengefaßt, die über den Ursprung des Königtums herrschende Meinung.

Sei es nun, daß die Person des Herrschers grundsätzlich als menschlich angesehen wurde, wie es mit wenigen Ausnahmen im sumerischen und semitischen Zweistromland geschah[2]; sei es, daß der Monarch, der als irdischer Abglanz und Vertreter der Gottheit galt, selbst als Gott

---
[1] Für die sumerische Königsliste vgl. ANET S. 265 b; zuletzt S. N. Kramer, The Sumerians, 1963, S. 328–331, und N. J. Nissen, Eine neue Version der sumerischen Königsliste, ZA 57 (1965), S. 1–5. Für das Konzept des Königtums vgl. C. J. Gadd, Ideas of divine rule in the Ancient Near East, 1948, S. 33 ff.: »God and King are two conceptions so nearly complete in the Oriental mind, that the distinction is constantly blurred«. Dieser Satz soll aber nach dem Aufsatz von T. H. Gaster, Divine Kingship in the Ancient Near East, Review of Religion 9 (1944–45), S. 267–281, so aufgefaßt werden: Er warnt den heutigen Leser davor, sich für den Alten Orient solcher Kategorien wie »Gottheit« und »Menschheit« im modernen Sinn dieser Wörter zu bedienen: das alte *'ilu* (hebr. *'ēl*) umfaßt ein viel weiteres semantisches Feld, als wir es heute auf Grund unseres jüdisch-christlichen Hintergrundes im gewöhnlichen Gebrauch voraussetzen. U. a. schließt es, besonders im kultischen Raum, den Begriff des Königtums ein. Man muß also ständig mit Nuancen rechnen, die wir heute nicht immer zu erfassen vermögen. Vgl. ferner H. Frankfort, The Problem of similarity in ancient Oriental Religion, 1951, *passim*. Es ist dabei unerheblich, aus welchem Grunde (z. B. zur Speisung der Götter usw.) das Königtum vom Himmel aus errichtet wurde.
[2] T. Fish, Some ancient Mesopotamian traditions concerning man and society, BJRL 30 (1946–47), S. 41–56; Ders., Some aspects of Kingship in the Sumerian city and kingdom of Ur, ibid. 34 (1951–52), S. 37–43; H. Frankfort, Kingship and the Gods, 1948, S. 237 ff.; C. J. Gadd, a. a. O. S. 34 ff.; A. Scharff – A. Moortgat, Ägypten und Vorderasien im Altertum, 1950, S. 234 ff.; A. Moortgat, Rez. zu Frankfort a. a. O., ZA 49 (1950), S. 314–319; S. Moscati – S. Bosticco, L'Oriente antico, 1952, S. 17 ff.; H. Schmökel, Kulturgeschichte des Alten Orient, 1961, S. 85 ff. usw. Die Unterschiede zwischen babylonischem, syrischem und hethitischem

verehrt wurde, wie dies in Ägypten der Fall gewesen ist[3]; sei es, daß er nach seinem Tode zur Apotheose gelangte, wie dies im späteren Hethitertum belegt ist[4]; das Königtum blieb immer irgendwie mit der göttlichen Sphäre verbunden, indem es den Himmel mit der Erde vereinte und also vermittelnde Funktion zwischen diesen sonst getrennten Teilen des Kosmos ausübte[5]. Was den syrisch-palästinischen Raum betrifft, wie er uns aus den Texten von Ugarit und den Briefen von El-'Amarna entgegentritt, so werden die Quellen oft noch als ungenügend empfunden, um eine Gesamtwertung des dortigen Königtums zu erlauben, wie dies schon bei den anderen, erwähnten Völkern einigermaßen möglich ist[6]. Dennoch können wir auch hier eine interessante Dialektik feststellen zwischen dem heiligen, sakralen Charakter der von den Göttern adoptierten und gesäugten Königsperson einerseits und andererseits seiner grundsätzlichen Menschlichkeit, wodurch ihm die Unsterblichkeit verwehrt blieb. Dies führt uns (und ich rede hier hauptsächlich auf Grund der ugaritischen Zeugnisse), was das Königtum in Syrien-Palästina betrifft, in eine ähnliche Situation, wie wir sie bei den anderen Völkern beobachten konnten[7]. Kaum anders erscheint uns endlich, bei aller wegen der relativen Neuheit des uns zur Verfügung stehenden Materials

---

Konzept des Königtums einerseits und ägyptischem anderseits, dürfen natürlich nicht zu einseitig betont werden (vgl. Anm. 1), ohne die verschiedenen Schattierungen zu beachten, vgl. A. BENTZEN, King ideology – »Urmensch« – »Troonbestijgingsfeest«, Stud. Theol. 3 (1949), S. 143–157.

[3] H. FRANKFORT, The birth of civilization, 1951, S. 30 f., 78 f. und 84 ff.; Ders., Kingship, S. 148 ff.; Gadd a. a. O. S. 33 ff.

[4] SCHARFF-MOORTGAT S. 356 ff. und SCHMÖKEL S. 366 ff.

[5] S. MOSCATI, Le antiche civiltà semitiche, 1958, S. 92 ff.

[6] Es fehlt bis jetzt eine Studie, welche die zur Verfügung stehenden Materialien ordnen und klären würde. Ich erlaube mir, provisorisch auf meinen Aufsatz hinzudeuten: Osservazioni all'istituto monarchico in Siria ed in Palestina nei secoli XV–XI av. Cr., in den bald erscheinenden Studi in onore di E. VOLTERRA.

[7] Die sogen. »Uppsala-Schule« und ihr Lehrer I. ENGNELL, Studies in Divine Kingship in the ancient Near East, 1943, S. 97 ff. Eine gute Übersicht über die Probleme, mit einer kritischen, doch gerechten, methodischen Würdigung der skandinavischen Forschung, finden wir bei R. HENTSCHKE, Die sakrale Stellung des Königs in Israel, Ev.-Luth. Kirchenztg. 9 (1955), S. 69–74. Er hat aber seinerseits den Unterschied zwischen dem ägyptischen und dem mesopotamischen Königsbegriff nicht genügend betont. Es ist interessant, die verschiedenen Stellungnahmen J. GRAYS zu verfolgen: in Canaanite Kingship in theory and practice, VT 2 (1952), S. 193–220, betrachtet er bei dem heutigen Stand der Wissenschaft jede Aussage als verfrüht; in The Legacy of Canaan, 1957, S. 160 ff., 2. Aufl. 1965, S. 218 ff., behauptet er die sakrale Natur des Königs, weil er an der Brust der 'Ašerat und der 'Anat gelegen hat und in seiner Person die »sakramentale Verbindung zwischen Gottheit und Volk« stattfindet.

gebotenen Vorsicht, die Lage im ägäischen Raum nach der Entzifferung der »linear ‚B'«-Schrift[8].

b) Es ist also gut möglich, durch den ganzen alten Nahen Osten die Spuren eines systematischen und einheitlichen Konzeptes über den Ursprung und die kosmischen Funktionen des Königtums zu verfolgen, welches, ohne die Besonderheiten der einzelnen Völker zu leugnen oder ihre Einzelentwicklung zu beschränken, eine grundsätzliche, innere Einheit offenbart, die wohl als Voraussetzung für gewisse, in den verschiedenen Räumen immer wieder auftauchende Konstanten gelten darf[9].

c) Diese grundsätzliche Einheitlichkeit dient aber auch dazu, die schon erwähnte Ausnahme des Volkes Israel noch eindeutiger hervorzuheben. Das Gottesvolk schließt nämlich nicht nur jeden himmlischen, und also mythischen Ursprung des Königtums nach den uns überlieferten Quellen aus, wobei gleichzeitig jede *ursprüngliche* Vergöttlichung der Person bzw. der Institution wegfällt, sondern geht so weit, wenigstens in einem Fall von den dem Königtum stark widerstrebenden Strömungen zu berichten (vgl. I Sam 8 3-21 10 17-27 und 12). Ferner – und hierin dürfen wir wohl ein zweites, typisches Element sehen – auch wenn die anderen Strömungen das Königtum für die Gemeinde als äußerst vorteilhaft ansehen, so empfinden sie es nie als etwas, das für ihr Leben und Überleben notwendig wäre! Alle alttestamentlichen Überlieferungen sind sich nämlich darin einig, daß sie von einer Vor- und Frühgeschichte des Volkes Israel berichten, in der sich das Volk nicht durch eine Monarchie, sondern durch ein heute meistens als theokratisch definiertes Regiment verwaltete, wobei es sich, immer nach den Quellen, um die Gründungsepoche des Volkes handelte. Und es fehlt nicht, wie bekannt, an biblischen, besonders prophetischen und deuteronomistischen Kreisen zugehörigen Verfassern, welche dieser Zeit eine große Zuneigung, der späteren aber eine genau so große Abneigung, zollen. Ja, ihre Einstellung geht bekanntlich so weit, daß sie die königliche Periode und ihre Vetreter auf Grund der vorköniglichen Zeit aufs schärfste kritisieren[10]!

d) Die ursprünglich unmythischen Seiten des israelitischen Königtums und sein anfänglich wenig sakraler Inhalt (wenigstens, wenn wir es mit der Lage der umliegenden Völker vergleichen) erlauben es uns aber

---

[8] Vgl. vorläufig A. FURUMARK, Was there a Sacral Kingship in Minoan Crete? La Regalità sacra, 1959, S. 369–370.

[9] Der homogene Charakter der Kultur im ganzen alten Nahen Osten wurde immer wieder von S. MOSCATI betont. Vgl. zuletzt Historical Art in the Ancient Near East, 1963, S. 7.

[10] Vgl. A. ALT, Das Königtum in den Reichen Israel und Juda, 1951 (Kl. Schr., II 1953, S. 116–134). E. R. GOODENOUGH, Kingship in early Israel, JBL 48 (1929), S. 169–205, hat seinerzeit darauf aufmerksam gemacht, daß königliche Elemente schon in denjenigen Traditionen erscheinen, in denen von Gestalten der Vorgeschichte die Rede

nicht, von einer säkularen Monarchie in Israel zu reden, wie sie sich etwa heute unter Trennung von Kirche und Staat entwickelt. Auch in Israel steigt das Königtum, paradoxerweise, vom Himmel herab, auch wenn dieser Satz einen ganz anderen Sinn als bei den übrigen Völkern erhält. Und in der Existenz einer solchen Paradoxie gründet die dem israelitischen Königtum eigene Dialektik.

Deswegen sollte eine Untersuchung der besonderen Merkmale der israelitischen Monarchie einen nicht unerheblichen Beitrag zur Geschichte der staatlichen Institutionen im alten Nahen Osten liefern, mit denen die israelitischen ja bekanntlich historisch, ethnisch und rechtsgeschichtlich unlöslich verbunden sind.

2. a) Grundlage des Königtums in Israel ist von Anfang an ein Konzept, das ich einmal »charismatisch« genannt habe; nach ihm konnte nur eine von Jhwh designierte und von ihm mit gewissen, besonderen Gaben ausgestattete Person zum König erhoben werden[11]. Die Einmaligkeit und Zeitbedingtheit dieser Gaben unterscheiden sich von dem, was überall die besondere Begabung des Königs ausmacht und an sein Amt gebunden ist. Die Art, wie sich im Konkreten die göttliche Wahl und Begabung äußerte, konnte sich den gegebenen Umständen entsprechend, verschieden gestalten: Wir wissen von Führern des Heeres, die sich durch ihre Fähigkeiten im Kampfe als Charismatiker erwiesen und entsprechend geehrt wurden; von anderen Personen, die durch ein Orakel (oder einmal gar durch das Los, nach einer späteren Überlieferung) von der Gottheit gezeichnet wurden. Soweit geht die israelitische Überlieferung, was die mythischen Ursprünge des Königtums betrifft.

b) Ein zweites Element erscheint in der darauffolgenden Zeremonie, in welcher die von Jhwh designierte Person durch die Volksversammlung bestätigt wurde, was durch eine Art Akklamation geschah. Die Versammlung hatte also den Auftrag, das Charisma eingehend zu prüfen und die Gültigkeit der gegebenen Zeichen zu verbürgen. Dieses Verfahren habe ich mit allem noch zu erwähnenden Vorbehalt »demokratisch« genannt.

c) Innerhalb weniger Jahrzehnte aber, und genau gesagt, in den letzten Jahren des 2. Jt. und in den ersten des 1. Jt., ist es möglich, eine

---

ist: Erzväter, Moses, Josua usw. Handelt es sich um primäre Elemente oder um Versuche, ältere Institutionen zu verdeutlichen bzw. gegenwärtige Elemente zurückzuprojizieren? Auf diese Fragen können wir hier nicht eingehen, obwohl die zweite Alternative größere Möglichkeiten aufzuweisen scheint. Vgl. ferner A. BENTZEN, Messias, Moses redivivus, Menschensohn, 1948, *passim*.

[11] Wie bekannt, wurde der Begriff »charismatisch« von M. WEBER, Wirtschaft und Gesellschaft, 4. Aufl. 1956, I S. 140 ff., II S. 662 ff., in die Religionssoziologie eingeführt. Er bezeichnet das Regiment des »inspirierten« Führers, der außer in Israel noch im Islam erscheint.

Entwicklung des israelitischen Königtums zu beobachten, die es zu immer mehr institutionalisierten Formen führte – dies natürlich auf Kosten der beiden schon genannten Elemente. Es handelt sich um eine Anpassung an die Verhältnisse der Umwelt, wozu Israel gezwungen wurde, sowohl was die innere als auch die äußere Politik betrifft. Besonders die außenpolitische Lage forderte einen einheitlichen, stabilen, den immer neu auflodernden Problemen gewachsenen Staat, und den konnte man nur durch Zentralisierung und durch Ausschaltung alles nicht Voraussehbaren, Irrationalen erreichen. Gleichzeitig mußte aber der so hervortretende Monarch sich in seiner neuen Stellung irgendwie legitimieren, und dies geschah durch Israels Übernahme von Teilen jener mythisch-kosmischen Elemente, die ihm ursprünglich fremd waren. Der Prozeß, der dazu führte, ist während der letzten Jahrzehnte von den Schulen *Myth and Ritual* in Großbritannien und Uppsala in Schweden herausgestellt worden. Das sogenannte »sakrale Königtum« ist also nicht typisch israelitisch, sondern Teil seiner fortschreitenden Institutionalisierung nach altorientalischem, besonders kanaanäischem Muster[12].

d) Dieser von verschiedenen Faktoren ausgelösten Entwicklung gelang es aber nicht, ohne weiteres die Oberhand zu bekommen. Die göttliche Designierung des Königs und die Akklamation von seiten der zuständigen Volksversammlung blieben bis fast zum Ende der Monarchie als lebendige Elemente im Volksbewußtsein erhalten; und dies ist nicht nur im Norden (wie man oft hört), sondern, wie wir noch sehen werden (I. Teil, K. V), auch im Süden der Fall. Während mancher Krise sehen wir die Volksversammlung (besonders im Süden!) dazu bereit, den ihr von alters her zukommenden Platz wieder einzunehmen, vor allem bei jenen Anlässen, in denen die monarchische Institution besonders schwach erschien und einer gegebenen Lage nicht Herr werden konnte.

Dürfen wir nun von einer Rückentwicklung reden, in der das israelitische Königtum von einer charismatisch-demokratischen Stellung zu einer dynastisch-institutionellen gelangte, dies natürlich unter dem Vorbehalt, daß erstere nie gänzlich ausgeschaltet wurde[13]?

3. a) Wir haben oben für die institutionelle Entwicklung des Königtums das Wort Anpassung gebraucht und behauptet, Israel wurde dazu durch innen- und außenpolitische Verhältnisse gezwungen. Damit rückt auch der Begriff »Rückentwicklung« in sein richtiges Licht. Wir neigen

---

[12] ENGNELL a. a. O. S. 187 ff.
[13] Eine provisorische Behandlung dieser Materialien habe ich in meinem Aufsatz Zur Entwicklung des alttestamentlichen Königtums, TZ 15 (1959), S. 401–418, versucht. Der scheinbar bestehende Widerspruch dieser beiden Arten der Designierung zum König kann durch den Begriff der »doppelten Kausalität« erklärt werden, vgl. I. L. SEELIGMANN, Menschliches Heldentum und göttliche Hilfe, TZ 19 (1963), S. 385 bis 411, bes. S. 399 ff.

nämlich als moderne Menschen durch Erziehung, Tradition, persönliche Erfahrung und Sympathie dazu, den Übergang von einer freieren, demokratischen zu einer aristokratischen oder gar autokratischen Staatsform tatsächlich als etwas Negatives zu empfinden und in Fällen, wie dem genannten, eine politische Dekadenz, eine Rückentwicklung, festzustellen. Eine solche begegnet uns allerdings in so ganz verschiedenen Ländern, zu so verschiedenen Zeiten und in so andersartigen Verhältnissen – vom prähistorischen sumerischen Stadtstaat (mit dem wir uns später befassen werden, vgl. II. Teil, K. III)[14] bis zur italienischen Renaissance –, daß ein negatives Urteil über diese Entwicklung mehr von unserem kulturellen Vorverständnis als von einem objektiven Studium der Fakten und der sich daraus ergebenden Alternativen bestimmt scheint.

b) In der Tat, es handelt sich nicht nur um eine im jeweiligen historischen Zusammenhang unumgängliche Weiterbildung, sondern auch um einen tatsächlichen Fortschritt vom staatswissenschaftlichen Gesichtspunkt aus. Von einer durch starke, lokale Eigengesetzlichkeit bedingten, oft fast anarchischen Situation der Freiheit, in der es noch keinen Raum gab für das, was wir heute mit dem Staatsbegriff zu verbinden pflegen, führte die institutionelle Entwicklung zur Beseitigung der Anarchie, zur Schaffung solcher öffentlichen Dienste, ohne die wir heute überhaupt nicht mehr von einem Staat reden können: ein nationales Heer, ein einheitliches Rechts- und Finanzsystem, zentralisierte Steuern usw., was unter einer »primitiv-demokratischen« Regierungsform undurchführbar gewesen wäre. Die Institution bildet also auch in Israel, obwohl sie auf Kosten der früheren charismatisch-demokratischen Formen in Erscheinung trat, eine notwendige Etappe zur Erschaffung eines Staates im modernen Sinn des Wortes. Es ist denn auch nicht verwunderlich, daß in Israel gerade die Versammlung die Grundlage schuf, auf welcher die monarchische Institution errichtet wurde: Sie verstand nämlich selbst ganz genau, daß die bisherige Regierungsform nicht genügte, den schweren außen- und innenpolitischen Fragen gerecht zu werden.

c) Im Falle Israels dürfte eine von uns ausgehende negative Beurteilung dieser Entwicklung, die zum institutionellen Königtum führte, auch durch das meist negative Urteil prophetischer und deuteronomistischer Kreise bedingt sein und sich also biblisch-theologisch begründen. Doch

---

[14] Es handelt sich um die von T. JACOBSEN genannte »primitive Demokratie«: vgl. Primitive Democracy in Ancient Mesopotamia, JNES 2 (1943), S. 159–172, eine These, die für Altmesopotamien die Zustimmung eines großen Teiles der heutigen Gelehrten gefunden hat, vgl. zuletzt S. N. KRAMER, The Sumerians, 1963, S. 36 ff. und 186 ff. Es herrscht aber keine Einstimmigkeit in der Forschung, vgl. unten II. Teil. K. III und provisorisch M. LIVERANI, Introduzione alla storia dell'Asia anteriore antica, 1963, S. 40 ff. Die ganze wirtschaftliche Frage ist heute Gegenstand einer Reihe besonderer Abhandlungen, wie wir noch sehen werden.

auch diese Wertung der Tatsachen ist ja alles andere als einheitlich und darum nicht immer leicht zu erfassen: Denn erstens wird ja nicht das Königtum als solches, sondern nur der einzelne, nicht »orthodoxe« König verurteilt, und zweitens handelt es sich um Urteile, die bekanntlich nicht historisch (also politisch, wirtschaftlich usw.), sondern geschichtstheologisch gemeint sind; drittens, indem diese Geschichtsschreiber reformatorische Könige wie Hiskia und Josia äußerst positiv bewerten (das reformatorische Eingreifen in den Kultus ist aber eine typisch institutionelle Befugnis eines Königs), zeigt sich uns, daß die Polemik eigentlich gar nicht der absolutistischen Entwicklung des Königtums galt! Ja, wir sehen oft, daß manche Könige unter den Schutz der Versammlung genommen werden, wo doch z. T. gerade in ihren Kreisen die prophetischen und deuteronomistischen Gedanken über das Königtum gepflegt wurden (vgl. unten I. Teil, K. V. 1)! Auch hier verrät also der historische Tatbestand nicht leicht lösbare Verflechtungen, und jedes zu rasch formulierte Urteil dürfte sich bald als hinfällig erweisen.

d) Der altisraelitischen Amphiktyonie (ich gebrauche diesen Begriff, der von M. Noth vor über 35 Jahren zuerst aufgestellt wurde, lediglich als Arbeitshypothese) war es nicht gelungen (und konnte es auch nicht gelingen), für die eingewanderten und sich in Palästina zusammenschließenden Halbnomaden ein derartig abgerundetes Gebiet zu schaffen, das sich strategisch verteidigen ließe und wirtschaftlich haltbar wäre; noch hatte sie es fertig gebracht, die einzelnen Glieder zu gemeinsamem Nutzen so zusammenzufügen, daß sie sich z. B. dem gemeinsamen Feinde geschlossen hätten widersetzen können. Die herrschende Anarchie, Ergebnis einer zu starken Eigengesetzlichkeit, verursachte sogar Kämpfe unter den einzelnen Gruppen, bis hin zu einem geplanten Bürgerkrieg...! Nur eine viel stärkere, zentralisierte Organisation konnte dem abhelfen, und es war nur der philistäische Druck während der letzten Hälfte des 11. Jh., welcher die sowieso hinfällige Entwicklung dramatisierte und erheblich beschleunigte[15].

e) In der vorliegenden Abhandlung werden wir versuchen, die im Titel aufgestellten Elemente zu verfolgen – von der »primitiven Demokratie«[16] in Israel bis zum Untergang des Königtums 587. Ohne einen Vergleich mit ähnlichen Institutionen im alten Nahen Osten wäre dies

---

[15] Deswegen möchte H. Klengel, Die Rolle der »Ältesten« (LÚMEŠŠU. GI) im Kleinasien der Hethiterzeit, ZA 57 (1965), S. 223–236, bes. S. 235 f., die Definition »primitive Demokratie« für Mesopotamien nur unter dem Vorbehalt annehmen, daß man sie höchstens als Aspekt einer dekadenten Gentilverfassung, nicht aber als Vorläuferin der heutigen Demokratie versteht.

[16] Als erster hat C. U. Wolf, Traces of Primitive Democracy in Ancient Israel, JNES 6 (1947), S. 98–108, versucht, den Begriff »primitive Demokratie« auf die Bibel anzuwenden. Vgl. unten II. Teil, K. III, 4.

unmöglich. Die spätere, eschatologische Verklärung der Monarchie werden wir nicht behandeln können; nicht nur weil uns dies in ein Gebiet führen würde, wo andere schon gearbeitet haben[17], sondern weil uns das Problem in seinen religionsgeschichtlichen und historischen Verflechtungen auch wiederum zu wichtig erscheint, als daß wir es nur so nebenbei behandeln. Der Abhandlung wird sich auch die Möglichkeit bieten, sich mit den u. A. von A. ALT, J. BRIGHT, M. BUBER, J. DE FRAINE, A. GONZÁLEZ NÚÑEZ, TH. JACOBSEN und ihren Schülern aufgestellten Thesen zu befassen, ihre Aussagen nachzuprüfen und, wo nötig, dem heutigen Stande der Wissenschaft anzupassen[18].

---

[17] Vgl. zuletzt S. AMSLER, David, Roi et Messie, 1963, und E. HAMMERSCHMIDT, Königsideologie im spätantiken Judentum, ZDMG 113 (1963–64), S. 493–511.

[18] A. ALT, Die Staatenbildung der Israeliten in Palästina, 1930 (Kl. Schr., II 1953, S. 1–65); Das Großreich Davids, 1950 (ibid. S. 66–75); Das Königtum in den Reichen Israel und Juda, 1951 (ibid. S. 116–134); Der Anteil des Königtums an der sozialen Entwicklung in den Reichen Israel und Juda, 1955 (Kl. Schr., III 1956, S. 348–372); Der Stadtstaat Samaria, 1954 (ibid. S. 258–302) usw.; A. WEISER, Samuel, seine geschichtliche Aufgabe und Bedeutung, 1962; J. DE FRAINE S. J., L'aspect religieux de la royauté israélite, 1954, *passim*; J. BRIGHT, The Kingdom of God, 1955; M. BUBER, Königtum Gottes, 3. Aufl. 1956; A. GONZÁLEZ NÚÑEZ, Profetas, sacerdotes y reyes en el antiguo Israel, 1962.

KAPITEL II

Erste Versuche einer monarchischen Verfassung

1. Die Richter als Vorläufer des Königtums

a) Es ist bekannt, daß das Königtum erst relativ spät in Israel eingeführt wurde, mindestens einige Jahrhunderte nach der Einwanderung der letzten, das Volk bildenden Gruppen in Palästina. Während der vorköniglichen Zeit wurden zwei Handlungen zu Ende geführt: I. die endgültige Niederlassung der eingewanderten Gruppen in jenen Landteilen, die bald ihr Eigentum wurden, und der daraus erwachsende Übergang vom halbnomadischen zum seßhaften Zustand; und II. die Vereinigung der verschiedenen Gruppen zu einer Gemeinschaft, die den Namen »Israel« führte und als deren *Heros eponymos* der alte, traditionelle Nomadenhäuptling Jakob galt: Dieser wurde seinerseits als »Vater« der *Heroes eponymi* der einzelnen Stämme und Gruppen betrachtet. Ursprünglich handelte es sich um eine hauptsächlich religiöse Bildung, deren Zusammengehörigkeit zum größten Teil im gemeinsamen Kultus des Gottes Jhwh am gemeinsamen Heiligtum zum Ausdruck kam. Politische und militärische Folgen des Bundes traten erst dann auf – wenn auch immer auf ungenügende Art –, wenn die alle bedrohende Gefahr ein gemeinsames Handeln erforderte; dadurch gewann der Bund auch politische und volksbildende Größe, was eigentlich über seine Urbestimmung hinausging.

Die Kriege waren deswegen hauptsächlich Verteidigungskriege. Spuren einer gemeinsamen Rechtsordnung, an die jedes Mitglied gebunden war, treten in der Episode Jdc 19–21 hervor, auch wenn alle Einzelheiten aus überlieferungsgeschichtlichen Gründen nicht immer klar zu erkennen sind. Dem Bunde schreibt man ferner noch zu, entscheidende Schritte unternommen zu haben, um die einzelnen Überlieferungen auf geschichtlichem und theologischem Gebiet in einen allgemeinen Zusammenhang zu bringen und eine Gesamttradition aus den verschiedenen Materialien zu formen. Diese Neubildung bezog sich natürlich auf »Israel« als das »Gottesvolk«, ein Titel, der früher, wie es scheint, nur von einer Gruppe geführt worden war: von den sogenannten Rachel-Stämmen Ephraim-Manasse und vielleicht noch Benjamin.

Diese Merkmale haben einem Teil der alttestamentlichen Forschung erlaubt, den »Zwölfstämmebund« der Zeit gegen Ende des 2. Jt. mit den griechischen und italischen Amphiktyonien der ersten Hälfte des 1. Jt. zu vergleichen, und diese Deutung gilt heute, nach dem sie durch M. NOTH zum erstenmal auf Grund von Studien A. JIRKUS, E. SELLINS, A. ALTS und M. WEBERS 1930 aufgestellt wurde, für viele als eine brauchbare Arbeitshypothese[1].

b) Die Hauptbeamten des »Bundes« führten den Titel šôp^eṭîm, was allgemein mit »Richter« übersetzt wird. Als solche sind sie dann auch in die Geschichte eingegangen. Für einige von ihnen besitzen wir Listen, die sofort wegen ihrer stilistischen und gattungsmäßigen Ähnlichkeit mit denen der Könige Judas und Israels auffallen: Jdc 10 1-5 und 12 8-15. Diese Analogie erlaubt den Schluß, daß während und nach der Königszeit diese Richter (wegen der Knappheit der uns überlieferten Berichte meistens »kleine« Richter genannt) als Vorgänger des Königtums betrachtet wurden, was natürlich gut zutreffen könnte. Die anderen Richter (die sogenannten »großen« Richter, wiederum nach dem Umfang der uns überlieferten Berichte) sind dagegen eine besondere Erscheinung: Erstens sollen sie ursprünglich als »Retter« bezeichnet worden sein, was dann

---

[1] M. NOTH, Das System der zwölf Stämme Israels, 1930; vgl. Ders., Geschichte Israels, 2. Aufl. 1954, § 7–8. Seitdem wurde diese Arbeitshypothese beinahe allgemein angenommen, und nur in den letzten Jahren sind Kritiken laut geworden, vgl. H. H. ROWLEY, Art. Israel, history of, IDB II (1962), S. 750–765, bes. S. 753 f.; H. M. ORLINSKY, The Tribal System of Israel and related groups in the period of the Judges, OA 1 (1962), S. 11–20; S. HERRMANN, Das Werden Israels, TLZ 87 (1962), Sp. 561–574; R. SMEND, Jahwekrieg und Stämmebund, 1963, S. 8 ff.; J. MAIER, Das altisraelitische Ladeheiligtum, 1965, S. 20 ff.; C. H. J. DE GEUS, De richteren van Israël, Ned. Theol. Tijds. 20 (1965/66), S. 81–100, und (nur für den behandelten Text) A. BESTERS, Le sanctuaire central dans Jud. XIX–XXI, Eph. Theol. Lovan. 41 (1965), S. 20–41. Nur ORLINSKY, MAIER und DE GEUS sind prinzipiell gegen die Hypothese; für die anderen handelt es sich hauptsächlich darum, sie nicht durch unberechtigte Folgerungen zu mißbrauchen; ROWLEY bestreitet eher die Möglichkeit, sich des *Wortes* »Amphiktyonie« zu bedienen, da es nicht ein Zentralheiligtum gegeben hat, sondern eher von mehreren Heiligtümern die Rede ist. Darin wird gewiß ein kritischer Punkt der Hypothese getroffen, obwohl es sich nur auf den Namen und nicht auf die Sache selbst bezieht; natürlich schließt das Zentralheiligtum nicht die Gegenwart anderer, lokaler Heiligtümer aus. O. EISSFELDT, The Hebrew Kingdom (Cambridge Ancient History, Rev. ed., Vol. II K. 34, 1965), S. 12 ff., möchte den amphiktyonischen Gedanken nicht vor dem Königtum ansetzen. Eine gute Behandlung des verwickelten Problems findet sich bei M. WEIPPERT, Die Landnahme der Israelitischen Stämme in der neueren wissenschaftlichen Diskussion, Göttingen 1965, S. 25 und Anm. 139 (nicht gedruckte, vervielfältigte Arbeit). Auch HEMPEL (unten Anm. 2) hat sich bis zuletzt für die Amphiktyonie eingesetzt, vgl. S. 179 f. Gegen die altisraelitische Amphiktyonie haben sich auch B. D. RAHTJENS, Philistine and Hebrew Amphictyonies, JNES 24 (1965), S. 100–104, und zuletzt G. FOHRER, Altes Testament – »Amphiktyonie« und »Bund«?, TLZ 91 (1966), Sp. 801–816, 893–904, gestellt.

viel später, z. Zt. des Dtr., in »Richter« geändert wurde; und zweitens, wie uns der ältere Teil deutlich zeigt, hatten sie ein außerordentliches Amt inne: das des charismatischen, von Jhwh in Zeiten besonderer Not berufenen Anführers[2]. Ich habe früher einmal dieses Amt mit dem des Diktators der Römischen Republik verglichen.

Daß die »kleinen« Richter ein Regierungsamt inne hatten, läßt sich heute auch aus der Etymologie und dem Gebrauch ihres Titels schließen: Die Wurzel *špt*, wie heute nach langen Diskussionen eindeutig feststeht, ist in Mari und Ugarit und bis in die punische Zeit hinein in dem archaischen Sinn von »herrschen« bezeugt; sie tritt in dieser Bedeutung auch an mancher altertümlichen Stelle des Alten Testaments hervor, z. B. in den Psalmen *mālak Jhwh*, mit Subjekt Jhwh.

Auf die sonstigen mit den Richtern verbundenen Fragen kann hier nicht eingegangen werden, um so mehr als andere sich gegenwärtig mit gutem Erfolg dieser Probleme angenommen haben[3]. Was uns hier interessiert, sind die Voraussetzungen zur Gründung und Entwicklung des Königtums, die während dieser Zeit geschaffen wurden.

---

[2] O. GRETHER, Die Bezeichnung »Richter« für die charismatischen Helden der vorstaatlichen Zeit, ZAW 57 (1939), S. 110–121; M. NOTH, Das Amt des »Richters Israels«, in: Festschrift A. BERTHOLET, 1950, S. 404–417; H. HERTZBERG, Die kleinen Richter, TLZ 79 (1954), Sp. 285–290 (jetzt Beiträge zur Traditionsgeschichte und Theologie des Alten Testaments, 1962, S. 118–125); G. VOLLBORN, Der Richter Israels, in: Sammlung und Sendung, Festschrift H. RENDTORFF, 1958, S. 21–31; A. WEISER, Das Buch der zwölf Kleinen Propheten I, 3. Aufl. 1959, S. 271, Anm. 1; K. ELLIGER, Art. Richter Israels, RGG 3. Aufl. V (1961), Sp. 1095; A. C. THOMSON, SHOPHEṬ and MISPHAṬ in the Book of Judges, Trans. Glasgow Univers. Orient. Soc. 19 (1961–62), S. 74–85; J. DUS, Die »Sufeten« Israels, Arch. Or. 31 (1963), S. 444–469; W. RICHTER, Zu den »Richtern Israels«, ZAW 77 (1965), S. 40–72. Dem letzteren gebührt das Verdienst, die Wurzel *špt* gründlich untersucht zu haben, vgl. noch DE GEUS a. a. O. – Durch die Gleichung *špt* – »regieren« wird auch das seinerzeit von F. HORST, Recht und Religion im Bereich des Alten Testaments, Ev. Theol. 16 (1956), S. 49–75 (Gottes Recht, 1961, S. 260–291), bes. S. 52/264, klar formulierte Problem gelöst, was mit dem Richteramt nach der Einsetzung des Königtums geschehen sei. Für eine allgemeine, volkstümliche Einleitung in die ganze Problematik vgl. mein When the Judges ruled, 1965, Kap. III. Eine kritische Übersicht ferner noch bei EISSFELDT, The Hebrew Kingdom, S. 17 ff. Vgl. ferner H. J. BOECKER, Redeformen des Rechtslebens im Alten Testament, 1964, S. 12 ff., und HEMPEL a. a. O. S. 134 ff.

[3] Grundlegend sind hier die Studien von W. RICHTER, vgl. die vorhergehende Anm., ferner Traditionsgeschichtliche Untersuchungen zum Richterbuche, 1963; Die Bearbeitung des »Retterbuches« in der deuteronomistischen Epoche, 1964, die ich alle in AION 15 (1965), S. 299–302, rezensiere. Für das Wort *môšiaʿ* – »Retter« vgl. J. SAWYER, What was a Mošiaʿ?, VT 15 (1965), S. 475–486. Er behandelt hauptsächlich den forensischen Sinn des Wortes, ohne auf unseren Zusammenhang einzugehen.

c) Die Richterzeit, die man durchschnittlich vom Ende des 13. Jh. bis ungefähr zum Jahre 1020 zu datieren pflegt, also bis zur Zeit, da Saul nach der Überlieferung den Thron bestiegen haben soll, bringt uns die ersten Zeichen einer wachsenden Unrast, die nicht mehr hauptsächlich religiöse, sondern politische Züge angenommen hatte: Die Richter genügten nicht mehr, um den neuen, durch die Seßhaftwerdung aufkommenden Anforderungen zu begegnen. Jdc 21 25, am Ende einer Episode, die man vermutlich auf Grund der Ausgrabungen von Gibea gegen das Jahr 1100, vielleicht ein wenig später, datieren muß, berichtet uns (vgl. noch 18 1 19 1 usw.), daß der Bund einfach unfähig war, wichtige innenpolitische Angelegenheiten auf sachkundige Weise zu lösen, so daß sich in manchen Fällen ein chaotischer Zustand entwickelte; ein solcher wird uns ja unabhängig auch von anderen Stellen gemeldet, vgl. Jdc 11–12. Die Nachricht setzt allerdings sowohl die Existenz des Königtums als auch die Königsfreundlichkeit des Tradenten voraus, dürfte aber dennoch die Wünsche jener widerspiegeln, die nach Frieden und Ordnung strebten, und konnte sich also der fast allgemeinen Kritik des Königtums während des 1. Jt. entziehen.

d) Dieser in gewissen Kreisen bezeugte Wunsch, so wird uns berichtet, wurde aber von zwei Episoden begleitet, die den Versuch zeigen, ein Königtum wenigstens auf örtlicher Ebene zu gründen. Es handelt sich I. um das dem siegreichen Gideon vom Volke gemachte Angebot, die Krone zu nehmen; weiter II. um den Fall 'Abî-mælæks in Sichem, wo aber die ganze Prozedur noch der des kanaanäischen Stadtstaates entspricht; endlich III. wird manchmal auch das Führertum Jephtas in Transjordanien als ein Versuch betrachtet, ein Königtum zu errichten, doch die wenigen uns überlieferten Anhaltspunkte sind für eine solche Wertung unzureichend.

e) Sehr häufig sind diese aus der Vorgeschichte Israels stammenden Episoden stark von legendären und novellistischen Zügen durchsetzt; dennoch dürften sie uns wichtige Notizen über jene Gesinnung erhalten haben, die die Grundlage für den Übergang zur monarchischen Staatsverfassung nach dem Muster (so berichtet uns einer der Tradenten) der um Israel liegenden Völker bildete[4].

---

[4] A. ALT, Die Staatenbildung der Israeliten in Palästina, 1930 (Kl. Schr., II 1953, S. 1 bis 65), S. 5 ff.; K. GALLING, Die israelitische Staatsverfassung in ihrer vorderorientalischen Umwelt, 1929, S. 16 ff., und J. DE FRAINE, Teocrazia e monarchia in Israele, BeO 1 (1959), S. 4–11 (bes. S. 6 ff.), heben mit Recht sowohl die Rückständigkeit Israels gegenüber den anderen Völkern vom institutionellen Gesichtspunkt aus hervor, als auch den charismatischen Charakter der Führung der Retter-Richter. Dazu vgl. oben K. I.

2. Die Wahl Gideons, Jdc 6–8[5]

a) Die verwickelte Gideonüberlieferung bringt die Wahl ihres Helden zum König (man bemerke aber, wie die Wurzel *mlk* vermieden und durch *mšl* ersetzt wird!) als Abschlußereignis seines wechselhaften Lebens, nachdem es ihm gelungen war, sein Volk (ursprünglich wohl nur, wie wir noch sehen werden, die 'Abî-'æzær-Gruppe um Ofra) gegen die Räuberzüge der östlichen Nomaden zu verteidigen. Wie bekannt, handelt es sich um die erste historisch greifbare Erwähnung des Kamels im Alten Testament (Jdc 6 5), und gerade der Einsatz dieses Tieres soll den Angreifern so große Vorteile gebracht haben, daß die Verteidiger machtlos die Zerstörung oder den Raub ihrer Ernte und ihres Viehs mit ansehen mußten. Es ist nicht leicht festzustellen, ob es sich bei diesen Raubzügen einfach um Razzia oder um Transhumanz mit Aussicht auf eine künftige Niederlassung handelte; die Sache interessiert uns hier auch nur mittelbar.

Viel schwieriger, doch für unser Thema von grundsätzlicher Bedeutung, ist hingegen die überlieferungsgeschichtliche Lage unserer Perikope; wir müssen sie kurz behandeln, wenn wir feststellen wollen, zu welcher Schicht der Bericht gehört, nach dem Gideon das Königtum angeboten wurde. Ein erster, offensichtlicher Ansatz ist gewiß der Doppelname Gideon-Jᵉrubbã'äl, um so mehr als der erste Name überwiegend Jdc 6–8, der zweite aber ausschließlich Jdc 9 erscheint[6]. Es ist nicht gewagt zu folgern, daß es sich ursprünglich um Überlieferungen handelt, die von

---

[5] Vgl. folgende Kommentare zu Richter: H. GRESSMANN, Die Anfänge Israels, 2. Aufl. 1922, S. 199 ff. und 210 ff.; R. KITTEL, Das Buch der Richter, 4. Aufl. 1922, S. 210 ff.; C. F. BURNEY, The Book of Judges, 2. Aufl. 1920; G. F. MOORE, Judges, 6. Aufl. 1949, S. 229 ff.; A. VINCENT, Juges 1958; É. DHORME, La Bible, 1956, S. 751 ff.; H W. HERTZBERG, Die Bücher Josua, Richter, Ruth, 1957; Y. KAUFMANN, Sẽfer Sôfᵉṭîm, 1956. Vgl. noch W. RICHTER a. a. O. (A. 3) S. 114–246. Wichtig sind noch die Aufsätze von G. VON RAD, Der Anfang der Geschichtsschreibung im alten Israel, 1944 (Ges. Stud., 1957, S. 148–188), S. 148 ff.; E. KUTSCH, Gideons Berufung und Altarbau, Jdc 6, 11–14, TLZ 81 (1956), Sp. 75–84; A. PENNA, Gedeone e Abimelec, BeO 2 (1960), S. 86–89 und 136–141; W. BEYERLIN, Geschichte und heilsgeschichtliche Tradition im Alten Testament, VT 13 (1963), S. 1–25; G. WALLIS, Die Anfänge des Königtums in Israel, Wiss. Zeits. Halle 12 (1962–63), S. 239–247, bes. S. 240 b ff. Der Aufsatz VON RADS bietet interessante Einzelheiten zur Wertung der Beziehungen zwischen Sage und Historie.

[6] Die Erklärung J. DE FRAINES, L'aspect religieux de la royauté israélite, 1954, S. 208, nach der diese Besonderheit sich durch die im alten Mittelosten belegte Sitte erklären läßt, gewissen Personen (Königen, Priestern usw.) außer dem gewöhnlichen noch einen »sakralen« Namen zu geben, überzeugt nicht: Das Problem ist hier nicht onomastisch, sondern traditionsgeschichtlich, wie der verschiedene Gebrauch der beiden Namen in Kap. 6–8 und 9 beweist. Vgl. RICHTER, Untersuchungen S. 300 ff. – Erst seit der Redaktion sind Gideon und Jerrubbaal eine und dieselbe Person.

verschiedenen Gestalten reden und dann aus Gründen, die wir nicht mehr erfassen können, identifiziert wurden – ein Verfahren, das uns oft in der Sagenbildung begegnet.

b) Ein zweites Element, das bei genauem Zusehen auch sofort hervortritt, ist, daß unsere Perikope aus mindestens zwei, vermutlich drei Überlieferungsschichten zusammengesetzt ist: die jüngere zeigt Gideon als »Richter« über »ganz Israel«, also über den »Bund«; dieser wurde aufgeboten, um gemeinsam dem Feinde gegenüberzutreten (7 1 ff.); eine mittlere Schicht will die Teilnahme auf die um Ofra gelegenen Stämme beschränken, während endlich die älteste Schicht nur von Gideon und seinen dreihundert Abiezeriten weiß, die natürlich mehr als alle anderen an der Sache interessiert waren (7 7.16). Die Naht zwischen der ursprünglichen Überlieferung von den Dreihundert und der »gesamtisraelitischen« ist gut sichtbar am Anfang von Kap. 7, wo wir das novellistische Element einer progressiven Reduktion der Teilnehmerzahl mittels verschiedener Proben beschrieben finden (7 3.5). Die letzte Probe ist wegen ihrer religionsgeschichtlichen Parallelen[7] besonders auffällig. Es bleibt aber im heutigen Zusammenhang die nicht zu übersehende Unstimmigkeit übrig, nach der ganz Israel erst zum Kampfe aufgeboten, dann aber nach Hause geschickt und endlich wiederum dazu aufgerufen wurde (7 8.23)[8], um dem flüchtenten Feind nachzusetzen! Die Gründe, die zur Neugestaltung der Texte geführt haben, sind theologisch (7 2): Hätte das Volk mit Hilfe eines großen Heeres gesiegt (und dies ist ja die These der Bearbeiter der Richtergeschichten: daß ganz Israel sich jeweils hinter den »Retter« scharte), so hätte es dazu verführt werden können, sich selbst und nicht Jhwh dafür verantwortlich zu machen und zu preisen. Auf diese Art versucht also der Dtr. oder schon ein früherer Redaktor, zwischen der ursprünglichen Tradition, die nur von dreihundert Männern wußte, und seinem Theologumenon, daß ganz Israel immer »dabei« war, zu vermitteln. Die überlieferte Zahl wurde also zur Zahl der durch Gottes Eingreifen auserwählten Krieger. Derartige Gedanken sind aber (braucht man das überhaupt zu sagen?) das Produkt späteren Nachdenkens und Umformens einer Tradition im Hinblick auf ihren Gebrauch für Predigt, Katechese usw. und haben mit dem ursprünglichen Bericht kaum oder wenig zu tun.

Weniger klar ist das, was die mittlere Traditionsschicht uns bietet: daß nicht nur die Dreihundert, sondern auch gewisse Stämme dem Aufgebot gefolgt wären; Ephraim soll sogar schwer darüber enttäuscht gewesen sein, daß man ihn nicht rechtzeitig gerufen hatte (8 1-3)! Der Bericht kann richtig sein, was Manasse, Zabulon und Nephtali betrifft, die alle in der Gegend wohnten und gewiß an der Abwehr der Nomaden interes-

---

[7] GRESSMANN a. a. O. S. 206.
[8] PENNA und BEYERLIN a. a. O. reden von »wenigstens zwei Verfassern«.

siert waren. In diesem Fall würde der Bericht eine zweite Phase des Feldzuges darstellen, in der nach dem ersten Stoß durch die Abiezeriten eine zweite aus benachbarten Gruppen bestehende Welle gefolgt wäre. Unwahrscheinlich ist hingegen die Teilnahme 'Ašers, dessen Sitz viel weiter im Nordwesten lag.

c) Uns interessiert hier nun besonders die Königswahl Gideons oder besser: die an ihn gerichtete Aufforderung, über das Volk das $mšl$-Amt auszuüben (8 22 ff.). Es wird uns berichtet: »Die Männer Israels sagten zu Gideon ...«, was uns sofort in die spätere, »gesamtisraelitische« Überlieferungsschicht versetzt. Eine solche Feststellung ist natürlich für den historischen Wert des ganzen Berichtes nicht gerade günstig, schließt aber nicht aus, daß in einem überlieferungsgeschichtlich späten Text authentisches, altes Traditionsgut erhalten blieb; dieser Möglichkeit werden wir nun kurz nachgehen müssen.

d) Die von Gideon für die Ablehnung des Königtums angeführten Gründe werden wiederum theologisch formuliert: »Jhwh soll König über euch sein« (v. 23). Während nun aber im vorher erwähnten Fall die theologische Argumentation zum Bestandteil der späteren Bearbeitung gehörte, für die sie vermittelnd wirkt und deswegen ihrem Wesen nach zur späteren Überarbeitung gerechnet wird, kann man dies nicht ohne weiteres von unserer Stelle behaupten: soll Israel sich nämlich in vorköniglicher Zeit tatsächlich theokratisch regiert haben, so kann man gar nicht ausschließen, daß solche Gedanken nicht nur vorhanden waren, sondern tatsächlich das verzögernde Element auf dem Wege zum Königtum gebildet haben. Ferner zeigen sich Frage und Antwort von der gesamtisraelitischen Überarbeitung insofern gelöst, als sie gut auch ohne sie einen Platz in der Erzählung haben können. Man kann also nicht von vornherein ausschließen, daß dieser Dialog zum ursprünglichen Bestandteil der Tradition gehörte.

Dagegen hat nun W. BEYERLIN[9] in seiner ausgezeichneten Studie folgendes Argument angewandt: Der Satz Gideons kann kaum früher als die theologische Überarbeitung angesetzt werden, da er ja dieselben Gedanken widerspiegelt. Doch wiederum: Die Folgerung ist zwar logisch und konsequent, besitzt jedoch nicht die Beweiskraft, die man ihr zu-

---

[9] Vgl. BURNEY, VON RAD (Anm. 5) und A. WEISER, Glaube und Geschichte im Alten Testament, 1931 (1962), S. 108 ff., die BEYERLIN vorausgegangen sind; auch RICHTER, Untersuchungen S. 235 f., setzt diese Verse z. Zt. des Redaktors an. Für das ganze Problem vgl. zuletzt G. H. DAVIES, Judges VIII 22–23, VT 13 (1963), S. 151–157, und B. LINDARS, Gideon and Kingship, JThSt N. S. 16 (1965), S. 315–326; er versucht das Problem folgendermaßen zu lösen: Das Königtum sei ursprünglich Jerubbaal angeboten worden, als er noch von Gideon unterschieden war. Es scheint mir, von der Schwierigkeit, bis zu diesem Stadium der Überlieferung durchzudringen, abgesehen, dieser Vorschlag das Problem nur ein wenig nach oben zu verlegen.

schreiben möchte; es ergibt sich nämlich sofort die Frage, ob die theologisch-theokratischen Gründe, mit denen Gideon seine Ernennung ablehnt, notwendigerweise späteres Ideengut darstellen, oder ob sie nicht gerade besonders alt sind und, wie schon gesagt, tatsächlich den ursprünglichen Anlaß für Gideons Ablehnung bildeten, so daß sich dann viel später die prophetische und dtr. Polemik darauf berufen konnte. Sonst müßte man allerdings annehmen, daß die spätere Epoche, man versteht jedoch nicht aus welchem Grund, sich die Vorzeit als theokratisch organisiert vorgestellt haben soll! Dies brächte uns aber wiederum in die spätnachexilische Zeit, als Israel theokratisch regiert wurde, und bestimmt in eine erheblich spätere als die übliche Ansetzung des Dtr.; man müßte weiter annehmen, daß der Dtr., genauso wie »P« seine eigenen theokratischen Gedanken in die Wüstenzeit, Ähnliches in die Landnahme- und Richterzeit zurückprojiziert habe! Der Erweis für einen solchen Tatbestand ist allerdings schwer zu erbringen (und ich kenne keinen, der einen solchen Versuch unternommen hat); ja, er scheint sogar unmöglich, wenn wir bedenken, daß wir – um eine Zeit zu finden, in der theokratische Gedanken auf Kosten des Königtums verfochten wurden – wohl bis in die Makkabäerperiode hinabsteigen müßten. Als Element jener Diskussionen, die zum Königtum führten, kommt der Aussage Gideons Bedeutung zu, viel weniger dagegen als spätere Rückprojizierung jüngerer Gedanken. Doch es gibt noch andere Gründe, die die Historizität der Worte Gideons (wie auch der heutige Zusammenhang zu beurteilen ist) wenigstens als Arbeitshypothese annehmbar erscheinen lassen.

e) Folgende Elemente müssen nämlich hervorgehoben werden:

I. Nach unserem Bericht ist es eine Volksversammlung, die Gideon, wie I Sam 11 Saul, das Königtum anbietet (vgl. I. Teil, K. I, 4). Die Antwort Gideons entspricht zwar der Argumentation Samuels I Sam 8 10 17-27 (vgl. unten I. Teil, K. I, 2), doch fehlt im Zusammenhang das dort bezeugte, gewiß späte Element des Loses. Die Handlung der Versammlung entspricht hier genau der, die uns aus den drei Saul-Berichten bekannt ist, und braucht also nicht spät zu sein, wenn wir sie nur von »ganz Israel« loslösen und sie auf die genannte, kleinere Gruppe beschränken[10]. Dies erhält vielleicht eine Bestätigung im historisch unanzweifelbaren Bericht vom Königtums Abimælæks in Sichem, dessen Verbindung mit unserer Episode zwar, wie gesehen, sekundär ist, aber

---

[10] Vgl. die Kommentare von MOORE und KAUFMANN. Ferner G. E. WRIGHT, The Terminology of Old Testament Religion and its significance, JNES 1 (1942), S. 405 bis 414; J. DE FRAINE a. a. O. S. 128 ff. und 7 ff.; M. BUBER, Königtum Gottes, 3. Aufl. 1956; während GRESSMANN a. a. O. S. 210 behauptet, daß die Gegenüberstellung von Theokratie und Monarchie eine Schöpfung des Dtr. und deswegen spät ist. Nach E. MEYER, Die Israeliten und ihre Nachbarstämme, 1906, S. 481, ist die ganze Gideon-Überlieferung jung, ähnlich BURNEY a. a. O. – GRESSMANN erklärt

schwierig gewesen wäre, hätte nicht wenigstens eine territorial ähnliche Lage existiert, wie VINCENT[11] zu erklären versucht.

Der nördliche Teil der Zentralhochebene scheint also die Gegend gewesen zu sein, wo die ersten monarchischen Bestrebungen sowohl in Israel als auch unter den verbündeten Kanaanäern, und zwar im erblichen Sinn, entstanden.

II. Die von der Versammlung angewandte Prozedur ist genau dieselbe, wie wir sie später in nicht kontroversen Fällen (z. B. I Sam 11 II Sam 2 1 ff. und 5 1 ff.) feststellen können: Der von Jhwh designierte, charismatische Anführer wird von der Versammlung zum König erhoben – ein Prinzip, das, wie schon angedeutet, das israelitische Königtum fast bis zum Ende begleiten wird.

III. Die Motive, die von Gideon angegeben werden, das ihm angebotene Königtum nicht anzunehmen, scheinen aber nur äußerlich theologisch und lassen sich verhältnismäßig leicht durchschauen: Die ideologischen Voraussetzungen zur gründlichen Änderung der Staatsverfassung fingen zu jenen Zeiten erst an sich zu gestalten. Wie unreif große Volksschichten noch dafür waren, ein Königtum anzunehmen, das nicht nur Sicherheit, Ordnung und Verteidigung schaffen sollte, sondern notwendigerweise auch Gesetze, Schranken, Einengung der Freiheit einführen mußte, zeigt sich ziemlich deutlich während der Zeit Sauls und z. T. noch in der Zeit Davids. Überhaupt wußte man ja nicht, in welcher Beziehung die alten Traditionen zu der neuen Institution stehen würden, obwohl man ahnen konnte, daß im Falle eines Konfliktes das Königtum alles tun würde, um die Oberhand zu erlangen[12]! Gideon erscheint also eher klug, weil er unter einem gültigen Vorwand das schwierige Amt ohne weiteres ablehnte und

---

allerdings nicht, wo dann der Platz Josias sei, dessen Reformation mit ihren verschiedenen Wiederbelebungsversuchen alter amphiktyonischer Ämter und Bräuche der Dtr. mit dem jahwetreuen Königtum verbindet. C. R. NORTH, The Old Testament estimate of the Monarchy, AJSL 48 (1931/32), S. 1–19, bes. S. 1 ff. und 4 ff., behauptet, das theokratische Ideal sei frühestens im 8. Jh. (Hosea!) aufgekommen (ähnlich ALT, Gedanken), gibt aber zu, daß dadurch die Tatsache, daß Israel so lange ohne König geblieben ist, unerklärt bleibt. Die Forscher der ersten Hälfte unseres Jahrhunderts neigten meistens dazu, das geringe Alter unserer Stelle zu behaupten; heute ist man dabei meistens vorsichtiger, vgl. K. H. BERNHARDT, Das Problem der altorientalischen Königsideologie im Alten Testament, 1961, S. 146 ff.

[11] Juges, z. St.; vgl. noch H.-J. KRAUS, Königherrschaft Gottes im Alten Testament, 1951, S. 91 ff., und mein Zur Entwicklung des alttestamentlichen Königtums, TZ 15 (1959), S. 405.

[12] Über das Problem des politischen Gebildes der Amphiktyonie vgl. M. NOTH, Das System..., passim; zuletzt B. D. RAHTJENS, Philistine and Hebrew Amphictyonies, JNES 25 (1965), S. 100–104; für Kritiken an der Amphiktyonie vgl. oben Anm. 1. Für das Alter des Begriffes vgl. A. WEISER, Samuel und die Vorgeschichte des israelitischen Königtums, ZTK 57 (1960), S. 141 ff. (jetzt auch in Samuel, 1961).

dafür sorgte, daß seine Person nicht mit einer derartigen Änderung verbunden wurde. Saul, dem eine derartige Einsicht scheinbar fehlte, mußte dafür erheblich büßen[13].

f) Wenn Gideon das Königtum *de jure* ablehnte, so ist nicht gesagt, daß er vollkommen zur Privatperson wurde und die *de facto* aus seiner Lage erwachsende Macht verschmähte. Wir sehen ihn als Besitzer eines großen Harems (8 30 ff.), und seine wirtschaftliche Stärke stellte ihn über seine Mitbürger; der Verfasser von 9 2 weiß uns wenigstens zu berichten, daß diese Stellung des ehemaligen »großen« Richters wenig Beifall bei seinen Leuten gefunden haben soll. Die Ablehnung des Königtums scheint ihm also nichts genommen zu haben, was er sich erwünscht hätte. Es ist denn auch nicht merkwürdig, daß er den beiden gefangenen Räuberhäuptlingen mitteilt (8 9-19), daß seine von ihnen umgebrachten Brüder »das Ansehen von Königssöhnen [Königen?] hatten«[14].

g) Ich fasse zusammen. Durch eine Volksversammlung, deren Ausmaß wir nicht feststellen können[14a], wird Gideon das Königtum angeboten; er nimmt es aus theologisch-theokratischen Gründen nicht an. Wir brauchen diesen Bericht nicht grundsätzlich anzuzweifeln, obwohl er von der jüngsten Schicht überliefert wurde. Die Gründe werden durch die amphiktyonische Ideologie gegeben, zeugen aber gleichzeitig für die Klugheit eines Menschen, der kein Interesse daran hatte, eine Entwicklung zu beschleunigen, für die die Zeit noch nicht reif war.

Diese Rekonstruktion der Tatsachen sollte sich wenigstens als Arbeitshypothese behaupten können, da sich kein wichtiges Element ihr widersetzt.

3. Das Königreich Abimælæks in Sichem, Jdc 9[15]

a) Nach der Reihenfolge des Richterbuches folgt auf den Gideonskomplex das Kapitel vom Königreich Abimælæks. Die Schwäche der durch die Person Gideon-Jerubbaal veranlaßte Verbindung haben wir schon untersucht und festgestellt.

Er hebt zurecht hervor, daß das Motiv des göttlichen Königtums in den dtn. und dtr. Schriften gar nicht als Alternative zum irdischen Königtum aufgefaßt wird, nicht einmal in den antimonarchischen Stellen! Vgl. noch A. ALT, Die Staatenbildung ... S. 7, und I. Teil, K. I, 2 f.

[13] HERTZBERG a. a. O.

[14] KITTEL a. a. O. und PENNA a. a. O. S. 139; der letztere braucht den Ausdruck »König de facto«, wegen der praktisch ausgeübten Gewalt.

[14a] Es wäre interessant, die Beziehungen dieser Versammlungen mit der im Prozeßverfahren gut belegten »Rechtsgemeinde« zu untersuchen, vgl. L. KÖHLER, Die hebräische Rechtsgemeinde, 1931 (jetzt Der Hebräische Mensch, 1953, S. 143–171) und H. J. BOECKER a. a. O. S. 12 ff.

[15] Vgl. die Kommentare in Anm. 5.

Von der Landschaft um Ofra werden wir auf einmal in die Stadt Sichem versetzt, die mit der Person Jerubbaals durch dessen Heirat mit einer Sichemitin verbunden war, 8 31. Der Text legt Wert darauf, daß die Frau weiter in Sichem wohnen blieb, so daß Abimælæk dort aufgewachsen und bekannt sein konnte[16]; unwahrscheinlich scheint hingegen die Behauptung 9 18, daß die Mutter nur eine Sklavin, also eine Konkubine Jerubbaals gewesen sein soll: Sie steht erstens einmal in einem stark gegen Abimælæk gerichteten Zusammenhang, und zweitens wäre es seltsam, daß ein solch wertvolles, erzählerisches Element nicht gebührend ausgenützt wurde. Endlich, drittens, wäre es schwer zu denken, daß unter diesen Umständen Abimælæk jene wichtigen Beziehungen zur herrschenden Klasse in Sichem gehabt hätte, denen er letzten Endes seinen Thron verdankte[17].

b) Bis in die Spätbronzezeit war Sichem die wichtigste Stadt der zentralen Hochebene nördlich von Jerusalem, deren Grenzen sich ein wenig nördlich der letzteren berührten. Die Einverleibung in das israelitische Gebiet, bei der es nicht offensichtlich ist, mit welchem Status und mit welchem Maß an Eigengesetzlichkeit dies geschah, soll zwar nach den Quellen und nach den Ausgrabungen friedlich vonstatten gegangen sein, vermutlich durch einen Vertrag zwischen den Bewohnern und den Eindringlingen; dies hinderte Sichem aber nicht daran, seine Sonderstellung zu verlieren, die es als Stadtstaat früher innehatte und die in den 'Amarnabriefen ausdrücklich bezeugt ist[18]. Nach der herkömmlichen Logik hätte Sichem ja die Hauptstadt des »Bundes« werden sollen, um so mehr

---

[16] MOORE und BURNEY (S. 265) a. a. O. und J. MORGENSTERN, *Beena* marriage (matriarchat) in Ancient Israel..., ZAW 47 (1929), S. 91–110, und 49 (1931), S. 46–58, behaupten, es soll sich eher um eine *beena-* oder *ṣadiqa*-Ehe als um ein Konkubinat gehandelt haben (zum Unterschied vgl. R. DE VAUX, Les institutions de l'Ancien Testament, I 1957, S. 51 ff.; W. RICHTER, Untersuchungen S. 314, bes. Anm. 134); in diesem Fall gehörten die Söhne der mütterlichen Sippe an.

[17] GRESSMANN a. a. O. z. St. – Ob Sichem in die hiwwitische Pentapolis (vgl. Jos 9) einverleibt wurde? Diese Möglichkeit wäre eine Untersuchung wert; vgl. vorläufig E. NIELSEN, Die zehn Gebote, 1965, S. 54 Anm. 15. Aus dem ganzen geht hervor, daß das Königtum Abimælæks nicht als israelitisch angesehen werden kann, wie schon mit Recht von A. ALT, Die Staatenbildung..., S. 6 ff., hervorgehoben. Überhaupt sollen nach ihm nur Sichem, nicht aber andere Ortschaften, seine Autorität anerkannt haben, was ihr von Anfang an einen prekären, ortsbedingten und tyrannischen Zug verlieh.

[18] J. A. KNUDTZON, Die El-Amarna-Tafeln, 1915. Nr. 289 ist der einzige Brief, der Sichem erwähnt; er zeigt aber auch, daß sein Fürst Lab'aju hieß, was erlaubt, die ganze Korrespondenz, in der dieser Name auftaucht, auf Sichem zu beziehen; vgl. den Index unter diesen Namen. Es wäre wünschenswert, wenn eine nach dem heutigen Stand der Wissenschaft gestaltete Neuausgabe der Amarna-Briefe endlich erscheinen würde.

als anscheinend das amphiktyonische Zentralheiligtum sich in seiner Umgebung befand[19]. Doch darüber vernehmen wir nichts, und es ist nicht auszuschließen, daß die Einwanderer sich, wie auch noch der heutige Nomade, absichtlich von der Stadt, der sie nicht vertrauten, fernhielten, und weiter, daß eben die Amphiktyonie politisch noch nicht genügend fortgebildet war, um eine Hauptstadt zu besitzen. Genauso verständlich wäre es aber, daß die Sichemiten durch diese neue Lage ihrer Stadt erheblichen Schaden erlitten und deswegen Pläne hegten, die Stadt zu ihrer früheren Blüte zurückzuführen.

Die Hauptschwierigkeit dabei bestand aber im Regiment des auf dem Lande lebenden Clans Jerubbaal, in dessen Gebiet sich die Stadt befand und dessen Regierung einen starken Druck auf die Gegend ausübte, wenn die von Abimælæk an seine Leute gerichteten Worte einen Sinn haben sollen[20]. Aber auch die Sichemiten scheinen sich nicht im klaren darüber gewesen zu sein, was auch ein König von ihnen fordern konnte, wie die weitere Entwicklung noch zeigen wird.

c) Abimælæk meldete sich bei seinen Verwandten in der Stadt 9 1 und bat sie, bei der Versammlung der Honoratioren der Stadt ($bă^clê\ š^ekæm$) einen von ihm entworfenen Plan vorzulegen. Sein Inhalt wird gut durch die Worte weitergegeben: Was ist besser: nur einen Herrscher (also ihn) oder das Regiment einer ganzen Sippe zu erdulden[21]? Daß Abimælæk sich durch seine Verwandten an die Stadtversammlung wenden konnte, zeugt mittelbar für eine hohe, nicht für seine niedrige Herkunft[22]. Die Fühlungnahme hatte Erfolg und Abimælæk erhielt öffentliche (vom Tempel genommene) Gelder (v. 4), mit denen er Reisläufer und Abenteurer besolden und die ganze Sippe des Jerubbaal ausrotten konnte (v. 6).

---

[19] Noth, Das System..., *passim*.
[20] Gressmann, z. St. Erst mit der Reichstrennung nach dem Tode Salomos konnte Sichem, wenn auch nur für kurze Zeit, seine führende Stellung zurückgewinnen.
[21] Es ist unmöglich, auf Grund dieser Worte die Behauptung aufzustellen, Gideon habe das Königtum doch (und gegen 8 22 f.) angenommen; denn erstens hat Abimælæk, wie schon gesehen, nicht mit Gideon, sondern nur mit Jerubbaal Verbindungen, und zweitens ist sein Name gut westsemitisch und theophorisch und hat also mit der Würde seines Vaters nichts zu tun; hierzu M. Noth, Die israelitischen Personennamen im Rahmen der gemeinsemitischen Namengebung, 1928, *sub voce*. Deswegen bleibt diese von E. Nielsen, Shechem, 1955, S. 143, und E. Voegelin, Order and History, I 1956, S. 212 ff. (vgl. S. 217 ff.), vorgetragene These unannehmbar. Für eine manchmal sehr kritische, doch im großen Ganzen anerkennende Kritik an diesem wichtigen Werke vgl. G. Fohrer, Israels Staatsordnung im Rahmen des Alten Orients, Österr. Zeits. f. öffentl. Recht 8 (1957), S. 129–148.
[22] J. de Fraine, L'aspect religieux..., S. 83 ff., und Kaufmann z. St. S. 197. Das ganze Bild stimmt mit dem überein, was wir von Kanaan und von der Organisation seiner Stadtstaaten wissen; vgl. oben Anm. 17 und unten II. Teil, K. I. Man beachte

Daraufhin meldete er sich abermals bei der Versammlung, und »die Honoratioren von Sichem[23] und ganz *Bêt Millô*'[24] krönten ihn (*mlk* im hif.) ... bei der Eiche der Stele, die sich in Sichem befindet«.

d) Das Verfahren zeigt uns das Bestehen einer Versammlung von Honoratioren[25], ein typisches Gebilde der feudal organisierten kanaanäischen Stadt (wir kommen noch darauf zurück, vgl. II. Teil, K. I, 4 b). Mit ihr nimmt Abimælæk Fühlung auf, von ihr erhält er Gelder, ihr meldet er sich nach vollbrachter Tat, von ihr wird er erst zum König er-

---

aber, daß nur v. 8 Abimælæk den Königstitel zuschreibt, während sonst nur allgemein von seinem Regiment die Rede ist. Deswegen möchte Richter, Untersuchungen ..., S. 302, vgl. S. 306, diesen Titel als problematisch betrachten. Ihn hier auszuschließen, würde natürlich derselben redaktionellen Tendenz entsprechen, die wir schon in der Überarbeitung der Gideonperikope fanden. Die Formel: וַיַּמְלִיכוּ אֶת־אֲבִימֶלֶךְ לְמֶלֶךְ עִם אֵלוֹן מֻצָּב ist in ihrem ersten Teil sehr alt, und läßt sich bis in die sumerische Zeit hinein verfolgen; vgl. G. Bucellati, The Enthronement of the King in the Capital City in texts from Ancient Mesopotamia, in: Studies presented to A. L. Oppenheim, 1964, S. 54–61; wir werden ihr noch oft begegnen, vgl. den I. Teil, K. I., Anm. 42. Für Richter a. a. O. S. 287 handelt es sich um eine Formel, die dort angewandt wird, wo eine Königswahl stattfindet.

[23] Der Titel בַּעֲלֵי שְׁכֶם ist nicht auf spätere Zeit zu datieren (so Burney S. 270): Er bezeichnet die Honoratioren der Stadt und erscheint u. a. in diesem Sinn in den Sefire-Inschriften (I-A Z. 4), vgl. KAI Nr. 222 A. Für eine verschiedene Wertung vgl. aber J. A. Fitzmyer, The Aramaic Inscriptions of Sefire I and II, JAOS 81 (1961), S. 178–222, bes. S. 188 b (»citizens«, »inhabitants«), und J. J. Koopmans, Aramäische Chrestomatie, 1962, Nr. 10 (vgl. unten II. Teil, K. I., 4 b). Dieser Tatbestand wird also nicht einheitlich interpretiert, obwohl der Titel *baʿal* doch irgendwie auf die Präeminenz des Trägers hinweist, wo er nicht mit einem besonderen Wissen oder Können zusammenhängt, und alles, was wir wissen, auf ein aristokratisches Regiment im kanaanäischen Stadtstaat schließen läßt (vgl. II. Teil, K. I). So haben Moore mit *freemen*, Kaufmann mit *'æzrahîm* übersetzt, was aber die Funktion der Mitglieder der Versammlung nicht richtig wiedergibt.

[24] Die Beziehungen zwischen Sichem, *bêt millô'* und dem am Ende des Kapitels erwähnten *migdāl šekæm* sind alles andere als eindeutig, was auch von der *communis opinio* darüber behauptet wird. Man hört nämlich oft, daß *bêt millô'*, die in den Ausgrabungen entdeckte Tempelburg ist, die sich tatsächlich auf einer durch künstliche Auffüllung geschaffene Akropolis (*ml'*, davon *millô'*) befindet; dies trifft ohne weiteres zu. Sie soll aber auch mit *migdāl šekæm* identisch sein, was hingegen gar nicht überzeugen kann. Dazu vgl. S. H. Horn, Shechem, History and Excavation of a Biblical City, JEOL 18 (1964), S. 284–306, bes. S. 287 Anm. 3. Ich hoffe, bald eine Studie über dieses Thema veröffentlichen zu können. Vgl. unten Anm. 28.

[25] Gressmann möchte folgendermaßen zwischen den *baʿalê šekæm* und *benê ḥamôr* unterscheiden: Die Ersteren sollen die israelitischen, die Zweiten die kanaanäischen Honoratioren gewesen sein. Der Vorschlag ist gewiß interessant, ermangelt aber jeglichen Beleges. Immerhin, keiner von beiden scheint Abimælæk die Treue bewahrt zu haben!

hoben und später wieder abgesetzt. Es handelt sich also um das souveräne Organ des Stadtstaates, dem es sogar oblag, einen König zu wählen, wo es keinen gab. Ihre Zusammensetzung muß allerdings durch ihren aristokratischen Charakter von den israelitischen Versammlungen gänzlich verschieden gewesen sein.

Es fehlt auch jegliche göttliche Designierung: Die Königswahl ist ein rein administratives Verfahren, wie es in Kanaan überall üblich war, was auch die Funktion des Königs gegenüber der Stadtgottheit und dem Kultus gewesen sein mag. Auch hier hat allerdings eine spätere Bearbeitung (v. 22) versucht, aus Abimælæk einen König »über Israel« zu machen (aber wiederum wird die Wurzel *mlk* gemieden), was diesmal aber als polemische Äußerung gegen das spätere Königtum aufgefaßt werden muß, eine Tendenz, die sich auch in der altertümlichen Jotamfabel (v. 7-21) kundtut.

e) Die Geschichte fährt fort, indem sie durch Elemente einer göttlichen Vergeltungstheorie, wie wir sie im Dtr. kennen (v. 23-24), das Ende Abimælæks als Sühne für seine Schandtat darstellt. Dies geschieht durch einen Einschub, der den ursprünglichen Zusammenhang nicht entstellt, wie dies in Kap. 6–8 geschehen ist.

Zwischen der Versammlung und dem neugewählten König soll es bald Schwierigkeiten gegeben haben. Der Grund dafür waren, wie es jetzt beschrieben wird, gewisse Uneinigkeiten bei der Eintreibung von Straßenzöllen (v. 25), was die Bürger von Sichem ohne Beteiligung des Königs zu tun schienen. Ob es weitere, tiefere Gründe gegeben hat, wissen wir nicht: Die Vergeltungstheorie hat jetzt alles theologisch überschattet. Kann es ein Wunsch des Königs gewesen sein, sein Reich über ganz Israel auszudehnen, während die Sichemiten ihn ganz für sich haben wollten[26]? Unwahrscheinlich. Wenn wir wenigstens hypothetisch nach einem Grund für die Entzweiung zwischen Abimælæk und der Versammlung suchen, so kann er höchstens darin gesehen werden, daß es dem König nicht gelang, die einstige Macht des alten Stadtstaates wiederherzustellen; in dessen früheren Gebieten saßen nunmehr die Stämme Ephraim, Manasse und z. T. Benjamin, die er sich hätte unterwerfen müssen. Dies kam natürlich gar nicht mehr in Betracht, und so war Abimælæks Königtum kaum fähig, den Zweck zu verfolgen, zu dem es eingesetzt worden war.

f) Eine Rebellion seiner Untertanen[27] konnte Abimælæk zwar niederschlagen (v. 34 ff.), was aber die Zerstörung seiner Hauptstadt und

---

[26] KAUFMANN S. 206.
[27] Die Sache ist mit Textschwierigkeiten belastet, von denen die unterschiedliche Überlieferung des Namens des Anstifters einen Beweis liefert; vgl. VINCENT z. St. V. 28 beruft er sich patriotisch ausdrücklich auf die (kanaanäische) Vergangenheit der Stadt.

später einiger kleinerer Städte zur Folge hatte (v. 42 ff. und 50 ff.)²⁸. Er starb während der Belagerung von Tebeṣ, worauf seine Leute nach Hause kehrten. Von einem Königtum war bis zur Zeit Sauls nicht mehr die Rede (v. 55). Wegen seiner kanaanäischen Herkunft, gab es auch nie eine wirkliche Möglichkeit für das Königtum Abimælæks in Israel; deswegen gehört die Episode auch nur zur Vorgeschichte des Königtums in Israel und ist nur wegen der Beschreibung der Regierungsform in einem kanaanäischen Stadtstaat interessant. Die Zerstörung Sichems durch Abimælæk wird auf Grund der Ausgrabungen meistens auf die Zeit um 1100 festgelegt.

4. Jephta, Führer von Gilead²⁹

Ein dritter Versuch zu einem Königtum, der aber nicht einmal zum Ausbau gekommen ist, soll die Ernennung Jephtas zum $qaṣîn$ durch die Ältesten Gileads (Jdc 11 6 ff.) gewesen sein. Ein anderes Mal erscheint er als Häuptling ($rô'š$). Es handelt sich bestenfalls um seine Ernennung zur Zeit einer Gefahr zum »Retter« (also zum »großen« Richter), was wichtig ist, da dieses Amt hier nicht für ganz Israel (wie es immer in der vordtr. und dtr. Redaktion erscheint), sondern auf beschränktem Gebiet ausgeübt wird. Er soll ferner auch das Richteramt (als »kleiner« Richter) ausgeübt haben, was wiederum interessant ist, denn es hätten sich also beide Ämter in einer Person vereinigt.

---

²⁸ Für die Ortschaft Migdal vgl. oben Anm. 24. Sie kann nicht in der Nähe von Sichem gelegen haben, wenn ihre Bewohner (v. 46) auf Nachricht warten mußten, um von Sichems Zerstörung zu erfahren. In diesem Sinn vgl. Moore und Horn a. a. O.
²⁹ Als »kleiner« Richter erscheint Jephta bei M. Noth, Das Amt ... (Anm. 2), S. 417 ff., und Überlieferungsgeschichtliche Studien I, 1943, S. 98 ff., und Wallis a. a. O. (Anm. 5) S. 240 ff. Der Titel $rô'š$ ist beachtenswert, vgl. unten II. Teil, K. IV, 3 c.

ERSTER TEIL

Das Königtum in Israel nach den biblischen und inschriftlichen Quellen

»When we study the political structures of an early society, we do not begin by asking what is recorded of the first legislators, or what theory men advanced as to the reason of their institutions; we try to understand what the institutions were and how they shaped men's lives.«
W. R. Smith, The Religion of the Semites, 2nd. ed. 1894, p. 21.

KAPITEL I

Die Episode des Königtums Sauls

1. Sachlage

a) Wir besitzen im Alten Testament bekanntlich drei verschiedene Überlieferungen, welche von der Erhebung Sauls zum König in Israel berichten[1]. Es sind die folgenden: I Sam 8 und 10 17-27, dazu vermutlich noch Kap. 7 12 und 15. Es handelt sich nach der allgemeinen Übereinstimmung der Forschung um den jüngsten Bericht, welcher wenigstens in seiner Endredaktion stark antimonarchisch ausgerichtet ist.

b) I Sam 9 1–10 16 und 13 5-15, dem Königtum günstig gesinnt und dem Berichteten tatsächlich viel näherstehend, wenn auch manches novellistische Element von einer Erzählungsfreudigkeit zeugt, die wiederum einen Abstand vom Überlieferten kundtut.

---

[1] Als Kommentare zu den Büchern Samuels vgl. H. Gressmann, Die älteste Geschichtsschreibung und Prophetie Israels, 2. Aufl. 1921, S. 24 ff.; R. Kittel, Das 1. Buch Samuel, 4. Aufl. 1922, S. 407 ff.; W. Caspari, Die Samuelbücher, 1926; G. B. Caird, The 1st and 2nd Books of Samuel, 1953, S. 917; R. de Vaux, Samuel, 2. Aufl. 1961; G. Bressan, Samuele, 1954; É. Dhorme, La Bible, I 1956, S. 835 ff.; M. Z. Segal, Sifrê Šᵉmû'ēl, 1956. (Für eine englische Zusammenfassung des neuhebräisch geschriebenen Kommentars, vgl. M. Z. Segal, The Composition of the Books of Samuel, JQR 56 [1965/66], S. 32–50 und 57–157.) H. W. Hertzberg, Die Samuelbücher, 2. Aufl. 1960. Die klassische Studie über den Text und die Topographie ist die von S. R. Driver, Notes on ... the Book of Samuel, 2. Aufl. 1913. Wichtig sind auch: O. Eissfeldt, Die Komposition der Samuelisbücher, 1931; R. Press, Sauls Königswahl, Theol. Bl. 43 (1933), Sp. 234–248, und Der Prophet Samuel, eine traditionsgeschichtliche Untersuchung, ZAW 56 (1938), S. 177–225, bes. S. 192 ff. und 211 ff.; W. A. Irwin, Samuel and the rise of the Monarchy, AJSL 58 (1941), S. 113–138, und The intellectual adventure of ancient Man, hrsg. von H. Frankfort, 1946, S. 343; M. Burrows, Ancient Israel, in: R. C. Dentan (hrsg.), The idea of History in the ancient Near East, 1955, S. 107 ff. (zu den Beziehungen zwischen den drei Berichten); A. Weiser, Samuel und die Vorgeschichte des israelitischen Königtums, 1962 (in dem auch verschiedene, vorher erwähnte Studien enthalten sind); G. Wallis, Die Anfänge des Königtums in Israel, Wiss. Zeitschr. Halle 12 (1962–63), S. 229–247; Hempel a. a. O. S. 123 ff., der mit Recht betont, daß die Spätansetzung der Überarbeitung nichts mit der Datierung des sonstigen Inhaltes zu tun hat, und mein Art. Saul, BHH 3 (1966), Sp. 1677. Wichtig ist noch M. Buber, Die Erzählung von Sauls Königswahl, VT 6 (1956), S. 113–173 (Versuch einer einheitlichen, ästhetisch-religiösen Wertung der Kap. 7–13,

c) Endlich I Sam 11 und 13 1-4. 16 ff. 14, oft, aber zu Unrecht als Fortsetzung von b) betrachtet, einem Bericht, den Kap. 11 ignoriert. In ihm wird Saul nach errungenem Sieg gegen den Osten zum König akklamiert; die Lage ist der Gideons sehr ähnlich, nur daß der Kandidat das Angebot annimmt. Auch an dieser Stelle gibt es Nähte, durch die ein Ausgleich mit dem Rest der Überlieferung versucht wurde, und auch hier fehlen novellistische Elemente nicht; doch im großen ganzen nähert sich unsere Perikope den berichteten Tatsachen mehr als die anderen[2].

d) Eine chronologische Ordnung der genannten Stellen müßte also die überlieferte umdrehen, doch um der Einfachheit willen werden wir der letzten folgen. Eines ist dabei sicher: Es wird schwer sein, die Ereignisse zu erfassen, »wie sie wirklich gewesen sind«, und in jeder Rekonstruktion werden stark hypothetische Elemente auftreten. Dennoch wird es möglich sein, zu einer Beschreibung der Tatsachen zu gelangen, die wenigstens in

---

mit Annahme späterer Zusätze im Sinne einer mäßigen Ergänzungshypothese, wie die Bestimmung Sauls durch das Los usw.); vgl. noch E. VOEGELIN, Order and History, I 1956, S. 242 ff. (vgl. aber die berechtigte Kritik bei FOHRER a. a. O. oben, Einleitung K. II Anm. 21); H. WILDBERGER, Samuel und die Entstehung des israelitischen Königtums, TZ 13 (1957), S. 442–469. Für die Traditionsgeschichte ist besonders wichtig I. HYLANDER, Der literarische Samuel-Saul-Komplex, 1932, bes. S. 94 bis 160. Nach ihm geben die drei Überlieferungen die ursprünglichen Spannungen wieder, wie sie bei der Einsetzung des Königtums existierten, ein Motiv, das vor kurzem von E. NIELSEN, Die zehn Gebote, 1965, S. 102 ff., wieder aufgenommen wurde (vgl. noch oben, Einl. K. II, Anm. 17). Leider werden viele von HYLANDERS Aussagen durch entweder zu subtile oder zu kühne Stellungnahmen beeinträchtigt. Ähnlich E. ROBERTSON, Samuel and Saul, 1943 (The Old Testament Problem, 1950, S. 105–136), der sich aus »psychologischen Gründen« für eine solche These einsetzt. Vgl. zuletzt O. EISSFELDT, The Hebrew Kingdom ..., S. 34 ff. In diesem und in den folgenden Kapiteln werden wir die verwickelten Probleme und die noch kontroversen Fragen der vorexilischen Chronologie Israels nicht behandeln. Zwei Systeme sind heute in Betracht zu ziehen, das von J. BEGRICH (1929) und das von W. F. ALBRIGHT (1945); vgl. für das erste A. JEPSEN–R. HANHART, Untersuchungen zur israelitisch-jüdischen Chronologie, 1964, und für das zweite zuletzt D. N. FREEDMAN–E. F. CAMPBELL, The Chronology of Israel and the Ancient Near East, in: The Bible and the Near East, Essays in Honor of W. F. ALBRIGHT, 1961, S. 201–228. Unabhängig von den beiden und ihnen kritisch gegenüberstehend haben wir: E. R. THIELE, The mysterious numbers of the Hebrew Kings, 2. Aufl. 1965. A. LÓPEZ OTERO, Cronología e historia de los reinos hebreos (1028–587), 1963, habe ich nicht einsehen können. Man sehe endlich noch K. H. BERNHARDT a. a. O. unter den Personen- und Stellenindexen. Zuletzt hat H. SEEBASS, I Sam 15 als Schlüssel für das Verständnis der sogenannten königsfreundlichen Reihe I Sam 9 1–16 11 1–15 und 13 2–14 52, ZAW 78 (1966), S. 133–148, versucht, diese Stellen als Einheit aufzufassen. Ich kann mich von den von ihm genannten Gründen nicht überzeugen lassen.

[2] Unter denjenigen, die drei Geschichten befürworten, befinden sich: CASPARI und HERTZBERG a. a. O. Vgl. unten Anm. 34 und 37.

den Hauptpunkten dem Ablauf der Dinge sehr nahe kommen sollte. Der Versuch des dtr. oder vielleicht schon vordtr. Redaktors, die drei Traditionen chronologisch-synoptisch zu verbinden, hat eine durchgehende Erzählung geschaffen, deren Nähte von dem aufmerksamen Leser leicht entdeckt werden; deswegen gibt es heute m. W. nur einen bedeutenden Autor, der die grundsätzliche Einheitlichkeit von Kap. 8–11 wahren möchte: M. BUBER[3]; auch er muß dann allerdings mit Zusätzen rechnen.

Von der Jugend Sauls ist uns nichts erhalten geblieben[4].

2. Die erste Überlieferung (I Sam 8 10 17-27 12; vgl. 7 und 15)[5]

a) Diese für die jüngste gehaltene Tradition ist an sich auch nicht mehr einheitlich, da sie mit der Beschreibung der Söhne Samuels einsetzt und sie als Anknüpfungspunkt für die Forderung nach einem König nimmt. Beide Geschichten sind allerdings zu trennen: in der Episode der Söhne Samuels haben wir eine Parallele zu der der Söhne Elis 2 11 ff., und beide haben natürlich mit dem Königtum ursprünglich nichts zu tun. Das Richtertum (und nach zwei verschiedenen Traditionen in I Sam 7 6 b. 15 soll Samuel der letzte der »kleinen« Richter gewesen sein) wird uns nie als ein erbliches Amt (wie z. B. das Priestertum) dargestellt, und was wir von ihm wissen, bezeugt eher das Gegenteil[6].

b) Ein zweites, in seiner Dialektik verwickeltes Element ergibt sich aus der Tatsache, daß das Königtum – noch gerade als etwas der theokratischen Ordnung Widerstrebendes und deswegen Gotteslästerliches dargestellt – gleichzeitig von Jhwh nicht nur gutgeheißen, sondern durch unmittelbare Designierung selbst zum Bestandteil dieser theokratischen Ordnung gemacht wird; und der Kommentar, dies alles geschehe nur, damit

---

[3] A. a. O.
[4] Der Versuch, die Jugendgeschichten Samuels auf Saul zu beziehen (vgl. den Gebrauch der Wurzel š'l für die Person Samuels, wo das Wortspiel eigentlich auf Saul deutet) muß als gescheitert gelten: die bestehenden Genealogien erlauben ihn nicht; vgl. früher noch M. NOTH, Personennamen, S. 136, und zuletzt VOEGELIN S. 228 und HEMPEL a. a. O. S. 112 f. Zum ganzen Problem vgl. zuletzt M. NOTH, Samuel und Silo, VT 13 (1963), S. 390–400; früher siehe noch PRESS a. a. O. (1933) Sp. 243 ff.; ALT, Staatenbildung, S. 13 f.; IRWIN a. a. O. S. 113 ff. (der mit Recht den legendären Charakter der Quellen betont); M. NOTH, Geschichte Israels, 2. Aufl. 1954, S. 156, und WILDBERGER a. a. O. S. 443 ff.
[5] Für eine Untersuchung der verschiedenen Meinungen über das Alter und den Ursprung dieser Stellen vgl. BERNHARDT a. a. O. S. 114 ff., der eher zu einem frühen Ansatz neigt (S. 147 ff.); K.-D. SCHUNCK, Benjamin, S. 80 ff., und A. WEISER a. a. O. S. 62 ff., der 10 17-27 von Kap. 8 trennen möchte; für das Problem des Richtertums vgl. oben Einl. K. II, 1 und W. RICHTER, Untersuchungen, S. 342 f. und a. a. O. (1965).
[6] So richtig A. ALT, Staatenbildung, S. 17 Anm. 2.

das Königtum zur Fanggrube für das untreue Volk werde, klingt höchstens wie eine nachträgliche, nicht gut gelungene Rechtfertigung einer sonst nicht leicht zu erklärenden überlieferten Tatsache (vgl. 8 7 ff. und 10 18 ff.)[7]. Die innere Spannung ist denn auch so groß, daß R. Press die These aufstellen konnte, daß auch unsere Geschichte ursprünglich dem Königtum günstig gesinnt war und erst später in die heutige antimonarchische Fassung umgearbeitet wurde. Man muß dazu sagen, daß, auch wenn es Press nicht gelingt, den endgültigen Beweis zu erbringen, seine Argumentation äußerst überzeugend wirkt[8].

c) Weitere Einzelheiten bezeugen noch eine verschiedene Zusammenstellung unserer Texte: das Richteramt, das nach dem Muster des judäischen Königtums gestaltet ist (8 1 ff.), wie wir sahen[9]; die negative Beurteilung des Königtums, die an sich eine längere Erfahrung des Themas bezeugt und eigentlich, wie wir sahen, nicht notwendigerweise zum Texte gehört und Situationen wie die von Dtn 17 14 ff. voraussetzt (vgl. Dtn 17 14 mit 8 5, Dtn 17 16 ff. mit 8 11 und Dtn 17 18 mit 10 25 usw.). Endlich erscheint auch die Stelle 8 11 ff. als eine geschlossene, hier zum Zweck der Beweisführung eingefügte Einheit.

---

[7] Hylander a. a. O. S. 118 hat mit Recht betont, wie widerspruchsvoll diese Rede ist. Alt, Staatenbildung, S. 13 ff., hat zur Bezeichnung unserer Geschichten Endgültiges gesagt.

[8] Die Thesen von Press a. a. O. (1933 und 1938, S. 196 ff.) sind neuerdings z. T. wieder von H. Seebass, Traditionsgeschichte von I Sam 8 10 17 ff. und 12, ZAW 77 (1965), S. 286–296, aufgenommen worden.

[9] Zu 8 11-17 vgl. M. Buber, Das Volksbegehren, in: In memoriam E. Lohmeyer, 1951, S. 54–66; J. Gray, Feudalism in Ugarit and in early Israel, ZAW 64 (1952), S. 49 bis 55; K. H. Henrey, Land tenure in the Old Testament, PEQ 86 (1954), S. 5–15; I. Mendelssohn, Samuel's denounciation of Kingship in the light of Akkadian Documents from Ugarit, BASOR 143 (1956), S. 17–22. Zum Richtertum der Söhne Samuels vgl. Weiser a. a. O. S. 145; Wildberger S. 457; Hylander a. a. O. S. 116 und M. Noth, Überlieferungsgeschichtliche Studien I, 1943, S. 56 Anm. 7. Sie alle denken an eine zweifellos alte Überlieferung, da sowohl die Namen als auch die Ortschaft selbst (Beʾer Šæbaʿ befindet sich außerhalb der im Zusammenhang erwähnten Gegend) bestimmt nicht erfunden sind; die Nachricht wurde aber erst sekundär mit unserer Überlieferung verbunden. Eines der von Weiser a. a. O. S. 145 Anm. 1 gebrauchten Argumente, um die Einheitlichkeit der Stelle mit dem Zusammenhang zu behaupten, ist, daß auch bei »kleinen« Richtern oft von Söhnen oder gar von Enkeln die Rede ist (Jdc 10 3 ff. 12 8 ff. und 13 ff.), doch beweist dies in diesem Zusammenhang nichts, da von ihnen nie gesagt wird, ob, wo, wie und wann sie als Nachfolger auftraten. Sonst ist aber die These von Weiser stichhaltig: Ein Redaktor hätte nie eine Erzählung erfunden, die gegen die Logik des ihr zugedachten Zusammenhangs verstößt, denn nach dem Gesagten hätte das Volk ja nicht einen König, sondern gute Richter an Stelle der korrupten verlangen müssen (S. 146 ff.). In jedem Fall erscheint die Verbindung beider Traditionen, nicht die Tradition selbst, jung. Vgl. noch E. Nielsen a. a. O. S. 102 ff.

d) Dazu kommt noch, daß Kap. 7, das, wie gesehen, mit Recht von einem Teil der Forschung als Einleitung zu Kap. 8 betrachtet wird, die Philister als geschlagen darstellt (und diese Tendenz geht durch diese ganze Überlieferungsschicht), was natürlich historisch nicht zutrifft, aber dennoch vom Tradenten als Zeichen dafür gebraucht wird, daß Israel sich ganz unnötig von Jhwh abwandte. Auch ist Kap. 7 derartig mit dtr. formulierten, theologischen Gedanken durchsetzt, daß wir sofort die typische dtr. Redaktion der »früheren Propheten« in ihm erkennen[10].

e) Man könnte noch die Tatsache anführen, daß unser Text keine Aufzählung der beteiligten Stämme bringt; er gründet sich natürlich auf den »gesamtisraelitischen« Gedanken der Amphiktyonie, was, um ein Beispiel zu nennen, in Jdc 6–8 (vgl. 7 23)[11] nur für die jüngste, nicht für die andere(n) Schicht(en) bezeugt ist, wo wir eine Liste von beteiligten Stämmen finden. Unser Text redet hingegen nur von כָּל זִקְנֵי יִשְׂרָאֵל , eine eher ungenaue Fassung, wenn wir nicht wüßten, was für Gedanken er sich von der Lage gemacht hat. Dies letzte Argument sollte natürlich nicht zu weit getrieben werden; es erhält seine Gültigkeit hauptsächlich, wenn es innerhalb der ganzen Problematik gesehen wird.

f) Die Bedeutung des Gesagten ist groß und die sich daraus ergebende Folgerung wichtig. Dennoch muß der Geschichtsschreiber mit äußerster Vorsicht vorgehen, um diese an sich gültigen Beobachtungen nicht zu weit zu treiben und eventuell zu verzerren. Denn es kommt sofort die Frage auf, ob unsere Überlieferungsschicht – mit allem Vorbehalt und in der Gewißheit, daß sie wohl die am wenigsten geeignete ist, vom tatsächlichen Ablauf der Geschehnisse zu berichten – uns nicht doch die Erinnerung an gewisse Spannungen, Diskussionen, ja an eine Gesinnung erhalten hat, die während der Volksversammlung aufkamen! Eine gewisse Skepsis dem neuen König gegenüber bekundet ja auch das Ende von Kap. 11. Mit anderen Worten: Kann man ohne weiteres ausschließen, daß die an das Königtum gerichtete, vom 9. Jh. an bezeugte Kritik bei Propheten und später bei den Deuteronomisten tatsächlich ihre Wurzeln in der Vergangenheit des Volkes hatte, weswegen sie auch eine so schwerwiegende Rolle spielen konnte? So zeigt das erwähnte »Recht des Königs«, das 8 11 ff. ausführlich zitiert wird und das sich auf keine historisch festlegbare

---

[10] Eissfeldt a. a. O. S. 63; Caspari a. a. O. z. St.; Alt, Staatenbildung, S. 94 ff.; Noth, Überlieferungsg.St., S. 54 ff.; Buber a. a. O. (1956) S. 120 stehen alle dieser Verbindung günstig gegenüber; ungünstig hingegen Press a. a. O. (1938) S. 192 ff.; Weiser a. a. O. S. 143 und Sauls »Philistersieg«, die Überlieferung in 1 Samuel 7, ZThK 56 (1959), S. 253–272 (jetzt Samuel, S. 5–24).

[11] Es ist mir nicht klar, weswegen nach Caspari nur die Benjaminiten zugegen gewesen seien. Vgl. noch E. Nielsen a. a. O. S. 103 ff., der unabhängig zu ähnlichen Schlüssen kommt.

Situation in der Geschichte Israels bezieht (vom wahren Königrecht redet 10 25 f.; vgl. vermutlich Dtn 17 14-20)[12], daß älteres, wohl kanaanäisches Material hier polemisch verarbeitet werden konnte, um die absolutistisch-kanaanäische Tendenz im israelitischen Königtum zu brandmarken. Dies führt uns aber nicht in dtr., sondern in die salomonische Zeit zurück. Daß es sich um ein vom Zusammenhang unabhängiges Zitat in 8 11 ff. handelt, zeigt die objektive, nüchterne, ohne jegliche Polemik verfaßte Feststellung, mit der von des Königs Vorrechten berichtet wird[13]. Wir müssen also auch diese spätere Überlieferung nicht ohne weiteres abweisen, da auch sie uns wertvolles Material, wenn auch nur indirekt, übermittelt.

g) Aber auch die sogenannte antimonarchische Tendenz unserer Schicht sollte man nicht zu sehr unterstreichen: wir sahen schon, zu welchen Schlüssen R. Press gelangte, indem er von einer polemischen Überarbeitung unserer Texte sprach. Doch läßt sich noch mehr feststellen: Auch wenn A. Weiser[14] zu weit gegangen ist, indem er behauptet, die Alternative sei hier nicht menschliches wider göttliches Königtum, sondern nur göttliches Königtum und eins »wie die anderen Völker« (v. 5)[15], so bleibt die Tatsache dennoch bestehen, daß der Gesichtspunkt, der hier im Hintergrund immer wieder auftaucht, nicht so sehr der des Staatswissenschaftlers, sondern der des Theologen ist. Gefährlich war die Monarchie besonders wegen der in ihr verankerten religionsgeschichtlichen Konzepte, durch welche der König die Hauptfigur im Staatskultus in allen Ländern

---

[12] Vgl. aber Caspari a. a. O. S. 93, der von einem präexistierenden Modell anläßlich einer Thronbesteigung (in Jerusalem?) redet. Wildberger a. a. O. S. 458 betont mit Recht, daß die auf dem *tell el-fūl* (Gibea) durch Ausgrabungen entdeckten Reste des Palastes Sauls bestimmt nicht auf die bei den kanaanäischen Stadtfürsten übliche Lebensweise schließen lassen. Er glaubt, daß die Erzählung ursprünglich einen Vertrag widerspiegelt, dessen Bestandteile in erweiterter Form wiedergegeben wurden. Für diese Art Verträge vgl. G. Fohrer, Der Vertrag zwischen König und Volk, ZAW 71 (1959), S. 1–22; für die Ausgrabungen in Gibea vgl. zuletzt E. L. Sinclair, An archaeological study of Gibea (Tell el-Fūl), AASOR 34–35 (1954–56), 1960, S. 1 ff., und BA 27 (1964), S. 52–64. Seine Thesen werden von M. Noth, Rezens. ZDPV 78 (1962), S. 91 ff., gutgeheißen.

[13] Caird a. a. O.; vgl. Press, Mendelssohn und Weiser a. a. O.

[14] Weiser a. a. O. S. 158 ff. zum »Recht des Königs« Dtn 17 14 ff. vgl. K. Rabast, Das apodiktische Recht im Deuteronomium und im Heiligkeitsgesetz, 1948, S. 10 ff.; K. Galling, Das Königsgesetz im Deuteronomium, TLZ 76 (1951), Sp. 133–138, und E. Nielsen a. a. O. S. 104 ff.

[15] Es liegt kein Grund vor, die »anderen Völker«, nach deren Modell Israel nach unserem Text sein eigenes Königtum gestalten möchte, auf die Philister zu beschränken, wie Caspari es will (S. 83). Wahrscheinlicher ist die These A. Alts, Staatenbildung, S. 15 ff., daß die benachbarten Völker aus Transjordanien (Edom, Moab, Ammon) das Urbild lieferten, auch wenn der israelitische Typus original erscheint (siehe unten II. Teil, Kap. I, 5). Man sieht jedoch nicht ein, und wir werden während

des Nahen Ostens war und die Institution als etwas absolut Notwendiges für die Existenz von Staat, Volksgemeinschaft und Wirtschaft betrachtet wurde. Die Gefahr, daß Israel, das ja selbst keine eigene Königsideologie besaß, sie von anderen Völkern übernehmen würde (wie ja überhaupt ein spontaner, synkretistischer Prozeß seit der Einwanderung im Gange war), muß auch dem nicht theologisch denkenden Historiker, der Israels Entwicklung objektiv betrachtet, viel mehr als ein Hirngespinst einiger mehr oder weniger frommer Leute erscheinen, besonders wenn er den progressiven Zusammenbruch der alten Volksordnungen im 8. Jh. bis zum Exil beobachtet. Und daß das Königtum hierzu einen starken Beitrag sowohl auf soziologischem als auch auf theologischem Gebiet lieferte, ist ja genügend bekannt.

h) Man könnte jetzt geneigt sein, die Frage zu stellen, ob vielleicht nicht doch eine spätere, sehr kritische, wenn auch nicht grundsätzlich königsfeindliche Epoche hier ihre eigene Problematik in die Vergangenheit hineinprojiziert und uns also dennoch ein im Grundsätzlichen anachronistisches Bild geliefert habe? Um diese Frage zu beantworten, müßte man erst einmal feststellen, wann es so eine Epoche gegeben hat und was für Schriften wir aus ihr besitzen.

Es ist nicht immer leicht zu unterscheiden zwischen einer prinzipiell antimonarchischen Tendenz und einer, die nur aus Besorgnis wegen gewisser Gefahren das Königtum ablehnt oder in Schranken halten möchte, und manches apodiktische Urteil dürfte sich nur allzu schnell als verfrüht erweisen. Hinter unserem Bericht sowie hinter der jüngsten Schicht der Gideonüberlieferung (vgl. oben, Einleitung, K. II, 2 d–e) werden, wie angedeutet, gewisse Tendenzen deutlich, die theologisch (und nicht staatswissenschaftlich) Theokratie und Monarchie als unvereinbar darstellen. Eine solche Theologie ist aber kaum dtr., wie wir schon anläßlich des Falles Gideons (oben Einl. K. II, 2 d) gesehen haben, da der Dtr. ohne weiteres die Existenz »gottgefälliger« Könige annimmt und gutheißt, so daß der Gedanke, das Königtum könne von Jhwh als Gericht zugelassen werden, eine logische Inkongruenz bedeuten würde, die wir doch wohl dem systematisch seine Geschichte aufbauenden Dtr. nicht ohne weiteres zumuten dürfen. Es ist deswegen schwer, die gestellte Frage nach der Möglichkeit eines Anachronismus hier mit Bezug auf den Dtr. bejahend zu beantworten. Dann müssen wir aber auch sagen, daß wir von

---

dieser Studie oft auf das Problem zurückkommen (vgl. das nächste Kap. und den II. Teil., K. I), was für eine Rolle das kanaanäische Königtum anfänglich hier spielte. Wir wissen, daß es nicht lange dauerte, bis unter David und Salomo typisch altorientalische Elemente in das israelitische Königtum eindrangen: Despotismus, religiöser Staatssynkretismus usw. Wir kommen darauf noch zurück. Für den Staatssynkretismus verweise ich auf meine Studie Der offiziell geförderte Synkretismus in Israel während des 10. Jahrhunderts, ZAW 78 (1966), S. 179–204.

keiner Epoche wissen, die eine derartige Problematik besaß und sie in des Volkes Vergangenheit rückprojizieren konnte. Sollte dies nicht ein Hinweis darauf sein (wenn auch nur *e silentio*), daß wir wenigstens als Arbeitshypothese das Alter dieser Gedanken annehmen sollten? Diese Frage möchte ich bejahend beantworten[16].

i) In unserem Text finden sich einige mit der Versammlung verbundene Elemente: Sie kommt bei einem Heiligtum zusammen (hier Rama, eine noch nicht mit Sicherheit identifizierte Ortschaft[17], ohne daß gesagt wird, weshalb gerade sie gewählt wurde) und berät sich mit dem Gottesmann (den die Überarbeitung, wohl mit Recht, als »kleinen« Richter kennt und der als Hauptmagistrat des Bundes auftritt, v. 4)[18]. Der Text zeigt ihn uns als Vorsitzenden in der Versammlung, was sehr wohl zutreffen kann, falls wir die regierende Funktion des »kleinen« Richters annehmen; er handelt ferner als Vermittler zwischen ihr und dem göttlichen Willen, was auch zutreffen könnte, eher aber die Gestalt des Propheten vom 9. bis zum 6. Jh. – gefürchtet und angefeindet, befragt und mit Ungehorsam belohnt usw. – wiederzugeben scheint. Auch die Gestalt Samuels dürfte nach diesem Schema überarbeitet worden sein: Er widersetzt sich dem (noch nicht existierenden) König, wie dies Elia, Micha ben Jimla, Amos, Jesaja, Jeremia usw.[19] machen werden. Dies ist ein wirklicher Anachronismus, der aber die anderen Elemente nicht notwendigerweise beeinträchtigt.

j) Die von Samuel vertretenen Thesen sind, wie schon erwähnt, dieselben wie diejenigen Gideons Jdc 8 22 f. Wir haben gesehen, daß sie vermutlich die Bedenken derjenigen äußern, die nicht einsahen, wie das

---

[16] Dagegen erklärt sich A. ALT, Gedanken über das Königtum Jahwes, Kl. Schr., I 1953, S. 345–357, der die Theokratie als späteres, nicht vor dem 8. Jh. (Jes 6!) belegbares Konzept betrachtet, dessen Ursprung im kanaanäischen Raum zu suchen ist. Eine solche Verbindung wäre natürlich, angesichts des Königtums 'Els und Baals, durchaus in Betracht zu ziehen, vgl. W. SCHMIDT, Königtum Gottes in Ugarit und Israel, 1961; nur ist dann nicht klar, warum ein solcher Gedanke so relativ spät aufkommen sollte und wie man gegebenenfalls das ideologische Vakuum der vormonarchischen Zeit ausfüllen kann.

[17] Vgl. die Kommentare z. St.

[18] WILDBERGER a. a. O. S. 461 hat darauf aufmerksam gemacht, daß Samuel nur zweimal, einmal direkt I Sam 3 20, das zweite Mal indirekt 9 9, als Prophet bezeichnet wird. Ein anderes Mal erscheint er als Haupt einer Prophetenschule (19 18 ff.) in einem Zusammenhang, der meistens spät angesetzt wird. Nach PRESS a. a. O. (1933) Sp. 243 ff. und (1938) S. 196 ff. ist seine Gegenwart hier unerläßlich.

[19] Zur Problematik, die durch die mehr oder weniger benötigte Gegenwart Samuels an diesen Stellen entsteht, vgl. WILDBERGER a. a. O. S. 444 ff. und 461 ff. und WEISER a. a. O. S. 142 ff. Die hier gegebene Erklärung ersetzt meine frühere, TZ 15 (1959), S. 406 f., die wohl ein wenig zu schnell die Gegenwart Samuels in diesem Zusammenhang als Produkt dtr. Redaktion erklärte.

theokratische Regiment der Amphiktyonie mit einer monarchischen Verfassung und den ihr eigenen Theologumena ko-existieren konnte[20]. Die Erzählung berichtet nun aber, daß Samuel durch das göttliche Orakel den Bescheid bekam, sich dem Volkswillen zu beugen: שְׁמַע בְּקֹל הָעָם – »Höre auf das, was das Volk dir zu sagen hat...« (und nicht, nach Weiser, notwendigerweise »Gehorche«). Wenn auch gegen seinen Willen und unter Aufzählung verschiedener Vorbehalte[21], die zu nichts führten, war Samuel daraufhin gezwungen, nachzugeben[22].

k) Die Erzählung fährt damit fort, daß nach der Versammlung in Rama eine zweite in Mișpa stattfand[23], in welcher Samuel, nachdem er wiederum das Volk auf die bevorstehende Gefahr aufmerksam gemacht hatte, den Anwärter auf den Königsthron durch das Los bestimmen ließ. Auch hier finden wir einige Unstimmigkeiten[24], wie schon längst bemerkt worden ist, doch wir wollen uns eher der angewandten Prozedur der Losziehung zuwenden, einem einzigartigen Verfahren[25].

---

20 So M. Buber, Königtum Gottes...; J. de Fraine, Teocrazia e monarchia in Israele, BeO 1 (1959), S. 4–11, bes. S. 6 ff.
21 Zum Problem des Richters vgl. die Einl. K. II, 1 b und Anm. 2 und die dort behandelte Literatur. Die Urfassung unseres Berichtes wollte also zeigen, wie auf anarchische Situationen endlich eine stabile Regierungsform folgte, während die spätere Verbindung mit den Samuelsöhnen (oben Anm. 9) eher den forensischen Sinn des Wortes betont; beides ist natürlich angesichts des differenzierten Sinnes der Wurzel semantisch gut möglich. Über die Beziehungen des Königs zur Gerichtsverwaltung wissen wir wenig. Seit David scheint es, daß spezielle Fälle der königlichen Gerichtsbarkeit unterstellt wurden (vgl. II Sam 14 1 ff. und 15 1 ff.), doch viel mehr läßt sich für die alte Zeit nicht sagen; siehe noch L. Köhler, Die hebräische Rechtsgemeinde, 1931 (Der hebräische Mensch, 1953, S. 143–171), bes. S. 159 ff. Natürlich kann ich mit ihm in dem, was er von Samuels Tätigkeit in diesem Zusammenhang behauptet, kaum übereinstimmen.
22 Vgl. nochmals Alt, Staatenbildung, S. 10 ff.; I. E. J. Rosenthal, Some aspects of the Hebrew Monarchy, JJS 9 (1958), S. 1–18, und die ausgezeichnete Studie von G. Bucellati, Da Saul a Davide, BeO 1 (1959), S. 99–128, dessen großes Verdienst es ist, zum erstenmal die Zeitbedingtheit des militärischen Faktors hervorgehoben und eine allgemeine, in diese Richtung gehende politische Entwicklung festgestellt zu haben. Für die Lade vgl. jetzt J. Maier, Das altisraelitische Ladeheiligtum, 1965.
23 Die Lage ist noch umstritten, wenn auch die Wurzel auf einen Aussichtspunkt zu deuten scheint, Driver a. a. O. S. 83 ff. Zur heutigen Sachlage vgl. die Beiträge in den neuesten Wörterbüchern.
24 M. Buber a. a. O. (1956) S. 152 ff.; vgl. H. J. Stoebe, Grenzen der Literarkritik im Alten Testament, TZ 18 (1962), S. 385–400, bes. S. 391 ff.
25 Die wichtigsten Abhandlungen zu diesem Thema sind: R. Press, Das Ordal im Alten Testament, das Losordal, ZAW 51 (1933) S. 227–231; A. Lods, Le rôle des oracles dans la nomination des rois, des prêtres et des magistrats chez les Israélites, les Égyptiens et les Grecs, in: Mélanges Maspéro, I, 1 1934, S. 91–100; R. de Vaux, Les Institutions de l'Ancien Testament, I 1957, S. 252 ff., und II 1960, S. 137 ff.; J. Lind-

Wenn wir von »P« absehen, haben wir im Alten Testament mit der unsrigen nur drei Bestimmungen von Personen durch das Los, und die unsrige ist die einzige, in der ein hoher Beamter auf diese Art gewählt wird. In Jos 7 14 (auch eine späte Stelle) und I Sam 14 40-42 (nach LXX vervollständigt; es handelt sich, wie gesehen, um eine zur ältesten Schicht gehörigen Stelle) dient das Verfahren zur Ermittlung eines unbekannten Schuldigen, dessen Gegenwart im Heere das göttliche Gericht heraufbeschwört. Im zweiten Text (nach LXX) werden Urim und Tummim verwendet. In nachexilischer Zeit wurde das Los dazu benützt, angebliche Mitglieder priesterlicher Familien, die ihre Identität nicht beweisen konnten, zu untersuchen (Esr 2 63 Neh 7 65, vgl. noch Esr 5 40 [LXX] und I Macc 4 46). Das Los spielt noch eine Rolle im Bericht von der Verteilung der Gebiete der einzelnen Stämme (Jos 13–21), doch auch hier bildet die Verlosung nur eine späte Vorstellung von dem, was tatsächlich geschah.

Das Los bildet also in unserem Fall eine Ausnahme und steht ferner vollkommen im Gegensatz zu dem, was uns in den anderen Berichten mitgeteilt wird; hier hören wir nämlich von einer direkten Designierung durch Jhwh, in einem Fall gefolgt von der Akklamation durch das Volk (vgl. 9 15 ff. 11 5 ff. und 12 ff.). Die Schwierigkeit wäre aber auf einmal behoben, wenn wir annehmen, daß das Los hier die unmittelbare Designierung darstellt, durch welche Jhwh seinen Willen bezüglich des neuen Königs kundtut; unsere Stelle würde dann den Parallelbericht zu den anderen beiden enthalten! <u>In einer späteren Zeit also, in der man Gottes Willen durch das Los zu erforschen pflegte, weil die unmittelbare göttliche Begabung ausgestorben war, wurde dieses Element eingeführt, um das festüberlieferte Element der göttlichen Designierung Sauls anschaulich zu machen.</u> Dieses letzte Element bildet dabei den historischen Kern; das erstere dient nur dazu, das überlieferte Charismatikertum Sauls, den späteren Hörern lebendig zu machen.

BLOM, Lot casting in the Old Testament, VT 12 (1962), S. 164–168; vgl. noch die Kommentare zu unserer Stelle und zu Jos 7. Über die Prozedur des Losorakels habe ich früher (a. a. O. 1959) behauptet, sie sei als Versuch gedacht, zwischen Charismatikertum und Demokratie zu vermitteln, als charismatische Berufungen nicht mehr stattfanden. Dies möchte ich nun in der gesagten Weise revidieren und vervollständigen. Auch BUBER a. a. O. (1956) ist für eine späte Ansetzung des Losverfahrens (S. 142).

3. Die zweite Überlieferung (I Sam 9 1–10 16 und 13 5-15)[26]

a) Die zweite literarische Einheit, in welcher unser Thema behandelt wird, erzählt uns, wie eines Tages (וַיְהִי) der junge Saul auf der Suche nach einer verlorengegangenen Herde von Eselinnen auf den von Jhwh schon benachrichtigten Samuel stieß und von ihm den versammelten Ältesten vorgestellt und nachher im Geheimen zum König gesalbt wurde. Trotz mancher novellistischer Züge ist es nicht gelungen, die Originalfassung zu zerstören[27], wenn jene auch Zeugnis davon ablegen, daß unser Bericht später erzählerisch ausgestaltet wurde. Unsere Perikope kennt den erstbehandelten Bericht nicht, ja bildet manchmal ein Duplikat, manchmal einen Widerspruch zu ihm, auch wenn der Redaktor versucht hat, einen Zusammenhang zu schaffen (vgl. 10 1ff. mit 10 17ff., 9 2 mit 10 23 usw.). Aber auch unsere Geschichte ist nicht einheitlich[28]: es ist schon oft beobachtet worden, daß der erste Teil nur einen anonymen »Seher«, einen »Gottesmann« (9 6.9) – Titel, die durch eine spätere Glosse für »heute« (d. h. für die Zeit des Tradenten) erklärt werden – der zweite aber immer nur Samuel nennt (9 14ff.). Und es gehört zum zweiten

---

[26] Zur Literatur vgl. oben Anm. 1; ferner VOEGELIN a. a. O. S. 226 ff.; BERNHARDT a. a. O. S. 142 ff.; SCHUNCK a. a. O. S. 85 ff.; M. BIČ, Saul sucht die Eselinnen (I Sam. IX), VT 7 (1957), S. 92–97 (mit einem Versuch einer mythisch-kultischen Erklärung); H.-J. STOEBE, Noch einmal die Eselinnen des Kiš, ibid. S. 362–370 (der lieber eine theologisch-rituelle Erklärung hätte). Wohin diese Erklärungen zielen, ist mir nicht klar. Zur genauen Abgrenzung der Stellen vgl. J. DE FRAINE, L'aspect religieux, S. 88 ff. E. ROBINSON, DE FRAINE und BUBER a. a. O. behaupten, wie gesehen, die Einheitlichkeit dieser Kapitel. Wichtig ist noch A. WEISER, Die Überlieferung von der Erhebung Sauls zum König, in: Samuel, S. 46–49, bes. S. 48 ff.; HEMPEL a. a. O. S. 124. Für den Titel *nagîd*, den Saul hier erhält, vgl. zuletzt die vorläufig endgültige Studie von W. RICHTER, Die *nāgîd*-Formel, BZ N. F. 9 (1965), S. 71–81, nach der ich mein Charisma und Institution im Königtum Sauls, ZAW 75 (1963), S. 54–65, vervollständigen möchte.

[27] H. GUNKEL, Das Märchen im Alten Testament, 1921, S. 121 ff. Diese auch von GRESSMANN a. a. O., mit vielen aus der Fabel, der Novellistik und der religionsgeschichtlichen Welt geschöpften Beispielen, und von WILDBERGER a. a. O. S. 451 ff. unterstützte Erklärung haben viel mehr für sich, als die in Anm. 26 zitierte von M. BIČ. Eine weitere, doch spätere Parallele haben wir in einer aus der Mitte des 3. Jh. stammenden, auf der Insel Paros entdeckten Inschrift, vgl. F. DORNSEIFF, Archilochos von Paros und Saul von Gibea, TLZ 80 (1955), Sp. 499. A. ALT, Staatenbildung, S. 14 ff., behauptet mit Recht die primitivere Fassung dieser Rezension im Vergleich zur vorhergehenden; dennoch ist sie nicht das Werk des Geschichtsschreibers, sondern des Barden. Die Gründe, weswegen er Kap. 11 mit 91–1016 zusammenfügt, sind mir nicht klar; vgl. den folgenden Paragraphen.

[28] CASPARI a. a. O. S. 95 ff. sieht hier zwei Schichten, eine jede mit ursprünglich einem eigenen Namen für den Seher; vgl. noch HYLANDER a. a. O. S. 133 ff. und STOEBE a. a. O. S. 365.

Teil, daß Samuel über die Identität Sauls und seines Dieners durch eine göttliche Vision genau Bescheid weiß und entsprechend handelt. So erhalten Saul und der Diener die Ehrensitze unter den Gästen (v. 22 ff.) und das beste Stück Fleisch (v. 24, Text in Unordnung). Auch wenn der Text nichts davon verlauten läßt, spürt der aufmerksame Leser doch sofort, daß die Anwesenden nicht nur zum Opfer da sind, sondern daß sich hinter der kultischen Handlung etwas verbirgt, das ihm vorerst nicht ganz deutlich ist. H. WILDBERGER[29] bemerkt dazu, daß es sich allem Anschein nach um eine geheime Versammlung handelt, zu der die Vertreter Israels eingeladen waren und deren Treffpunkt absichtlich geheim gehalten wurde[30]. Angesichts des konspirativen Charakters der Versammlung gibt es keine Tagesordnung; es genügt Samuel, den ihm von Jhwh designierten Kandidaten der Versammlung schweigend vorzustellen. Bei Sonnenaufgang des nächsten Tages (immer um die Sache geheimzuhalten) salbte darauf Samuel Saul zum *nagîd* über das Volk Israel (9 26 ff., *text. emend.* nach LXX, und 10 1 ff.). Daraufhin kehrte der junge Saul nach Hause zurück, ohne über irgendetwas zu berichten, das ihm widerfahren war[31]. Inzwischen, so endet die Geschichte, waren alle von Samuel versprochenen Zeichen eingetroffen[32].

b) Diesmal sind die begleitenden Umstände ganz anders als im vorhergehenden Bericht: Die Geschichte weiß von der Bedrohung durch die Philister, und ein neuerer Deutungsversuch möchte, wie gesehen, das ganze Geheimnis, mit der die Handlung umgeben ist, durch den Wunsch erklären, vom Feinde nicht entdeckt zu werden, so daß die kultische Handlung nur ein Vorwand gewesen wäre (9 16), um die wirklichen Absichten zu verbergen. Es sind die Ältesten, die dem ersten Teil der Handlung beiwohnen, auch wenn nicht ausdrücklich gesagt wird, was für eine Rolle – wenn überhaupt eine – sie dabei spielten. Der Anwärter ist Samuel durch Jhwh persönlich gemeldet worden. Der Prophet weiß noch vor Saul von allem und bietet ihm und seinem Diener den Ehrenplatz und das beste Stück bei der Mahlzeit an. Diese Rekonstruktion (die

---

[29] S. 455. Vgl. dort die solide literarische Analyse unserer Stelle, auf die ich hier verweise. WEISER a. a. O. S. 51 Anm. 8 ist mit dem geheimen Charakter in unserer Episode einverstanden, glaubt aber nicht an eine Verschwörung.
[30] DE VAUX, CAIRD und HERTZBERG, Kommentare z. St., weisen auf »Rama, die Stadt Samuels« hin. Diese Identifizierung stützt sich allerdings ausschließlich auf Elemente der vorhergehenden, späteren Überlieferung, welche, wie gesehen, von dieser ganz verschieden ist.
[31] D. R. AP-THOMAS, Saul's Uncle, XXV. International Congress of Orientalists, Moskwa 1960, I S. 437–438, und VT 11 (1961), S. 241–245. Zu den Beziehungen zwischen der durch das Volk und der durch einen Propheten erfolgten Salbung vgl. unten Anm. 55.
[32] Zu diesen Stellen vgl. J. LINDBLOM, Prophecy in ancient Israel, 1962, S. 57 ff., und A. GONZÁLEZ NÚÑEZ, Profetas, sacerdotes y reyes, 1962, S. 44 ff.

natürlich eine andere, nach welcher Saul einfach ein Gast gewesen wäre und deshalb mit seinem Diener geehrt wurde, so daß die Anwesenden nichts ahnten, nicht gänzlich ausschließt, wenn sie auch nur die »offizielle« These den Philistern gegenüber darstellte) dürfte sich als eine zuverlässige Arbeitshypothese erweisen, auch wenn es an endgültigen Beweisen mangelt.

Über die genannten Handlungen hinaus kennt unser Text charismatische Phänomene, die in Kap. 11 wieder erscheinen werden (10 10 ff.). Sie bilden zusammen mit der Geistesbegabung das einmalige, irrationale, kurze, doch wiederholbare Element des Charismatikertums, auch wenn dies hier eher zum ekstatischen kanaanäischen Prophetismus neigt als zur richterlichen Begabung (wie im nächsten Paragraphen).

4. Die dritte Überlieferung (I Sam 11 13 1-4. 16 ff. 14)[33]

a) Der dritte, von den meisten heute als den überlieferten Tatsachen am nächsten stehende Bericht über die Einrichtung des Königtums in Israel wird von einigen Forschern einfach als Fortsetzung von 9 1–10 16 empfunden[34]; in diesem Fall wäre Saul, nachdem er im Geheimen gewählt worden war, nun endlich zum Einsatz herangezogen. Es zeigt sich aber ganz offensichtlich, daß Saul, als er seine Arbeit auf dem Lande verläßt, um die Scharen des israelitischen Heerbannes zu leiten (v. 5), von einer früheren Designierung nichts ahnt. Saul ist hier ein junger Landedelmann, über dessen religiöse und politische Neigungen wir nichts erfahren[35],

---

[33] Zur Literatur vgl. oben Anm. 1 und SCHUNCK a. a. O. S. 90 ff. und 108 ff.; BERNHARDT a. a. O. S. 142 (für den es sich um die älteste Stelle handelt); HEMPEL a. a. O. S. 124 ff.; man vgl. noch K. MÖHLENBRINK, Sauls Ammoniterfeldzug, ZAW 58 (1941 bis 1942), S. 57–70; W. BEYERLIN, Das Königscharisma bei Saul, ZAW 73 (1961), S. 186–201, und T. C. G. THORNTON, Charismatic Kingship in Israel and Judah, JThSt N. S. 14 (1963), S. 1–11; mein Charisma und Institution im Königtum Sauls, ZAW 75 (1963), S. 54–65, und W. RICHTER, Traditionsgeschichtliche Untersuchungen ..., S. 177 ff.; dieser Band, der dem Heiligen Krieg einen guten Exkurs widmet, kommt zu einigen für unser Thema sehr wichtigen Schlüssen: Nach seinen Untersuchungen haben wir nämlich in Kap. 11 das verbindende Glied zwischen den »Rettern« und dem Königtum. Für die geschichtliche Lage vgl. MÖHLENBRINK S. 57 ff. und SEGAL, Kommentar. Es ist deswegen merkwürdig, wie schon gesehen (Anm. 27), daß ALT, Staatenbildung, S. 17, obwohl ihm der Wert des Kapitels als Bindeglied zwischen Richtern und Königen vollkommen bewußt ist, es nicht von 91–1017 getrennt hat; dazu WALLIS a. a. O. S. 244, der auf der Trennung beharrt.

[34] GRESSMANN, KITTEL, Kommentare, S. 43 und 423; ALT, Staatenbildung, S. 14 Anm. 3. Vgl. unten Anm. 37.

[35] Die LXX versucht, die vom Redaktor angestrebte Harmonisierung des Kapitels mit den vorhergehenden weiter zu führen, indem sie das וַיָּבֹאוּ ... גִּבְעַת שָׁאוּל mit εἰς Γαβαὰ πρὸς Σαούλ übersetzt: Die Abgesandten von Jabeš kommen also nicht mehr nach Gibea auf der Durchreise und treffen dort zufällig den gerade vom Felde

erwählt zu etwas anderem als zum Anbau seines Ackers, ohne daß es ihm bewußt ist. Vielleicht, wie es WILDBERGER überzeugend, doch nicht endgültig dargestellt hat[36], befindet sich diese Stelle außerhalb des ursprünglichen Zusammenhangs; ihr richtiger Platz wäre wohl in Kap. 8 (oder 7?) anzusetzen, da wir auf diese Weise nach den ersten Heldentaten des jungen Heerführers die verschiedenen Berichte der Akklamation durch das Volk erhielten. Aber auch dieser Vorschlag vermag nicht die Gründe für die heutige Anordnung der drei Berichte zu erklären und kann darüber hinaus auch nicht das Problem des Mangels an Beziehungen zwischen ihnen lösen. Wenn nämlich Kap. 11, wie gesagt, vor Kap. 8 stünde, wäre es noch weniger begreiflich, weshalb der schon erprobte und vom Volke akklamierte Held sich erst dem Losverfahren und dann der geheimen Opfermahlzeit zu unterziehen hatte. Wir halten uns also besser an den Tatbestand: Es gibt nun einmal drei Berichte über die Einsetzung des Königtums in Israel, und von ihnen ist Kap. 11 derjenige, der den berichteten Tatsachen chronologisch am nächsten steht[37].

b) Anlaß zum Auftreten Sauls ist ein ammonitischer Angriff aus dem Osten, während die Philister nach der Niederlage Israels vom Südwesten einen schweren Druck ausübten (vgl. die versprengte Stelle 13 19 ff.) und gewisse strategisch wichtige Ortschaften besetzt hielten (vgl. 13 1 ff.). In einer solchen Lage verwundert es nicht, daß auch die östlichen Nachbarn Israels ihr Glück an ihnen versuchten.

Was die Ammoniter betrifft, so erscheinen sie nur zweimal vor I Sam 11: Jdc 3 13 ff. (wo praktisch nichts von ihnen gesagt wird) und 12 12 ff., wo wir von den ersten Auseinandersetzungen mit Israel hören und erfahren, daß sie im mittel-nördlichen Transjordanien seßhaft waren und ständige Verbindungen mit den dort lebenden Israeliten hatten. Der Versuch, sich einen Platz im westjordanischen Gebiet zu sichern, konnte also für Ammon nicht besser gewählt sein.

Auch unsere Erzählung ist aber nicht ganz ohne Probleme. Man hat in den absurden, den Bewohnern des belagerten Jabeš gestellten Bedingun-

---

zurückkehrenden Saul, sondern kommen unmittelbar zu ihm, als dem anerkannten Heerführer.

[36] S. 448 ff., ähnlich SCHUNCK a. a. O.

[37] Vgl. Anm. 34. GRESSMANN, KITTEL, CAIRD und DE VAUX, z. St.; vgl. noch ALT a. a. O. – Für die Trennung des Kapitels von seinem Zusammenhang sind CASPARI und HERTZBERG z. St.; WILDBERGER S. 459; und WALLIS S. 244. Man könnte natürlich behaupten, daß in 9 1–10 16 Saul und sein Diener bei der Mahlzeit einfach als Gäste mit dem besten Essen und dem Ehrenplatz empfangen wurden und daß Sauls im Geheimen stattfindende Salbung niemand bekannt sein konnte, so daß Kap. 11 tatsächlich doch 9 1–10 16 fortsetzt. Dies wäre möglich, wenn wir im Kap. 13 nicht auf ein grundsätzliches Element stießen: die Unmöglichkeit, 13 5-15, das ausdrücklich auf 10 8 Bezug nimmt, mit dem Zusammenhang, der an Kap. 11 anknüpft, zu vereinbaren. Vgl. unten 5 c.

Die dritte Überlieferung 43

gen (vgl. die Rede des Anführers Naḥaš, v. 2)³⁸ und in der Gewährung einer einwöchigen Frist, damit sie um Hilfe bitten konnten (v. 3) märchenhafte Züge entdecken wollen, auch wenn man der Schwäche Israels und dem aufschneiderischen Charakter des Nomadenhäuptlings ein Maximum zugestehen wollte. Aber auch die Zahl der Soldaten, die das erschöpfte und geschlagene Israel aufgestellt haben soll (300 000 Israeliten und 30 000 Judäer, v. 8), ist natürlich weit übertrieben, selbst wenn wir mit der Möglichkeit rechnen, daß אֶלֶף hier wie anderswo nicht die arithmetische Zahl Tausend, sondern eine politisch-ethnische und militärische Einheit bezeichnet³⁹.

c) Doch abgesehen von diesen noch kontroversen Elementen, bietet unsere Geschichte eine Reihe von Daten, die allem Anschein nach aus erster Hand stammen: die Nachricht v. 6 »Der Geist Jhwhs wurde in ihm [Saul] wirksam (וַתִּצְלַח)«; seine Reaktion auf diese Begabung: die Zerstückelung der Ochsen und die Übersendung ihrer Reste an die verschiedenen Stämme, ein altes (vermutlich schon aus Mari belegtes) Zeichen der Warnung, das im Alten Testament noch einmal, auch für das Aufgebot an den Heerbann, vorkommt (Jdc 19 29 ff.)⁴⁰. Endlich fiel Saul mit dem versammelten Heer der Amphiktyonie (inwiefern das dazu gezählte

---

38 Allerdings dürfen wir die Behauptung, es gäbe hier novellistische Elemente, nicht zu weit führen: T. E. Lawrence, Seven Pillars of Wisdom, 1935, Kap. 54 S. 311, berichtet nämlich, daß am 5. VII. 1917, als die Araber den Türken in Aqaba nahelegten, sich zu ergeben, sie die Antwort erhielten, sich zwei Tage zu gedulden; wenn dann niemand den Belagerten zu Hilfe gekommen wäre, würden sie sich ergeben. Die ganze Rede des Naḥaš erinnert an das beduinische Prahllied, was ihre Gattung erheblich anders als einen märchenhaften Zug bestimmen dürfte. Die Ortschaft Jabeš ist noch nicht identifiziert worden, obwohl ihr Name sich im Wādi Jābīs an der linken Seite des Jordans erhalten hat. Sie lag wenige Stunden östlich von Bêt Šeʾan (nach I Sam 31). Seine Bewohner sollen nach Jdc 21 mit Benjamin verwandt gewesen sein, wodurch das beiderseitige Interesse der an sich geographisch getrennt lebenden Gruppen erklärt wird. Dies würde auch erklären, weshalb die Jabešiten ihre Boten zuerst nach Benjamin schickten. Für die Geographie der Gegend vgl. N. Glueck, Explorations in Eastern Palestine IV, AASOR 25–28, 1951, S. 261–275 (mit Literatur), und M. Noth, Jabes Gilead, ZDPV 69 (1953), S. 25–41.

39 Dieser Wert von ʾælæf wurde zuerst von E. Meyer, Die Israeliten und ihre Nachbarstämme, 1906, S. 498, bemerkt; vgl. zuletzt G. E. Mendenhall, The census list of Numbers 1 and 26, JBL 77 (1958), S. 52 ff.

40 Der Sinn dieser Handlung ist durch den von den Boten gesagten Spruch klar. Anders in der Substanz, doch ähnlich in der Form ist das in ARM II Nr. 48 bezeugte Verfahren: Da die Hanäer sich weigern, sich vor dem Gouverneur zu versammeln, schlägt dieser vor, einen Gefangenen zu töten und sein Haupt zu den Widerspenstigen zu senden, um ihnen damit Furcht einzuflößen. Das hier verzeichnete Verfahren erinnert aber auch an das Bundschließungsritual, vgl. Gen. 15. Zum Problem vgl. G. Wallis, Eine Parallelstelle zu Richter 19 29 ff. und I Sam 11 5 ff. aus dem Briefarchiv von Mari, ZAW 64 (1952), S. 57–61, der noch einen assyrischen Text hervorhebt.

Juda hier tatsächlich eine Rolle gespielt hat, können wir nicht mehr sagen; alles spricht aber dagegen⁴¹), über den Feind her und gelangte zu einem vollkommenen Sieg (v. 11). Daraufhin (v. 14 weist einen vom Zusammenhang abweichenden Stil auf und wurde wohl von der Redaktion zum Zwecke der Anpassung an die beiden vorhergehenden Berichte eingefügt, vgl. noch v. 12-13) führte die triumphierende Menge Saul nach Gilgal (es ist natürlich kein Zufall, daß es sich gerade um jenes Heiligtum handelte, das sich außerhalb der Reichweite der Philister befand) und krönte ihn dort (וַיַּמְלִיכוּ שָׁם אֶת־שָׁאוּל).

d) Bemerkenswert ist die zweitrangige Rolle, die Samuel bei diesen Geschehnissen zugedacht wird: er erscheint nur v. 7 in einem gut zu entbehrenden Einschub; ferner in den zurechtgemachten v. 12-14, in denen der Redaktor versucht, die Stelle mit den vorhergehenden zu verbinden (die LXX führt diese Versuche fort, indem sie v. 15, der ursprünglich Samuel nicht einmal erwähnt, mit καὶ ἔχρισεν Σαμουὴλ ἐκεῖ τὸν Σαοὺλ εἰς βασιλέα übersetzt⁴²; ähnlich ist ihr Versuch, Saul als den Abgesandten von Jabeš bekannt vorzustellen, vgl. oben Anm. 35). Dadurch will der massoretische Text das Königtum Sauls in Gilgal »erneuert« sehen (וַנְּחַדֵּשׁ שָׁם הַמְּלוּכָה). Dies zeugt zur Genüge von den Schwierigkeiten, mit denen schon die älteren Redaktoren und Übersetzer kämpften, um unserem Text im jetzigen Zusammenhang einen Ort zu sichern. Dies ist glücklicherweise nicht gelungen und der ältere Bericht uns so erhalten geblieben.

e) Das Verfahren ist eindeutig: Die Wahl und Krönung des Königs von seiten der — nach diesem wie den anderen Berichten — bei einem Heiligtum tagenden Versammlung Israels, finden nach einer göttlichen Bezeichnung des Anwärters statt; hier handelt es sich wie bei den »großen« Richtern bzw. »Rettern« um ein Kriegscharisma, auf Grund dessen Saul genau wie Gideon das Königtum angeboten wird⁴³. Der erste israelitische

---

41 K. MÖHLENBRINK a. a. O. S. 61 ff., vgl. oben Anm. 38, möchte die sich um Saul scharenden Gruppen auf die mittelpalästinischen und transjordanischen sowie auf Benjamin beschränken, die er mit dem Titel »Gilgalamphiktyonie« bezeichnet, weil sie dort von Saul zusammengeführt wurden.

42 GRESSMANN S. 43 und WILDBERGER S. 449 und 459 (und auch ich a. a. O. 1959, S. 406). Dagegen WEISER a. a. O. S. 142 (Samuel, S. 26). Das von PRESS a. a. O. (1933) Sp. 243 ff., (1938) S. 203 ff., gebrauchte Argument, um die Echtheit dieser Stellen zu verteidigen: sie sind zu 10,17–27 parallel, scheint mir gerade das Gegenteil zu beweisen: daß es sich um Glossen handelt, deren Zweck es war, unseren Text mit dem Vorhergehenden in Einklang zu bringen. Für die Formel וַיַּמְלִיכוּ vgl. Einl. K. II, Anm. 22.

43 Die These SEGALS z. St., der Heerbann habe sich sofort hinter Saul gestellt, weil das Volk ihn auf irgendeine Weise als designierten Anführer betrachtete, auch wenn die Sache aus Sicherheitsgründen größtenteils geheimgehalten wurde, erweist sich als nicht stichhaltig; nicht nur wegen der schon gesehenen Schwierigkeiten, die literar-

König erbt also gewisse Züge, besonders die charismatischen und die demokratischen bei seiner Wahl, die den »Rettern« eigen waren; deswegen erscheint er als eine Übergangsgestalt von der Richter- zur Königszeit, wie ALT[44] richtig dargestellt hat. Die Entscheidung liegt bei der Versammlung, die Initiative bei der Gottheit; dadurch, daß die betreffende Person von Jhwh als Anwärter auf das Amt bezeichnet worden war (was später künstlich durch das Los, früher auch durch ein Gotteswort an einen Propheten umschrieben wurde) und er seine Begabung praktisch erwiesen hatte, war die Voraussetzung gegeben, daß die Versammlung zur Bestätigung des Charismas schreiten und die betreffende Person zum König ernennen konnte. Mit anderen Worten: Die Versammlung nahm den bezeugten göttlichen Willen zur Kenntnis, wägte die zur Bestätigung gegebenen Zeichen sorgfältig ab und setzte, wenn alles zutraf, den König in sein Amt ein. Der Glosse v. 14 ist es nicht gelungen, diese Sachlage unkenntlich zu machen.

5. Das Königtum Sauls

a) Die drei Berichte über die Einführung des Königtums in Israel besitzen bei aller Verschiedenheit doch einige wichtige gemeinsame Elemente, besonders die Übereinstimmung in der Feststellung, daß das ältere Königtum in Israel auf klaren charismatischen und demokratischen Gründen ruht[45]. Auch in den beiden weniger alten Berichten bleibt das Irrationale der göttlichen Wahl und Bezeichnung völlig gewahrt, wenn auch ideologisch an die verschiedenen Umstände angepaßt: die Losziehung in einer Zeit, da es keine unmittelbare göttliche Begabung mehr gab; das an einen Propheten gerichtete göttliche Wort in einer Zeit, da der Prophet der Mittler zwischen Gott und Gemeinde war (9.–6. Jh.). Zweitens aber, und auch darin stimmen die drei Berichte überein, wurde das von Jhwh

---

und traditionsgeschichtliche Lage auf diese Art auszugleichen, sondern auch wegen der Mißachtung des charismatischen Elements, das diese Einstellung hervorbrachte. Vgl. unten Anm. 46.

[44] Staatenbildung, S. 17.

[45] ALT, ibid. S. 15 ff., hat mit Recht hervorgehoben, daß, wenn es auch zutrifft, daß unsere Quellen für eine geschichtliche Rekonstruktion der Begebenheiten, welche zur Monarchie in Israel führten, nicht genügen, dies für eine Untersuchung der institutionellen Struktur des Königtums nicht zuzutreffen braucht: dort finden wir, bei allen Unterschieden im einzelnen, eine grundsätzliche Übereinstimmung. Die Weiterentwicklung der Institution gibt uns ferner eine Art Gegenbeweis für die Richtigkeit dieses Ausgangspunktes. Vgl. für den charismatisch-demokratischen Charakter der Wahl Sauls noch R. HENTSCHKE, Die sakrale Stellung des Königs in Israel, Ev.-Luth. Kirchenztg. 9 (1955), S. 70 c, und G. FOHRER, Der Vertrag zwischen König und Volk in Israel, ZAW 71 (1959), S. 1 ff.

gewährte Charisma von der Versammlung geprüft, worauf gegebenenfalls die Akklamation folgte. Daß diese beiden Elemente unterschiedlich überliefert wurden, ist nicht so merkwürdig, wie es erscheinen könnte; wir werden noch sehen, daß die Versammlung bis zum Ende des 7. Jh., wenn auch unter verschiedenen Umständen, weitergelebt hat, ja vielleicht sogar in nachexilischer Zeit wieder entstanden ist. Das charismatische Element im Königtum ging dagegen nach dem 10. Jh. immer mehr in der Institution auf, so daß es nur begreiflich ist, daß eine spätere Zeit sich nicht mehr genau vorstellen konnte, was eigentlich mit charismatischem Königtum gemeint war. Daß dieses Element im älteren Königtum aber grundlegend war, das wußte auch die spätere Überlieferung sorgfältig festzuhalten.

b) Die Redaktion hat, wie gesehen, am Ende von Kap. 11 den Begriff der »Erneuerung« des Königtums eingeführt. Wir haben noch einen Fall, I Reg 9 1, wo Salomos Königtum erneuert wird, und zwar durch ein Verfahren, das mit der Inkubation in Gibeon (I Reg 3) in Verbindung gebracht wird (vgl. unten K. III, 2 c–g). Dieser Zug gehört aber, wie wir noch sehen werden, zum Königtum als Institution, dessen Befugnisse periodisch (alljährlich?) erneuert werden mußten, und ist also hier alles andere als am Platz. Doch auch diese Nachricht trägt in sich ein Wahrheitsmoment: ein Charismatiker mußte ständig beweisen können, daß seine Fähigkeiten fortdauerten, und konnte nicht mehr in seinem Amte bleiben, falls sie geschwächt oder gar geschwunden waren. Mit anderen Worten, das Charisma mußte immer »wirksam« bleiben. Und es wurde Saul zum Verhängnis, daß nach seinen ersten Erfolgen seine Fähigkeiten zum Teile nachließen, gerade zur Zeit, als eine andere Person sich an seiner Seite durch größere Tüchtigkeit auszeichnete. Daraus erklärt sich die wachsende Unsicherheit Sauls gegenüber David. Ein ähnlicher Fall begegnet uns in I Reg 11 26 ff. zwischen Salomo und Jerobeam, wie wir noch sehen werden (vgl. unten K. III, 4 c–d).

c) Diese Feststellungen über die älteste Form des Königtums in Israel führen uns zu gewissen von M. WEBER[46] aufgestellten Thesen zurück: Unsere Texte und WEBERS Behandlung des alten Charismatikertums geben uns den Schlüssel zum Verständnis des Wesens des Königtums Sauls. In ihm entsteht eine merkwürdige Spannung: Die Gemeinde, in der das

---

[46] Eine nunmehr klassische Beschreibung des Charismas, ohne den Fall Sauls zu erwähnen, gibt M. WEBER a. a. O. I S. 140 ff., II S. 662 ff.; und Das antike Judentum, 1922, S. 52 f., wo I Sam 11 behandelt wird. Die Möglichkeit, daß der Charismatiker den Thron besteigt, wird S. 679 ff. behandelt. Vgl. noch A. ALT, Staatenbildung, S. 17 ff., und Das Königtum in den Reichen Israel und Juda, 1951 (Kl. Schr., II 1953, S. 116–134), S. 116 ff. Zur außergewöhnlichen Begabung des Charismatikers gehört *nicht* das, was W. BEYERLIN (a. a. O. Anm. 53, vgl. A. WEISER, Samuel, S. 53) und T. C. G. THORNTON, Charismatic Kingship in Israel and Judah, JThSt N. S. 14 (1963), S. 1–11, als »Königscharisma« bezeichnet haben: es handelt sich, wie ich in

Charismatikertum entsteht, ist eine emotionelle Gemeinschaft, in der die außerordentlichen, eben »charismatischen« Gaben das zur völkischen Akklamation führende Element bilden. Im Falle Israels steht diese Situation am Ende einer über ein paar Jahrhunderte sich erstreckenden Entwicklung, während der es eine (oder verschiedene) Versammlung(en) gab, die damit beauftragt war(en), solche Begabungen festzustellen und den damit versehenen Mann in sein Amt einzusetzen. Daß dieses Prinzip mit einem an sich festen, institutionellen Gebilde wie dem Königtum verbunden und vermischt wurde, mußte natürlicherweise früher oder später zu Schwierigkeiten führen, wie wir bald sehen werden. Sie sind uns ja auch aus jenen, in vielen ähnlichen Fällen aus der Römischen Republik bekannt, als ein Diktator auf Lebenszeit in sein Amt eingesetzt wurde (vgl. Sulla und Caesar), ein Gebilde, in dem das Kaiserreich seine Wurzeln hat.

d) Aber, wie WEBER mit Recht begründet hat, liegen in diesen heroischen, übermenschlichen, außerordentlichen Eigenschaften des Charismatikertums sowohl seine Kraft als auch seine Schwächen. Stark ist das charismatische Führertum, weil ihm jedermann blinden und totalen Gehorsam schuldet; schwach ist es, weil es keiner Gesellschaft gelingt, in einer ständigen Ekstase zu leben, in einem nie aufhörenden Epos. Der Charismatiker ist außerdem nicht geneigt, sich mit Staatsführungsroutine zu befassen wie Verwaltung, Gerichtswesen usw., abgesehen von gelegentlichen, unkoordinierten, oft genialen unmittelbaren Eingriffen. Doch sogar dort, wo er nach seiner Begabung zum Handeln aufgefordert wird, zeigt der Charismatiker grundsätzliche, unüberbrückbare Unfähigkeiten zu jeglicher organischen Planung und vermag sich z. B. in Fragen der Außenpolitik, des Heerwesens und der Strategie nicht von den augenblicklichen Notwendigkeiten zu lösen, um sich der Gestaltung der Zukunft zuzuwenden. Dadurch entsteht oft ein mehr oder weniger chaotischer Zustand, der bald in die Verwaltung und in das Heereswesen übergreift und mit der Zeit jene Vorteile, die man sich durch einheitliche Führung versprach, zunichte macht.

e) Auch im Falle Sauls treten all diese negativen Elemente alsbald auf. Es besteht kein Zweifel darüber, daß er anfänglich nicht nur die Feinde im Osten, sondern auch die Philister besiegen konnte. Was die

---

meinem erwähnten Charisma und Institution zu zeigen versucht habe, um eines der sakralen Elemente des zur Institution gewordenen Königtums. Noch darf man mit WEISER, ibid. S. 54 ff., von einem Aufhören des Charismas zugunsten der Institution reden; in diese letzte Richtung weisen nur gewisse, wenn auch bezeichnende Tendenzen. Vgl. noch BERNHARDT a. a. O. S. 143; J. HEMPEL, Glaube, Mythos und Geschichte im Alten Testament, ZAW 65 (1953), S. 109–166, bes. S. 139 ff. (Separatdruck 1954, S. 34 ff.). Eine weitere Kritik an den BEYERLINschen Thesen finden wir bei R. RENDTORFF, Erwägungen zur Frühgeschichte des Prophetismus in Israel, ZThK 59 (1962), S. 147–167, bes. S. 161 Anm. 2.

letzteren betrifft, so vermochte er ihre Gefahr zwar nicht zu beseitigen, konnte aber ein gewisses Gleichgewicht wiederherstellen. Auf diese Siege folgte jedoch keine konsequente militärische und politische Haltung, durch die die errungenen Erfolge richtig ausgenützt und zur Sicherung der Zukunft verwendet wurden; dies konnte vielleicht gegenüber den östlichen Nomaden ohne Folgen bleiben, mußte sich aber bald als völlig ungenügend gegenüber einem organisierten und angriffslustigen Feind wie den Philistern erweisen.

So wurde die strategische Frage, die Philister betreffend, nach der Wiederherstellung des genannten Gleichgewichtes überhaupt nicht oder höchstens dilettantisch gestellt und entwickelt, so daß praktisch keine Vorkehrungen getroffen wurden, ihre Angriffe für die Zukunft zu verhüten. Wir hören z. B. nichts von einem Versuch Sauls, die kanaanäischen Stadtstaaten der Küste und der Ebenen unter israelitische Oberherrschaft zu bringen, was das Fortbestehen der Dreiteilung der israelitischen Gebiete zum Ergebnis hatte, ihre wirtschaftliche Lage um nichts besserte und den Philistern (oder den sonstigen Feinden) eine fast unbeschränkte Bewegungsfreiheit beließ und damit die Möglichkeit, Israel dann und dort anzugreifen, wo es ihnen am günstigsten erschien. Dies wird im letzten gegen Saul gefochtenen Kampf auf den Anhöhen des Gilboa (wenige Kilometer südwestlich von Bêt Šeʾan) eindrücklich bestätigt. Denn wenn die Philister in der Ebene eine theoretisch-strategisch weniger günstige Lage bezogen hatten, konnten sie doch aus der wohlwollenden Neutralität der dortigen Stadtstaaten und den sich ergebenden Verpflegungsmöglichkeiten ihren Vorteil ziehen. Diesbezüglich hatte die zentralisierte Führung unter Saul gegenüber der Zeit des Zwölfstämmebundes nicht viel geändert[47]!

Nur einmal hören wir, und zwar auf eine ganz unbestimmte Art, von einem Versuch Sauls, die Gibeoniten und die mit ihnen verbündeten Städte zu beseitigen (vgl. noch unten, K. II, 2 a und 3 g)[48]. Sollte diese

---

[47] Dies heben A. ALT, Die Landnahme ..., S. 117 ff.; Staatenbildung, S. 20 ff.; und Das Königtum, S. 118 ff.; vgl. J. DE FRAINE, L'aspect religieux, S. 88, und R. DE VAUX, Les Institutions, I S. 145 ff. und 233 ff., ausdrücklich hervor. Das Philisterproblem an sich kann hier nicht aufgerollt werden. Es genüge die Feststellung, daß die neuesten Forschungen ihr Einflußgebiet als Vasallen Ägyptens als erheblich größer erkannt haben, als man früher dachte. Vgl. B. HROUDA, Die Einwanderung der Philister in Palästina, in: Vorderasiatische Archäologie, Studien ... A. MOORTGAT zum 65. Geburtstag, 1965, S. 126–135, und G. E. WRIGHT, Fresh evidence for the Philistine story, BA 29 (1966), S. 70–86. Nach dem letzteren soll sich ihr Gebiet durch die Zentralebene bis in das Jordantal, südlich der Jabbokmündung, ausgedehnt haben, ohne allerdings Jericho zu erreichen.

[48] Dies wurde von A. ALT, Landnahme, S. 117 ff., beobachtet; vgl. M. NOTH, Überlieferungsgeschichtliche Studien I, 1943, S. 24 ff.; Geschichte Israels, S. 161 und 163 ff.; und SOGGIN, Zur Entwicklung, S. 411. Über die Möglichkeit einer Ausnahme

Nachricht der Wahrheit entsprechen, so zeigt sie doch nur, daß Saul aus uns unbekannten Gründen gerade diejenigen Stadtstaaten angegriffen hat, die von alters her in einem freundlichen Vertragsverhältnis zu Israel standen (Jos 9); deswegen bildet diese Nachricht keine Ausnahme zum Gesagten.

f) Saul erscheint in der Tat immer als der Held im Verteidigungskampf (auch I Sam 13–14, wo seine Leute zwar angreifen, der ganze Feldzug jedoch einen Versuch bildet, den philistäischen Eroberungs- und Unterjochungszügen ein Ende zu bereiten). Von einem außerhalb der traditionellen Grenzen des israelitischen Bundes geführten Feldzug (zur schwierigen Stelle Kap. 15 vgl. unten 6 d) oder von Beziehungen zu anderen benachbarten Staaten, wie dies bei David sofort der Fall war (vgl. unten, K. II, 4 c), erfahren wir nichts, und nicht ohne Grund: Dieses Bild entspricht nämlich völlig den uns bekannten Zügen des Heiligen Krieges im Alten Testament, in dem sich ja das Charisma des berufenen »Retters« hauptsächlich kundtat[49], der aber im großen ganzen ein Verteidigungskrieg war!

Die von M. WEBER und M. NOTH vorgetragenen Thesen[50] lassen sich also im Falle Sauls ziemlich leicht nachprüfen und bestätigen; besonders gelungen ist vom letzteren die Definition der Episodenhaftigkeit des Königtums Sauls.

g) Bei all diesen Überlegungen darf man jedoch die Bezeichnung Sauls als eines Charismatikers nicht verabsolutieren, so als ob keine anderen Züge bei ihm vorhanden gewesen wären. Bei Saul, auch wenn längst nicht in dem Maße, in dem sie bei David und erst recht bei Salomo auftauchen, erscheinen hie und da Bestrebungen zu einer Festigung der monarchischen Institution und der Dynastie, um aus dem durch irrationale Elemente bedingten, charismatischen Königtum ein festeres Gebilde zu machen. Durch die Erscheinung dieser Elemente hebt sich Saul von der »richterlichen« Vergangenheit ab und wird zur Übergangsgestalt.

Einige Male erfahren wir aus den Quellen, I Sam 10 26 LXX, 13 2 und 14 2, daß Saul besonders tüchtige Krieger um sich zu sammeln pflegte, an erster Stelle auf seiner Familienfestung Gibea, an zweiter schon eine ausgebildete Truppe, an dritter allgemein als »die Leute, die ihm folgten«. Diese Leute sind wohl dieselben, denen 22 7 verschiedene Arten von Gütern versprochen werden. Damit erscheint ein neues Element: ein

---

der gibeonitischen Enklave gegenüber II Sam 21 1 ff. (vgl. Jos 9) siehe M. NOTH, Das Buch Josua, 2. Aufl. 1953, S. 54, und H. CAZELLES, David's Monarchy and the Gibeonite claim, PEQ 87 (1955), S. 165 ff.; SCHUNCK a. a. O. S. 114 ff., und EISSFELDT, The Hebrew Kingdom, S. 41.

[49] G. VON RAD, Der Heilige Krieg im Alten Testament, 1951, S. 25 ff.

[50] M. NOTH, Überlieferungsgesch. St., S. 18 ff.; Geschichte Israels, S. 152 ff., und SCHUNCK a. a. O. S. 110.

Berufsheer, dessen Beziehungen zum alten völkischen Heerbann nicht nur von Anfang an alles andere als klar waren, sondern dessen Existenz an sich die Keime großer Konflikte in sich trug. Gegenüber dem völkisch orientierten Heerbann, dessen Mitglieder sich ohne Besoldung dem sie berufenden, charismatischen Anführer zur Verfügung stellten und deren Geschichte so manchen heldenhaften, wenn auch nicht immer glücklichen Zug aufwies, entsteht nun ein berufsmäßig gebildetes Heer, dessen Mitglieder besoldet wurden[51] und das natürlich viel schlagkräftiger als der alte Heerbann sein mußte. Diese neue Entwicklung war zwar in der damaligen Lage vollkommen gerechtfertigt, denn das amphiktyonische Heer hatte sich gegen einen gut bewaffneten und organisierten Feind wie die Philister als völlig ungenügend erwiesen; sie brachte allerdings auch, wie wir noch sehen werden (unten, K. II, 5 d), einen nicht geringen Anlaß für zukünftige Konflikte mit sich. Denn das Berufsheer konnte nicht nur nach außen, sondern auch nach innen in einem Bürgerkrieg, und zwar auf der Seite des Königs[52], eingesetzt werden, ja den Heerbann selbst angreifen und schlagen!

h) Eine zweite Beobachtung bestätigt die institutionellen Bestrebungen Sauls: Unter ihm werden zum ersten Mal dynastische Interessen laut. Die öffentliche Meinung pflegte, wie wir sehen werden (vgl. unten, K. II, 4c), z. B. David die Verantwortung für die allmähliche Beseitigung aller Nachkommen Sauls zuzuschreiben. Wir wissen, wie David sich bemühte, diejenigen, die ihm die Nachricht eines Todesfalles in der Familie Sauls in der Gewißheit übermittelten, ihm einen Gefallen zu tun, derartig bestrafte, daß niemand ihn der Mitwisserschaft beschuldigen sollte. Diese ganze Gesinnung zeugt dafür, daß inzwischen eine Meinung aufgekommen

---

[51] T. H. ROBINSON, A History of Israel, 1932, S. 194; A. ALT, Staatenbildung, S. 26 ff.; der letztere unterstreicht, daß es bestimmt kein Zufall ist, daß gerade David, der Rivale Sauls, als der erste, der die traditionellen, demokratischen Ordnungen einschränkte, bei der Berufsarmee ausgebildet wurde; vgl. zuletzt A. VAN SELMS, The armed forces of Israel under Saul and David, in: Studies in the Book of Samuel, hrsg. von A. H. VAN ZYL, 1960, S. 55–60. ALT, Staatenbildung, S. 27 Anm. 1, glaubt, daß auch die Truppen, mit denen Saul David verfolgte, dieser Art gewesen seien.

[52] Das genaue Datum, an dem Saul mit der Aufstellung dieser Truppe begonnen hat, kann, wie übrigens die ganze Chronologie Sauls, nicht mehr ermittelt werden; nach der biblischen Überlieferung soll es gegen Anfang seiner Regierung gewesen sein. Über den Anfang und die Dauer der Regierung Sauls sind wir bekanntlich vollkommen im Unklaren: I Sam 13 1 gibt uns eine gewiß nicht richtige, unvollständige Zahl, was allerdings auf eine auch im Zweistromland bezeugte Sitte zurückzugehen scheint, gewisse geschichtschronologische Formulare anzufertigen, bei denen die Jahreszahl bis zuletzt ausgelassen und dann eingesetzt wurde, vgl. G. BUCELLATI, I Sam. 13 1, BeO 5 (1963), S. 29. Diese Erklärung hat vieles für sich und befriedigt mehr, als die Annahme eines groben Fehlers; auch sie bringt uns allerdings, was die Bestimmung der Chronologie Sauls betrifft, kaum weiter.

war, nach welcher die Söhne und Enkel Sauls als potentielle Anwärter auf den von David inzwischen besetzten Thron galten. Dies kommt auch in der erzählerisch ausgestalteten Rede Sauls mit seinem mit David eng befreundeten Sohn Jonathan zum Ausdruck, in der u. a. gesagt wird: »... Solange der Sohn Isais auf Erden lebt, wirst weder du noch dein Reich bestehen können ...!« (I Sam 20 31). Auch der Wert, der auf die Überlieferung gelegt wird, daß David der Mann Mikals, der Tochter Sauls, war (I Sam 18 17 ff. II Sam 3 20 ff.), erhält einen klaren Sinn, wenn wir bedenken, daß nach dem Tod der regierungsfähigen Sauliden David durch seine Heirat ohne weiteres die dynastische Nachfolge antreten konnte[53]. Endlich deutet noch in dieselbe Richtung der Versuch Abners, 'Ešbă'āl, Sauls überlebenden Sohn, als legitimen Nachfolger auf den Thron zu setzen (vgl. unten, K. II, 3). Daß all diese Projekte auf die eine oder andere Art scheiterten, ändert nichts an der Tatsache, daß solche vorhanden waren[54].

i) Saul wird einmal, und zwar in einem traditionsgeschichtlich nicht ganz durchsichtigen Zusammenhang, als »Gesalbter Jhwhs« bezeichnet[55]. Was mit diesem Titel, abgesehen von dem dazu gehörigen Ritus, eigentlich gemeint ist, und warum die Überlieferung ihn gerade ausnahmsweise hier gebraucht, ist nicht ganz klar; es scheint aber die Sakralität und Unverletzbarkeit der Person damit verbunden zu sein, was uns wiederum einen Schritt weiter in Richtung der Institution führt und weg von den Befugnissen eines, sei es auch lebenslänglichen, Richters bzw. Retters (vgl. I Sam 24 7 26 9).

j) Aus dem Gesagten zeigt sich nun der merkwürdige Widerspruch, in den sich das Königtum Sauls alsbald verwickelte: Das natürlich Zeitbedingte des Charismatikertums mußte sich irgendwie mit einem ständigen Versuch verbinden, das Provisorische zur Institution, das Zeitbedingte, Einmalige zum Dauerhaften zu machen. Dabei blieben, wenn wir genau hinsehen, meistens die negativen Seiten beider Tendenzen erhalten, und, ganz abgesehen von den persönlichen, guten Eigenschaften des Königs (Mut, Großzügigkeit usw.), wenige der positiven! Daß dies gleichzeitig mit dem Aufstieg eines *homo novus* in der Umgebung Sauls geschah, an

---

[53] K. GALLING, Die israelitische Staatsverfassung in ihrer vorderorientalischen Umwelt, 1929, S. 29, und vgl. provisorisch mein Die Entwicklung ..., S. 414 ff. Mehr Einzelheiten werden im nächsten Kapitel bei der Behandlung der Geschichte Davids hervortreten.
[54] A. ALT, Staatenbildung, S. 30 ff.; vgl. meinen Aufsatz Il regno di 'Ešba'al, figlio di Saul, RSO 40 (1965), S. 89–106.
[55] E. KUTSCH, Salbung als Rechtsakt im Alten Testament und im alten Orient, 1963, *passim*; A. R. JOHNSON, Sacral Kingship in Ancient Israel, 1955, S. 1 ff., sieht mit Recht in der Verleihung dieses Titels an David ein grundlegendes Element jener Sakralität, die einer alten Monarchie als Institution eigen ist, vgl. II Sam 21 17.

dem man sogar noch größere Zeichen der Begabung feststellen konnte, darin besteht gerade die Tragik des ersten Königs Israels. Gleichzeitig zeigte Sauls Charisma gewisse Zeichen der Dekadenz, so daß der neu aufkommende General eigentlich eine verhältnismäßig leichte Aufgabe vor sich hatte.

k) Es ist heute nicht leicht, an Hand der uns überlieferten Quellen zu erfassen, was eigentlich zwischen Saul und David am Ende des Reiches Sauls genau geschehen ist. Die Berichte sind oft vieldeutig, enthalten viel sagenhaftes Material und sind uns in einer pro-davidischen Fassung überliefert. Einige Einzelheiten lassen sich dennoch isolieren: der krankhafte Zustand des Königs, durch die ständige Abnahme des Charismas nur noch vermehrt, die offensichtliche Gefahr, die Saul in seinem jungen General sah oder wenigstens ahnte. Dann gab es noch ein Zerwürfnis mit den religiösen Behörden des Bundes, die hier in der Person Samuels vertreten sind.

l) Die seelische Lage Sauls könnte man heute psychologisch zu deuten versuchen, wenn auch die zur Verfügung stehenden Elemente sehr gering sind: Saul litt alsbald unter starken neurotischen Anfällen, die unser Text mit »einem bösen Geist von Jhwh« erklärt (I Sam 16 14 und 19 9); sie äußerten sich in schweren Depressionen, was natürlich auch Folgen für sein Amt mit sich brachte. Die Erfolge eines David (I Sam 18 5 ff. 30 19 8 21 12 usw.) mußten das Gefühl der Unsicherheit des Königs nur noch stärken und ihn immer weniger dazu befähigen, sich sowohl vor der Versammlung als auch im Kriege zu behaupten und also zu legitimieren[56]. Demgegenüber besaß David in hohem Maße all das, was bei Saul im Schwinden begriffen war. Der Gedanke, von seinem Amte zurückzutreten und es einem Fähigeren zu überlassen, scheint bei Saul nie aufgekommen zu sein, ja er tat alles was er nur konnte, um im Amte zu bleiben. Die psychische Spannung wurde dadurch nur noch größer, was wiederum zur Verschlimmerung seiner neurotischen Zustände führte. Dieser ganze Prozeß wurde dann später von den verschiedenen Geschichtsschreibern als Folge eines göttlichen Gerichts aufgefaßt, wozu sich die Quellen verhältnismäßig gut eigneten.

Viel verwickelter ist hingegen das zweite Element, das Zerwürfnis mit Samuel, dem wir uns jetzt zuwenden wollen. Leider kann man vieles nur hypothetisch aus Bruchstücken unzulänglicher Quellen erschließen, was uns alles andere als ein klares Bild übermittelt.

---

[56] ALT, Königtum, S. 119 und 120 ff. Der ganze Textkomplex ist vor kurzem von H. U. NÜBEL, Davids Aufstieg in der Frühe der israelitischen Geschichtsschreibung, Diss. theol. Bonn 1959, untersucht worden.

6. Das Zerwürfnis zwischen Saul und Samuel

a) Für einen König, der sein Amt hauptsächlich einer göttlichen Designierung verdankte, war es selbstverständlich sehr wichtig, mit den religiösen Vertretern in guten Beziehungen zu bleiben. Sie waren anfänglich gut: Sollte nämlich jene spätere Tradition, die uns Samuel als Gegner des Königtums darstellt, die Erinnerung an ein ursprüngliches Geschehen festgehalten haben, so weiß dieselbe Tradition nichts davon, daß Samuel etwas persönlich gegen Saul gehabt hätte; sie scheinen anfänglich ganz gut miteinander ausgekommen zu sein. Was brachte also das von der Überlieferung bezeugte spätere Zerwürfnis? Wegen der überlieferungsgeschichtlichen Schwierigkeiten können wir nur den Versuch unternehmen, so nahe wie möglich an die Geschehnisse heranzukommen; leider sind die jetzigen Berichte durch verschiedenartige Entstellungen, Überarbeitungen und Theologisierungen fast unkenntlich gemacht.

Im Alten Orient fehlt es nicht an Parallelen, in denen Meinungsverschiedenheiten zwischen Königen und deren religiösen Behörden zu starken Auseinandersetzungen führten und den Herrschern große Schwierigkeiten verursachten. Ich nenne nur zwei wohlbekannte Beispiele: Ehn-Aton in Ägypten und Nabu-naīd im späten Babylonien. Die Geschichten vom Zerwürfnis zwischen Saul und Samuel dürften also auf Tatsachen zurückgehen.

b) Das Alte Testament hat uns nun zwei Episoden geschildert, in denen Saul und Samuel wegen einer religiösen Frage zusammenstießen: I Sam 13 5-14 und 15. Die erste Geschichte gehört, wie schon gesehen, zur zweiten Traditionsschicht, die von der Einsetzung des Königtums berichtet: 9 1-10 16 (vgl. 10 8 mit 13 7-9); sie steht auch außerhalb ihres ursprünglichen Zusammenhangs, denn mit der Geschichte der Siege Jonathans und Sauls hat sie – mit ihrem Bericht von einer verheerenden Niederlage – nichts zu tun. Abseits von beiden Schichten steht endlich noch der altertümliche Bericht 13 19 ff., nach welchem die Philister das Eisenmonopol besaßen und ihre Feinde dadurch kontrollieren konnten. 13 1-4. 16 ff. enthält das interessante Problem der »Hebräer«; im MT nennt Saul so seine Leute, aber nach LXX (vgl. BH³) sollen die Philister die Israeliten so bezeichnet haben[57].

Der zweite Bericht zeigt uns Saul, der einen Feldzug in die Wüste gegen Amalek unternimmt; da er seinen Rücken vollkommen ungedeckt läßt, gehört diese Geschichte jetzt wohl der jüngsten Schicht der Berichte von der Königswahl an, in der, nach den angeblichen Siegen Kap. 7, mit der Philistergefahr nicht mehr gerechnet wird. Die Episode ist jetzt nicht

---

[57] Vgl. zuletzt J. P. OBERHOLZER, The 'ibrim in I Samuel, in: Studies in the Book of Samuel, S. 54; H. CAZELLES, Hébreu, Ubru et Hapiru, Syria 35 (1958), S. 198–217, bes. S. 203, und M. WEIPPERT a. a. O. III, 19.

mit dem, was wir vom Leben Sauls wissen, verbunden, sie zielt auf die Nachfolge Sauls durch David.

Bestünden also keine Parallelepisoden im Alten Orient, die uns über Zerwürfnisse zwischen König und Staatskult berichten, so müßte man wohl zugeben, daß man mit unseren Geschichten nichts anzufangen weiß; wie die Dinge nun liegen, kann man aber wenigstens einen Versuch machen.

c) Der erste Zusammenstoß zwischen Saul und Samuel findet am Ende einer Schlacht statt, in der Israel vollkommen geschlagen wurde und in Richtung Jordantal flüchten mußte[58]. Die im Zusammenhang berichtete Handlung findet ausschließlich auf der Hochebene statt, die uns interessierende hingegen hauptsächlich im Jordantal, wodurch sie sich wiederum vom umgebenden Text abhebt (vgl. v. 5. 15-16 mit 7b-14). Das durch die Niederlage schwer mitgenommene israelitische Heer sollte sich zum Gegenangriff rüsten, doch Samuel, der versprochen hatte, innerhalb einer längst abgelaufenen Frist ein Opfer darzubringen, erschien nicht. Nun drohte aber die nach der verlorenen Schlacht einsetzende Enttäuschung und Untätigkeit, das Heer gänzlich aufzulösen[59]. Um dies zu vermeiden, brachte Saul selbst das Opfer dar; doch Samuel, der gerade zu dieser Stunde erschien, tadelte ihn schwer für diese ihm nicht zustehende Handlung und tat ihm kund, daß er als Anführer verworfen sei[60].

Aus diesem – wegen seines gestörten Zusammenhangs so problematischen – Textes geht nun aber hervor, daß die Gründe des Zerwürf-

---

[58] Der geographische Raum, in dem sich diese Episode abspielt, abgesehen vom Einschub v. 5-15, ist im einzelnen nicht klar, da wir die Beziehungen zwischen *gibʻat binjamîn* (Tg. *gibʻah*, BH³), *gæbă* und Sauls Familiensitz *gibʻat šaʼûl* nicht kennen. Vgl. CAIRD z. St.; zum Titel des philistäischen Beamten bzw. Gouverneurs vgl. BRESSAN z. St. Auch der sonst konservative SEGAL ist überzeugt, daß die Gilgal-Episode hier nicht in ihrem ursprünglichen Zusammenhang steht, was natürlich die Möglichkeit, daß die berichtete Niederlage eine von vielen sei, die Israel durch die Philister erlitt, nicht ausschließt. Die LXX versucht, wie am Ende von Kap. 11, auch hier zu harmonisieren, indem sie für die verschiedenen Personen verschiedene Reiserouten entwirft.

[59] SEGAL z. St. gibt eine gute Beschreibung der Lage Sauls.

[60] GRESSMANN a. a. O. S. 51 ff., gefolgt von KITTEL, CASPARI und CAIRD, zeigt die Problematik unserer Episode auf historischem Gebiet; nach CAIRD ist sie nur ein dtr. Erklärungsversuch. Alle sind sich aber über die vermeintlichen Gründe des Bruches zwischen den beiden einig. Vgl. noch SCHUNCK S. 91. Über diese Episode hören wir später nichts mehr, wenn auch die Folgen der Verwerfung Sauls eindeutig zutage treten. Darüber bald mehr. Die Erklärung von F. KAUPEL, Die Beziehungen des alttestamentlichen Königtums zum Kultus, 1930, S. 23 (ich habe diese Arbeit nicht direkt untersuchen können), daß die Schuld Sauls nichts mit dem Opfer zu tun hatte, sondern einfach aus Ungehorsam herrührte, überzeugt nicht; die späteren Erklärungsversuche sind nicht notwendigerweise die richtigen! Vgl. später das im nächsten Abschnitt über I Sam 15 Gesagte.

nisses in den religiösen Befugnissen zu suchen sind, die der König sich anzumaßen versuchte. Bei David und bei Salomo finden wir, daß der König schon einen mehr oder weniger genau definierten Platz im Kultus hat: David läßt die Lade nach Jerusalem führen (II Sam 6), kauft das Grundstück für den bevorstehenden Tempelbau (II Sam 24), ja möchte sogar den Tempel selbst bauen, was ihm aber verwehrt blieb (II Sam 7 1 ff.); Salomo baut den Tempel (I Reg 6 ff.), opfert und betet vor dem Volke, segnet es (I Reg 8), was an sich alles schon priesterliche Befugnisse sind; Hiskia und Josia treten als Reformatoren auf. Es ist also nicht möglich, unseren Einschub dem Dtr. zuzuschreiben, da für ihn eine solche Stellung des Königs im Kultus etwas absolut Normales, manchmal ja unmittelbar von Jhwh Gefordertes war[61]. Und ich frage mich, ob wir hier nicht das abgeschwächte Echo älterer Diskussionen vor uns haben, ja früherer Kämpfe, um die Befugnisse des Königs im Kultus und ihre Grenzen zu umschreiben. Denn gerade durch eine Stellung innerhalb dessen, was also zum Staatskultus wurde, konnte auch in Israel ein sakrales Königtum wie bei den anderen Völkern aufkommen! Dürfte nicht hier der von späteren Überlieferungen entstellte Grund für den Kampf zwischen dem ersten König und dem Propheten Samuel zu suchen sein? Es würde auch gut erklären, wofür Saul nach der Interpretation seines Lebens unter dem Gericht gestanden hat. Wiederum konnte ein derartiger Kampf nur zur Verschlimmerung des seelischen Zustands des Königs beitragen[62]!

d) Die zweite Geschichte hat mit der vorhergehenden, ja mit dem ganzen Zusammenhang, jetzt nichts mehr zu tun und knüpft ganz locker an Ex 17, ganz fest an I Sam 16 1-13 an[63]. Die Forschung ist sich darüber

---

[61] Wir können hier nicht das heikle Problem der Beziehungen zwischen Königtum und Priestertum, besonders was priesterliche Befugnisse des Königs betrifft, untersuchen. Vgl. eine vorläufige Stellungnahme in meinem Der offiziell geförderte Synkretismus in Israel während des 10. Jahrhunderts, ZAW 78 (1966), S. 179–204, bes. S. 193 ff., Anm. 36. Es ist natürlich zu beachten, daß es an sich sehr gut priesterliche Funktionen geben konnte, die unter gewissen Umständen vom König ausgeübt wurden, ja ihm eigen sein konnten, ohne daß man daraus schließen kann, der König sei in der Tat Priester gewesen; vgl. noch R. DE VAUX a. a. O. II S. 239 ff. und 270 ff.; BERNHARDT S. 148 und SEGAL z. St. S. 82.

[62] NOTH, Geschichte, S. 162, begnügt sich damit, auf die Unklarheit der Beziehungen zwischen säkularen und sakralen Befugnissen im Königtum aufmerksam zu machen; seine politischen Handlungen konnten dadurch leicht mit den altüberlieferten Sitten in Konflikt geraten. Ähnliches schon bei CASPARI, vgl. später HERTZBERG; der erstere setzt manches Vergehen gegen die alten Bräuche von seiten des Königs voraus. Auch wenn die betreffenden Stellen uns heute ziemlich entstellt vorkommen, dürfen wir, glaube ich, ohne großes Risiko so weit gehen.

[63] So mit Recht CAIRD und DE VAUX z. St. Die Möglichkeit, daß ein solcher Feldzug, auch wenn nicht im jetzigen Zusammenhang und in viel geringerem Maße während

einig, sogar ein konservativer Autor wie SEGAL, daß es sich um eine späte Schicht der Überlieferung handelt. Die allgemeine Lage ist, wenn es auch nicht ausdrücklich gesagt wird, dieselbe wie in Kap. 7 8 10 17-27 und 12: Von der Philistergefahr merkt man nichts, Saul kann ruhig ohne Rückendeckung seine Expedition nach dem Süden verfolgen. Auch die geographische Lage ist unbestimmt: Ausgangspunkt soll Tælæm (dazu vgl. Jos 15 24, LXX hat aber Gilgal) gewesen sein, der Zusammenstoß mit Samuel ereignet sich allerdings wiederum in Gilgal (v. 12 ff.) und hat seinen Grund in einem von Sauls Leuten nur unvollständig ausgeführten Bann am geschlagenen Feind (v. 9: Sein König und wertvolles Vieh wurden am Leben gelassen). Außer im Dtn und in dtr. Schriften besitzen wir aber bekanntlich keine Nachricht über eine so konsequent durchgeführte Bannung, obwohl ähnliches auch bei anderen Völkern aus der Gegend belegt ist (z. B. vgl. den Meša'-Stein, Z. 11). Der Grund für diese Nichtausführung des Bannes liegt darin, daß das Volk (v. 24) eine solche Handlung als Verschwendung betrachtete und daß Saul, der ihm angeblich darin zustimmte, nachgab[64]. Nun sind sowohl die nur in Dtn und Dtr. belegte Forderung einer totalen Ausführung des Bannes als auch die Reaktion des Volkes ein Zeichen späterer Fassung, die für den zweiten Fall das Vorhandensein einer längst ansässigen Bauernbevölkerung voraussetzt, deren Kriegsstimmung eine ganz andere ist als die der Halbnomaden: die des Viehzüchters, des Landwirtes, denen es »schade um die guten Sachen« ist. In anderen Texten, z. B. I Sam 30, ruft der geplante und ausgeführte Bann überhaupt keine Bemerkungen hervor.

Es gibt hier nun aber eine äußerst wichtige Variante der LXX zu 15 12-13: Καὶ ἰδοὺ αὐτὸς ἀνέφερεν ὁλοκαύτωσιν τῷ Κυρίῳ τὰ πρῶτα τῶν σκύλων ὧν ἤνεγκεν ἐξ Ἀμαλήκ. Sie bezeugt eine Tradition, die unser Kapitel nicht nur mit 13 5-15 zusammenzufügen versucht, sondern die Sünde Sauls wie dort mit der Darbietung eines Opfers identifizieren will. Saul hätte dann das erbeutete Vieh geopfert und nur das Leben des Amalekiterkönigs Agag verschont. Sauls Antwort an Samuel wird dann vollkommen klar: Er hat den ihm zugedachten Auftrag erfüllt, das erbeutete Gut durch eine

---

einer besonders ruhigen Zeit an der philistäischen Front (oder gar, wie mit David, unter der Zustimmung der Philister) erfolgt sei, ist natürlich nicht *a priori* zu verneinen. Vgl. A. WEISER, I Samuel 15, 1936 (jetzt Glaube und Geschichte, 1962, S. 201 ff.); BERNHARDT S. 149 ff. und SCHUNCK S. 82 ff.; letztere beharren aber mit Recht auf der später wohl dtr. Redaktion. Vgl. noch G. VON RAD, Der Heilige Krieg ..., S. 50 ff. Eine andere Stellung hat H. SEEBASS, I Sam 15 als Schlüssel für das Verständnis der sogenannten königsfreundlichen Reihe I Sam 9 1–10 16 11 1–15 und 13 2–14 52, ZAW 78 (1966), S. 133–148, eingenommen. Ich erhielt den Aufsatz zu spät, um ihm gegenüber noch Stellung zu nehmen.

[64] WEISER a. a. O. S. 218 ff. betont mit Recht die Schwierigkeiten des zwischen den zwei Feuern des göttlichen Befehls und des Volksbegehrens gefangenen Königs.

Opferhandlung gebannt; was gab es da noch zu fragen?! Wiederum würde der ganze Dialog einen neuen Sinn erhalten, wenn wir auch ihn im Licht einer alten Polemik verstehen könnten, was dem König im Kultus erlaubt war: Opfer sollen dabei ausdrücklich verboten gewesen sein. Dies alles wäre möglich, wenn wir die LXX-Variante annehmen können, die aber eher als wahrscheinlich gilt.

Samuel aber verwirft die Erklärungen Sauls mit einer Argumentation, die stark an die der Propheten im 8.–6. Jh. erinnert: Gott habe größeren Gefallen am Gehorsam als an Opfern, vgl. Am 5 21-27 Hos 6 6 Jes 1 11-15 Mi 6 6-8 usw. Endlich haben wir noch v. 28 die Anspielung auf die Person Davids, um das Bild einer aus theologischen Gründen geschaffenen und eingeschobenen Geschichte vollständig zu machen: Ihr einziger Zweck ist nur der, Davids Thronbesteigung zu legitimieren, indem Saul als Folge seiner Sünde und des Gerichts sein Königtum verlor[65]. Einen starken Mangel an Proportion zwischen der begangenen Schuld und der verhängten Strafe könnte man auch noch feststellen; sie scheint aber unseren Tradenten keine Schwierigkeiten gemacht zu haben. Auch hier könnte zur Not noch eine Erinnerung an Kämpfe um die kultischen Befugnisse des Königs hervortreten. Doch auch wenn dies der Fall ist, sind sie vorläufig für die Geschichte wertlos.

e) Wenn wir nun das Gesagte kurz zusammenfassen wollen, so sehen wir, daß die Quellen einen ganz bestimmten Grund für den Bruch zwischen Samuel und Saul darbieten; dieses Zerwürfnis trägt noch dazu bei, daß das Selbstbewußtsein des neurotischen Saul immer mehr schwand, was andererseits auch durch das Absterben des Charismas bedingt wurde. Eine große Frage soll damals schon aufgekommen sein: Was war die Stellung des Königs im amphiktyonischen Kultus und ihre Grenzen? Zwischen der neuen Institution und den Traditionen des Kultus mußte ein Ausgleich gefunden werden, und dies konnte nur auf Kosten des einen oder des anderen geschehen. Denn entweder blieb der König eine Art höherer Beamter des Bundes, oder er sollte auch im Kultischen die Leitung übernehmen. Im letzteren Fall hätte die Position des Königs sich gefährlich derjenigen des altorientalischen Königtums genähert. Und es scheint nur folgerichtig, daß das religiöse Element sich dieser Entwicklung widersetzt habe; diesmal trug es noch den Sieg davon.

---

[65] Vgl. GRESSMANN und KITTEL, resp. S. 59 ff. und 430, die die Verbindungen zu Amos und Hosea wenigstens auf ideeller Ebene hervorheben.

KAPITEL II

David – König von Juda und Israel

1. David und Saul (I Sam 16 ff.)

a) Die ersten 13 Verse des 16. Kapitels zeigen uns Samuel, der nach der endgültigen Verwerfung Sauls einen neuen König durch Salbung einsetzt. Es handelt sich – offensichtlich – um die logische Fortsetzung von Kap. 15, so daß, wenn wir dieses in seiner heutigen Fassung spät datieren, dies auf jeden Fall auch für Kap. 16 1-13 tun müssen.

Das Verfahren erinnert in manchem an das für Saul 10 7 ff. angewandte, die Untersuchung der verschiedenen Söhne Isais an das in 10 17 ff. dargestellte; es fehlt allerdings aus dieser letzten Überlieferungsschicht das Motiv der Bezeichnung durch das Los.

Auch hier haben wir mit der Wahl des Jüngsten ein gutes erzählerisches und apologetisch-theologisches Motiv[1].

b) Gänzlich verschieden ist hingegen die Lage der v. 14 ff. Nochmals erscheint hier eine ältere Überlieferung, in der – unabhängig vom vorher Gesagten – David während einer der häufigen Depressionen des Königs

---

[1] Vgl. Gressmann S. 63 ff., Kittel S. 431 und Caspari z. St. a. a. O. Der letztere bemerkt richtig, wie merkwürdig das Verfahren ist, einen neuen König zu salben, während der andere sich noch im Amte befindet, und sieht darin den Beweis einer späteren Redaktion. Caird zieht vor, von einer »alten Überlieferung« zu reden, »die vom Verfasser der neueren Quelle in sein Werk eingefügt wurde«, ähnlich Hertzberg. Segal deutet auf die Kontinuität zwischen Kap. 15 und 16 1-13 und gibt damit ein implizites Urteil über das späte Datum auch des zweiten. Entscheidend für die Beurteilung dieser frühen Salbung Davids scheint mir die Beobachtung von R. de Vaux, daß die wahre Salbung II Sam 2 und 5 durch die entsprechenden Volksversammlungen stattfand, also viel später. Eine Lösung wird von E. Kutsch, Salbung als Rechtsakt, 1963, S. 57 ff., vorgeschlagen: Die Salbung wird natürlich durch die Volksversammlung vollzogen; die frühere durch den Propheten ist also ein Duplikat ohne historischen Wert, da sie nur eine theologische Reflexion über den Titel »Gesalbter Jhwhs« zum Ausdruck bringt. In einer Zeit, da die Versammlungen nicht mehr oder nur selten stattfanden, wurde diese Handlung mit dem Gottesmann verbunden, obwohl es sich um eine historisch nicht zu rechtfertigende These handelte. R. North, The trilemma of David's rise (Vortrag gehalten am 5. Intern. Kongreß für das Studium des Alten Testamentes, Genf 1965), hat neuerdings vorgeschlagen, I Sam 16 14 ff. als eine alte Überlieferung vom »J«-Typus, 17 1–18 5 (mit den von LXX[B] ausgelassenen Materialien) als eine jüngere, theologisch schon ausgebaute vom

am Hof gebraucht wird². Durch sein Saitenspiel ist er der einzige, dem es gelingt, den König in diesem Zustand zu beruhigen. David wurde also offiziell zum Schildknappen (נוֹשֵׂא כֵלִים) ernannt und sein Hauptauftrag bestand darin, den König zu begleiten und mit seiner Musik zu besänftigen. In dieser Überlieferung werden wir mit der körperlich-seelischen Dekadenz des Königs vertraut gemacht; sie deutet ferner, wenn auch in sehr diskreter Form, die kommende Rolle Davids an: »... Jhwh ist mit ihm ...« (16 18b), während Saul vom »bösen Geist von Jhwh« geplagt wurde.

Die Geschichte unterrichtet uns auch über die schnelle Karriere des Jünglings, während Saul immer mehr ein Opfer seiner Krankheit wurde.

c) Eine weitere Überlieferung, Kap. 17, läßt David am Hofe nach dem Sieg über den Philister Goliath erscheinen³. Sie könnte das Ergebnis einer späteren Übertragung einer Heldentat eines seiner *gibbôrîm* auf David gewesen sein, vgl. II Sam 21 19 und I Chr 20 6; eine andere Erklärungsmöglichkeit ergibt sich aus dem Vergleich des MT mit dem

---

»E«-Typus, und endlich 16 1-13 als dtr. zu betrachten. Zum Ganzen vgl. noch VOEGELIN, I S. 249 ff. (vgl. aber die Kritik bei FOHRER a. a. O., Einl. Kap. II Anm. 21), und zuletzt A. WEISER, Die Legitimation des Königs David, VT 16 (1966), S. 325–354. Ein äußerst interessanter Vergleich ist der von G. BUCELLATI, La »carriera« di David e quella di Idrimi, re di Alalac, BeO 4 (1962), S. 95–99; wir kommen noch auf das Problem zurück, vgl. unten II. Teil, Kap. I, Anm. 10.

2 So richtig DHORME z. St.; vgl. noch GRESSMANN S. 65 f.; CASPARI z. St. und SCHUNCK a. a. O. S. 93 ff. Zur Untersuchung des literarischen Bestandes vgl. H. U. NÜBEL, Diss. a. a. O. (oben Kap. I Anm. 56).

3 Die Geschichte ist nicht gut mit der vorhergehenden verbunden und bietet chronologische Schwierigkeiten: an anderer Stelle hat Elḥanan aus Bethlehem die Tat vollbracht, vgl. die Kommentare. Man hat versucht, die Sache so zu erklären, daß Elḥanan der Personenname des Helden, David der Titel gewesen sei unter Berufung auf den sogenannten, in den Mari-Texten erscheinenden *dawīdum*, angeblich gleich »General«, vgl. L. M. PÁKODZI, ZAW 68 (1956), S. 257 ff., und DE VAUX a. a. O. I S. 167. Danach wäre David nie mit seinem Namen, nur mit seinem angeblichen Titel benannt worden ... Nun hat sich aber diese Worterklärung inzwischen als unhaltbar erwiesen, vgl. Ḥ. TADMOR, Historical implication of the correct rendering of Akkadian *dâku*, JNES 17 (1958), S. 129–141. Eine weitere Möglichkeit ist, daß der den LXX^B und MT gemeinsame Text alt sei und als Fortsetzung von 16 14 ff. angenommen werden soll, und daß nur die in LXX^B fehlenden Teile (17 12-31. 50 und 17 55-18 6a) spätere, theologisch-volkstümliche, z. T. aus dem jüngeren Stück 16 1 ff. genommene Ausgleiche darstellen, vgl. H. J. STOEBE, Die Goliathperikope I Sam XVII 1–XVIII 5 und die Textform der Septuaginta, VT 6 (1956), S. 397–413, und zuletzt G. RINALDI, Golia e David (1 Sam 17, 1–18, 8), BeO 8 (1966), S. 11–29. WEISER, Die Legitimation ... (Anm. 1), S. 327, sieht in den beiden Geschichten eine II Sam 2 und 5 widersprechende »Fiktion«. Dies bezieht sich natürlich nur auf die von Samuel veranstaltete Salbung Davids, vgl. meinen Synkretismus S. 188 f.

erheblich kürzeren von LXX^B, in dem die anstößigen Elemente beseitigt sind.

d) Nach dem Bericht dieser Quellen erwies sich David sofort als tapferer Kriegsmann, geborener Heerführer und großer Menschenkenner, was ihn befähigte, sich dem Volke und dem Heer immer von seiner besten Seite zu zeigen und beide für sich zu gewinnen. Es gelang ihm alsbald, eine führende Stelle am Hofe und bei der Armee zu erhalten.

Natürlich mußte dies bei dem krankhaften Saul ein Gefühl der Abneigung erwecken; der König versuchte also, ihn erst vom Hofe zu entfernen, indem er ihn zu den Truppen versetzte (18 5) und ihm dort eine Kommandostelle übergab. Dies stärkte natürlich den jungen Heerführer immer mehr, und das überlieferte Lied, mit dem die Bevölkerung David nach seinen siegreichen Zügen zu empfangen pflegte: »Saul hat seine Tausende, David aber seine Zehntausende getötet« (18 6), war nicht gerade dazu geeignet, den König zu beruhigen. Die Texte berichten uns auch von Versuchen, David auf verschiedene Weise aus dem Wege zu schaffen, sei es durch unmittelbare Angriffe (18 11 ff. 19 9 f.), sei es, daß er ihn durch Preise zu derartig kühnen Unternehmungen ansporne, daß sie logischerweise zu seinem Tod hätten führen müssen (18 20 ff.); es muß David aber immer wieder gelungen sein, auch die schwersten Proben zu bestehen, den Gefahren zu entkommen, so daß ihn Saul nicht nur als den Siegreichen, sondern eines Tages sogar als seinen Schwiegersohn akzeptieren mußte (18 27)! In jeder Lage wußte sich David gleichzeitig tapfer und klug, draufgängerisch und bescheiden zu zeigen, so 18 18. 23, wo er sich als der Königstochter unwürdig erklärt[4], während er zur gleichen

---

[4] Die Handlung, deren Hauptpersonen Saul, Jonathan und David sind, ist von GRESSMANN S. 85 ff. meisterhaft dargestellt worden. Der Name der Tochter Sauls bietet gewisse Schwierigkeiten: 17 17 ff. hat der König zwei Töchter, Mêrab und Mîkäl; die erstere wurde mit einem gewissen Adriel, die zweite mit David verheiratet, doch erscheint sie II Sam 21 8 als Frau Adriels und Mutter eines Sohnes, während ihre Verbindung mit David kinderlos blieb (II Sam 6 23). Nach den Kommentaren von BRESSAN, CAIRD und DHORME z. St. sind die Stellen I Sam 18 parallel, während alle anderen darüber einig sind, daß I Sam 21 Mêrab und nicht Mîkäl zu lesen ist. Nach der Überlieferung soll Mîkäl ihrem Mann David genommen und einem gewissen Paltiel gegeben worden sein (II Sam 3 15). Ein Zweifel kommt angesichts dieser Überlieferungen auf: ob David nicht Mîkäl ihrem Manne entführt und dann geheiratet hat, als er schon König von Juda war, nur um in das Haus Saul einzuheiraten; dann wären die vorhergehenden Geschichten von der Heirat Davids mit der Tochter Sauls nur eine Erweiterung des Motivs »David als Schwiegersohn Sauls« und hätten kaum einen historischen Wert; für Einzelheiten vgl. meine Studie von 1959, S. 414 ff. Immerhin, wenn man die Schwierigkeiten bedenkt, die David im Fall Bat-šeba's hatte, scheint es nicht gerade wahrscheinlich, daß er seine Frau ihrem rechtmäßigen Mann ohne weiteres hätte fortnehmen können, vgl. GRESSMANN S. 79 und KITTEL z. St. CAIRD versucht zu vermitteln: Es soll sich ursprüng-

Zeit seine persönlichen Beziehungen so weit ausdehnte, daß er sogar den Kronprinzen Jonathan gegen den eigenen Vater auf seine Seite zog (18 1ff. und 19 1ff.)[5].

e) Es ist hier nicht beabsichtigt, sich mit dem Konflikt zwischen Saul und David zu befassen, der erst durch den jähen Tod Sauls beendet wurde (I Sam 31). Die Erzählungen sind in den Einzelheiten oft nicht eindeutig und weisen mehrere Parallelen und Unstimmigkeiten auf[6]. Es genügt hier, daran zu erinnern, daß nach unseren Berichten Saul mit seinem (Berufs-)Heer David durch die ganze südliche Hochebene und

---

lich um ein *matrimonium ratum sed non consummatum* (die kanonistische Terminologie ist die meine) gehandelt haben, da David während der Hochzeitsnacht flüchten mußte (I Sam 19 11-17); so seien beide also nicht wirklich verheiratet gewesen, auch wenn David ein Recht auf Mîkăl hatte. CASPARI entscheidet sich hingegen für einen späteren Termin der Eheschließung. Bemerkenswert ist, daß Mîkăl II Sam 6 eine gewisse Feindseligkeit gegen ihren Mann lautwerden läßt, was ihrer Gesinnung I Sam 19 widerspricht, doch mit den Handlungen Davids gegenüber ihres Vaters Haus zusammenhängen kann.

[5] HERTZBERG unterstreicht mit Recht die Wichtigkeit dieses Faktors, besonders für den Fall, daß es an Nachfolgern gefehlt hätte. Es scheint ihm jedoch unmöglich, daß Saul seine Tochter sozusagen als Köder gebraucht habe, um David in die Falle zu locken. Ähnlich noch J. MORGENSTERN, David and Jonathan, JBL 78 (1959), S. 322 bis 325, der behauptet, Jonathan selbst sei nun einmal davon überzeugt gewesen, daß David seinem Vater nachfolgen mußte.

[6] ALT hat eine wertvolle (in seinen unveröffentlichten Vorlesungen über Geschichte Israels, zit. bei W. SCHOTTROFF, »Gedenken« im Alten Orient und im Alten Testament, 1964, S. 161 Anm. 1) Erklärung für diese Periode und besonders für diese Episode im Leben Davids gebracht: Mehr als nur ein Bandit, soll David ein von den örtlichen Gemeinden besoldeter Bandenführer gewesen sein, der damit beauftragt war, ihre Herden oder sonstigen Besitz vor Nomaden und anderen zu schützen. Eine Schwierigkeit ergab sich aber während ruhiger Jahre, da die Truppe vom Erbeuteten lebte; häufig blieb ihnen in diesem Fall nichts anderes übrig, als auf Kosten ihrer Auftraggeber zu leben, und dies ist es, was im Falle Nabals tatsächlich geschah.
Für den Konflikt zwischen David und Saul hat J. PEDERSEN, Israel, its life and culture, I-II 1926, S. 46 ff., eine tiefgehende, u. a. psychologische Erklärung gegeben. David erscheint als der kühle, selbstsichere Rechner, Teilhaber der göttlichen בְּרָכָה die ihm jeden Erfolg verbürgt; deswegen brauchte er sich auch nie zu beeilen. Seines Zieles ist er so sicher, daß die Anwendung von Gewalt alles nur verderben könnte. Gerade deswegen liegt es seinen alten Geschichtsschreibern so sehr am Herz zu zeigen, daß er für den Tod der Sauliden nicht verantwortlich war, ja daß er sogar bis zu einem gewissen Maße zur Familie gehörte und sie, wo nötig, verteidigte (vgl. aber unten 2 a). Warum sich also kompromittieren, wenn die Sache sowieso schon zu seinen Gunsten entschieden war? Weitere Probleme habe ich in meinem Aufsatz Il regno di 'Ešba'al, figlio di Saul, RSO 40 (1965), S. 89-106, bes. S. 104 Anm. 1, behandelt; vgl. noch NÜBEL a. a. O. und HEMPEL a. a. O. S. 126 ff.

durch den nördlichen Negeb nachstellte, während der Flüchtling die Lage
dazu ausnützte, nicht nur Saul zu meiden, sondern sich auch ein eigenes
Heer aufzubauen (nach 22 1 soll seine Truppe aus Abenteurern, Schuld-
nern, Banditen usw. bestanden haben) und gute Beziehungen sowohl zu
Juda als zu den Philistern anzubahnen. Im Blick auf die letzteren ist
seine Handlungsweise besonders interessant: Einerseits zeigte er ihnen,
daß er eine nicht zu unterschätzende Macht besaß (z. B. 23 1 ff.), andererseits fand er sich bereit, mit ihnen ein Bündnis zu schließen. Hingegen
berichtet die Überlieferung an einigen historisch nicht leicht zu wertenden
Stellen über die unbedingte Gesetzlichkeit all seiner Handlungen gegenüber Saul: Auch dann, wenn er ohne jegliches Risiko etwas gegen ihn
hätte unternehmen können, ließ er ihn unbehelligt – in der Gewißheit,
daß die Zeit auf seiner Seite stand und daß er als Opfer Sauls nur
Sympathie ernten konnte.

f) Endlich gelang es ihm, mit den Philistern in ein Vertragsverhältnis
zu treten (27 1 ff.)[7]. Von ihnen erhielt er die Ortschaft Ṣiqlag als

---

[7] I Sam 21 10 ff. redet von einem ersten, gescheiterten Versuch Davids, bei den Philistern Schutz zu suchen. Ihnen, so sagt der Bericht, vermochte er sich nur durch
Simulation einer Geisteskrankheit zu entziehen. Für Kittel handelt es sich um ein
Duplikat zu Kap. 27, für Gressmann eher um eine aus humoristischen Gründen
später eingesetzte Anekdote, ähnlich Caird, der hier eine polemische Spitze gegen
den König vermutet. Zweifelhaft sind auch Dhorme und Hertzberg, während als
einziger Bressan für die Historizität des Berichtes plädiert. Für diesen letzten Verfasser und dessen manchmal übertriebene Verteidigung der Historizität gewisser
Stellen vgl. E. Jenni, Zwei Jahrzehnte Forschung an den Büchern Josua bis Könige,
TR 27 (1961), S. 18 f. Nach diesem Versuch probierte David sein Glück in Moab
22 1 ff.), erhielt jedoch nur Asyl. Es war wohl die Befreiung von Qeilah (23 1 ff.),
die Akiš von Gath davon überzeugte, daß es nützlicher sein könnte, David als
Vasall anstatt als Feind zu haben, umsomehr als die Philister einen Angriff gegen
Saul planten und so den Rücken nicht ungedeckt haben wollten, vgl. Noth, Geschichte
Israels, S. 268, und Soggin a. a. O. (1959) S. 408 f. Andererseits, falls wir in David
nicht einen macchiavellischen Drang zur Macht mit allen Mitteln voraussetzen wollen,
kann dieser Schritt nur heißen, daß Saul ihm das Leben derartig schwer gemacht
hatte, schwieriger als es die Quellen uns melden, daß ihm keine andere Wahl blieb,
so Gressmann S. 107. Mit Recht behaupten deswegen Bressan, Caird und Hertzberg z. St., daß der Verrat Davids ein Motiv ist, das man nicht zu weit führen
darf, wie dies öfters getan wird. Letzten Endes war es ja Saul, der ihn in diese
Lage versetzt hatte, und es scheint unwahrscheinlich, daß sein Angebot, gegen Israel
zu kämpfen (Kap. 29), mehr als der geschickte Zug eines berechnenden Politikers
gewesen ist, der ganz gut wußte, wie wenig ihm die (vielleicht aus Erfahrungen wie
I Sam 14 21 klug gewordenen) Philister letzten Endes trauten, so daß sie ihn nicht
mitnehmen wollten. Eine Teilnahme an solch einem Feldzug würde noch all dem
widersprechen, was wir über das Bestreben Davids wissen, es nicht zu einer gewalt-
samen Entscheidung zwischen ihm und Saul kommen zu lassen. Mit dem Namen
אָכִישׁ – Gr. Ἀγχους – Anchises (?) brauchen wir uns hier nicht zu befassen, vgl.

Lehnsgut (v. 5). Nun erntete er die ersten Früchte seiner Politik. Viele Philister müssen wohl erkannt haben, daß David jeder Weg zurück zu Saul verschlossen und daß es also besser war, ihn als Bundesgenossen zu haben, obwohl ihm die meisten nie ganz vertrauten. Dies paßte allerdings ausgezeichnet in die Pläne Davids, der sich dank des Mißtrauens der Philister ihm gegenüber immer außerhalb jedes Konfliktes mit Israel halten konnte (vgl. 29 6 ff.), besonders im Falle der Schlacht von Gilboa (Kap. 31)[8].

Während nun die Philister und Saul im Norden miteinander beschäftigt waren, konnte David seine Stellung im Süden endgültig befestigen: Er besaß nunmehr ein kleines, doch schlagkräftiges Heer, mit dem er die Lokalbevölkerung gegen marodeurende Nomaden beschützen (27 8 ff. und 30 1 ff.) und gleichzeitig zeigen konnte, wer eigentlich der Herr war (27 1 ff.). Sein Vasallentum gegenüber den Philistern schadete ihm dabei nichts: Es stärkte ihm den Rücken und schützte ihn gegen jeglichen Angriff von dieser Seite.

2. David – König von Juda

a) Dem Tode Sauls und Jonathans in der Schlacht von Gilboa folgte eine konfuse Situation: einerseits vermochten die Philister ihren Erfolg nicht ganz auszunützen, während andererseits auch David die Zeit noch nicht für reif hielt, selbst in den Vordergrund zu treten. Für den ganzen Norden bewahrte er dem Hause Sauls die Treue, wie die in II Sam 1 19 ff. überlieferte Elegie, die ihm fast allgemein zugeschrieben wird, bezeugt. Er scheute sich auch nicht, aufs schärfste gegen diejenigen vorzugehen, die glaubten, ihm einen Gefallen zu tun, wenn sie ihm das Haus Sauls betreffende Hiobsbotschaften überbrachten (vgl. II Sam 1 13 ff. 4 5 usw.), wie er auch die Überlebenden offiziell gut behandelte (9 1 ff., vgl. 19 r5 ff.), wenn er nicht einen triftigen Vorwand hatte (wie z. B. 21 1 ff.), sich anders zu benehmen. Man bemerkt zweifelsohne das Bestreben der Quellen – deren pro-davidische Einstellung betont wurde – zu zeigen, daß der Sohn Isais nicht als Usurpator der Rechte anderer, sondern vollkommen berechtigt zum Thron gelangte; die These läuft

---

CASPARI S. 269 und 349 und BRESSAN, die darin einen weiteren Beweis für den ägäischen Ursprung der Philister erblicken. Vgl. unten Anm. 36. Eine neue, sehr interessante Deutung des Verhältnisses zwischen David und Akiš von Gat ist die von G. E. WRIGHT, Fresh evidence for the Philistine Story, BA 29 (1966), S. 70–86, bes. 80 ff.: Akiš soll kein König, sondern ein einfacher General gewesen sein, denn in I Sam 29 steht er nicht unter den Königen; ferner eroberte nach I Chr 18 1 David sofort Gat. Das gute Verhältnis blieb noch unter Salomo bestehen, vgl. I Reg 2 39-40.

[8] Immerhin spielte David ein gefährliches Doppelspiel, wie GRESSMANN S. 107 und KITTEL zu Recht bemerken.

sogar darauf hinaus, zu behaupten, David habe den Thron bestiegen, als es keine legitimen Nachfolger für Saul mehr gab, auf Grund einer Designierung durch Jhwh und Akklamation der Volksversammlungen[9].

b) Ist dieses die These der Quellen, so ist doch die im Volksmund überlieferte Version nicht so leicht aus dem Wege zu räumen, nach der David als größter Interessent an der etappenhaften Beseitigung der Sauliden beteiligt gewesen sei. Die durch Šimei II Sam 16 gegen David erhobenen Anschuldigungen dürften die Meinung mancher Kreise, nicht nur der Mitglieder und Anhänger des Hauses Saul, widerspiegeln.

Ein Grund dafür, daß es der pro-davidischen Geschichtsschreibung nie gänzlich gelang, ihren Helden zu entlasten, liegt wohl auch darin, daß David nach Sauls Tod kein Hehl daraus machte, was seine Absichten für die Zukunft waren: den Thron Israels zu besteigen (vgl. unten 3 d). Und nach dem alten Kriterium des »*cui bonum?*« war David selbstverständlich für all das verdächtig, was ihm den Weg zu diesem Ziel zu ebnen vermochte.

c) Eine erste wichtige Etappe zum gesamtisraelitischen Königtum war die Annahme der Krone Judas (II Sam 2 1-4), die ihm von den Ältesten der Gegend angeboten wurde. Wenig wissen wir davon, wie es überhaupt dazu kam, ja David scheint sich sogar, wenn wir den Texten glauben dürfen, anfänglich seiner gar nicht so sicher gewesen zu sein. Wir erfahren nämlich, daß er vor einer Expedition nach Hebron das Orakel befragte und daß ihm dort eine günstige Antwort erteilt wurde; was mit dem »hinaufsteigen« nach Hebron genau gemeint ist, geht aus den Quellen nicht eindeutig hervor, aber es wird nicht zu gewagt sein anzunehmen, daß eine derartige Befragung einer äußerst wichtigen Entscheidung vorausgeschickt wurde; und diese kann nicht nur einen Wechsel des bisherigen Sitzes vom nördlichen Negeb (Ṣiqlag?) nach Hebron zur Ursache gehabt haben; etwas Wichtigeres muß wohl dahintergestanden sein. Die an das Orakel gerichtete Frage lautete: »Darf ich (oder ‚Soll ich') zu einer der Städte Judas hinaufziehen?« Und wer den Ablauf der Ereignisse beobachtet, wird diese Frage kaum mit einem einfachen Ortswechsel, sondern viel eher mit den Verhandlungen mit den Ältesten um das Königtum in Verbindung bringen wollen und daraus die Möglichkeit ableiten, daß er seine Hauptstadt nach Hebron verlegen wollte. Wir kennen den Text des Orakels nicht, wissen nur, daß es für David günstig war.

Nun wird uns aber auch berichtet, daß Abner, der überlebende Befehlshaber der Armee Sauls und Schutzherr des unglücklichen 'Ešba'als, mit denen wir uns bald befassen werden, ausdrücklich auf ein Orakel Bezug nimmt, das David das Königtum versprach »über Israel und

---

[9] Alt, Staatenbildung, S. 38 Anm. 4, bemerkt hierzu, daß einer der Gründe der Erzählung, wie David auf den Thron kam, der gewesen sein muß, ihn diesbezüglich zu legitimieren.

Juda, von Dan bis Be'er Šeba'« (II Sam 3 9-10. 18 und 5 2 b, vgl. unten 3 f). Ich möchte die Arbeitshypothese aufstellen, daß es sich in all diesen Fällen um ein und dasselbe Orakel handelte, auf dessen Geheiß David tatsächlich nach Hebron hinaufsteigen konnte[10]. Daß David, wie erwähnt, seiner selbst nicht ganz sicher war, bestätigt auch das vom Text benützte Verb עלה: הַאֶעֱלֶה kann nämlich auch heißen, wenn mit אֶל oder עַל gebraucht[11], »in einer militärischen Expedition ausziehen gegen jemanden/etwas«. Rechnete David also mit der Möglichkeit eines Widerstandes von seiten der Ältesten, und war er bereit, Gewalt anzuwenden? Man darf es wohl annehmen, obwohl am Ende alles glimpflich ablief: »Die Männer Judas salbten ihn zum König in Hebron« (2 4). Denn der starke Vasall der Philister war nun einmal der einzige, der den Süden sowohl vor ihnen als auch vor den Resten des Heeres Sauls, Banditen und Nomaden zu schützen vermochte[12].

---

[10] ALT a. a. O. S. 41 f. will in 2 1 das Orakel erblicken, mit dem die göttliche Designierung Davids behauptet wurde; das in Kap. 3 erwähnte eignet sich aber viel besser, besonders wenn wir es mit 2 1 verbinden. Ob es sich um einen rein apologetischen Anspruch Davids gehandelt hat (so ALT), um sich vor den Versammlungen zu rechtfertigen, oder um eine historische Tatsache, ist nicht mehr möglich festzustellen; es scheint mir aber, daß der letztgenannten Möglichkeit nichts im Wege liege. Zum Orakel vgl. zuletzt WEISER, Die Legitimation ... (Anm. 1), S. 338 ff. Nach I Chr 11 3 soll es aus dem Munde Samuels gestammt haben, was sich aber kaum beweisen läßt.

[11] Man beachte, daß hier Hebron schon als Stadt Judas und nicht mehr als Ortschaft Kalebs, die er überlieferungsgemäß erwarb, erscheint. Letztere Gruppe, die *stricto sensu* nicht zum Zwölfstämmebund gehörte, wenn sie auch oft im Zusammenhang mit ihm genannt wird, ging tatsächlich bald in Juda auf. Die »Städte Hebrons« sind wohl entweder eine Erinnerung an den alten Namen קִרְיַת עַרְבַּע oder einfach (nach DE VAUX) die Stadt und die Vorstädte. Zur Wurzel 'lh/j in diesem Zusammenhang vgl. die Lexika; zum Gebrauch in den politischen Texten Ugarits siehe ein interessantes Beispiel bei M. LIVERANI, Storia di Ugarit nell'età degli archivi politici, 1962, S. 42, und M. J. DAHOOD, Orient. 34 (1965), S. 85. Zur ganzen Handlung vgl. A. ALT, Staatenbildung, S. 39 ff.

[12] Wie richtig zuletzt von ALT, Staatenbildung, S. 40 ff., hervorgehoben. Vielleicht hängt noch die ohne Zweifel sehr alte »Selbstbezeichnung« Davids: »Jhwhs Geist hat durch mich geredet – sein Wort ist auf meiner Zunge...« II Sam 23 2 mit seinem Charismatikertum zusammen. Die ganze Lage wird noch viel klarer, wenn der Ausdruck 'śh ṭôb æt-X den Sinn hat, »einen Bund schließen mit X«, vgl. G. BUCELLATI, II Sam 2, 5-7, BeO 4 (1962), S. 233, und D. R. HILLERS, A note on some treaty terminology in the Old Testament, BASOR 176 (1964), S. 46 f., beide auf Grund von W. L. MORAN, A note on the Treaty terminology of the Sefîre Stelas, JNES 22 (1963), S. 173–176, der diesen Sinn auf Grund der im Akkadischen, besonders in den Amarnabriefen belegten, gleichwertigen Ausdrucks ṭabūta epēšu betont hat! Vgl. noch J. HEMPEL, Geschichten und Geschichte im Alten Testament bis zur persischen Zeit, 1964, S. 163 ff.

e) Das charismatische Element erscheint hier in der Form des Orakels, dessen Aussagen von der Versammlung geprüft und gutgeheißen wurden; genauso wie beim ersten König geschah es hier. Dabei ist es unwichtig, ob das von Abner erwähnte, vielleicht – wie gesehen – mit dem von 2 1 zu identifizierende Orakel tatsächlich an David gegangen oder eine Erfindung seines Gefolges oder seiner Hofgeschichtsschreibung ist; wichtig ist es, daß zur Legitimation des Königs etwas Derartiges mangels einer anderen charismatischen Begabung nötig war. Seine Heldentaten unter Saul scheinen also nicht mitgezählt zu haben, da David sich in einem Abhängigkeitsverhältnis befand.

f) Von den Philistern wird uns nicht berichtet, ob und wie sie reagierten; man darf wohl annehmen, daß sie dieser Entwicklung nicht ungünstig gegenüberstanden, da sie an einer Teilung des Bundes nur interessiert sein konnten. Später, als David den Süden und den Norden unter seinem Zepter vereinigte, versuchten sie, sofortige militärische Maßnahmen zu ergreifen (vgl. unten 4 b)[13].

3. Die Lage im Norden

a) Unter der fachkundigen Leitung Abners ging die geschlagene Armee des Nordens durch eine Phase der Neuorganisation. Schon unter Saul, dessen Onkel er war (I Sam 14 50 f.), hatte er das Oberkommando geführt. Allem Anschein nach gab sich aber der General damit nicht zufrieden und strebte zur obersten Herrschaft (vgl. unten f). Dazu fehlten ihm aber alle nötigen Voraussetzungen. Um dieses Hindernis zu umgehen, setzte er den letzten überlebenden Sohn Sauls, 'Ešbaʻal, auf den Thron (II Sam 2 8 ff.; der MT hat den Namen in 'Išbošet verzerrt, er erscheint aber in richtiger Fassung I Chr 8 33 und 9 39, ebenso in der sog. Lukianischen Rezension der LXX zu I Sam). Es ist nicht möglich, wie ich kürzlich zu zeigen versucht habe, die Zeit zwischen dem Tode Sauls und 'Ešbaʻals Erhebung auf den Thron genau zu bestimmen, doch allem Anschein nach müssen um die fünf Jahre vergangen sein, in denen Abner vergeblich versuchte, die Macht an sich zu reißen, ja sich vielleicht sogar zum König ausrufen zu lassen, wie sein früherer Kollege David im Süden[14]. Nur so können wir das Auseinanderklaffen der siebeneinhalb Jahre von Davids Königtum in Hebron (II Sam 2 10 und 5 5) und der zwei Jahre von 'Ešbaʻals Königtum im Norden (2 10) erklären, wobei das Ende beider ungefähr zusammenfallen muß.

---

[13] Gressmann und Hertzberg a. a. O. resp. S. 127 und 203. Vgl. A. Alt, Das Großreich Davids, 1950 (Kl. Schr., II 1953, S. 66–75), S. 68 ff.

[14] Für den Namen verweise ich auf die ersten drei Anmerkungen meines zitierten Aufsatzes (oben, Anm. 6). Es könnte natürlich auch so sein, daß 'Išbošet ihm schon während seines Lebens wegen seiner Schwäche als Beiname, ja als Schimpfname gegeben worden ist, so Caspari S. 410 f.

b) Abner nahm also den zweitältesten überlebenden Sohn Sauls und krönte ihn zum König (וַיַּמְלִיכֵהוּ) über einige Stämme Israels, die 2 9 angeführt sind; vorsichtshalber verlegte er den Königssitz nach Transjordanien außerhalb der Reichweite der Philister[15]. Die Überarbeitung nennt dieses Teilgebilde »Ganzisrael«[16], und darüber soll nun 'Ešba'al, wenn auch nur theoretisch, die Macht besessen haben, während in Wirklichkeit Abner regierte[17]. Die Residenz befand sich in jenen transjordanischen Gebieten von Gilead, die dem Hause Saul seit der für Jabeš geleisteten Hilfe besonders treu waren (vgl. I Sam 11 und 31).

c) Natürlich konnte Abner für seinen Schützling keine andere Legitimation vorbringen als die dynastische – ein Element, das zwar, wie schon gesehen, immer wichtiger wurde, aber noch nicht genügte, um einen durch keine große Persönlichkeit besetzten Thron zu halten. Das Fehlen jeder göttlichen Bestimmung und jeglicher Gutheißung von seiten einer Versammlung machte aus dem jungen König einen Schützling seines Generals, von dessen Launen er abhing und dessen Zuneigung er nur solange sicher sein konnte, als ihn Abner brauchte, um selbst die Gewalt auszuüben[18]!

d) Doch der General hatte noch einen anderen Grund, die durch Sauls Tod entstandene Lücke so schnell wie möglich auszufüllen: Daß auch David danach strebte, den Thron des Nordens zu besteigen, konnte nicht unbekannt bleiben, um so mehr als David nichts tat, um seine Absichten zu verhüllen. So wurde plötzlich der Inhalt eines Briefes, den er den Jabešitern gesandt hatte, allgemein verbreitet und bekannt.

In dieser Botschaft dankte David den Bewohnern der Stadt für ihre *pietas* (חֶסֶד) gegenüber den Gefallenen und scheute sich nicht, ihnen, wenn auch auf diskrete Art, seine eigene Anwärterschaft auf die Thron-

---

[15] Vgl. meinen genannten Aufsatz S. 98 f. für das unmögliche הָאֲשׁוּרִי. Zur Formel *wajjamlīkēhû*... hier und in den folgenden Stellen vgl. oben Einl. Kap. II, Anm. 22.

[16] Für CASPARI beschränkt sich das Hoheitsgebiet 'Ešba'als auf das der transjordanischen Stämme, S. 410 und 426; dafür gibt er jedoch keinen entscheidenden Grund an. Der Vorschlag paßt nicht gut zur Tatsache, daß Benjamin dem jungen König besonders treu war, vgl. 3 c und f.

[17] In meinem letztgenannten Artikel (vgl. noch BRESSAN S. 475, und SEGAL) habe ich zu beweisen versucht, daß die Jahreszahl, die von den meisten Gelehrten zurückgewiesen wird, weil von ihnen die Reiche Davids und 'Ešba'als chronologisch gleichgesetzt werden, doch zutreffend ist: Fünf Jahre lang brauchte Abner, um das Land und das Heer neu zu organisieren und die Macht an sich zu reißen, wie dies David im Süden getan hatte. Als es ihm nicht gelang, sich zum König zu machen, versuchte er dieses Ziel durch den Strohmann 'Ešba'al zu erreichen.

[18] Vgl. meine Studien: Zur Entwicklung..., S. 409, und Il regno..., S. 96; ferner GRESSMANN S. 120 ff., KITTEL S. 454b und BRESSAN S. 475 (der ihn »Hanswurst« [*fantoccio*] nennt).

nachfolge vorzuschlagen; was im Süden eine vollendete Tatsache war, konnte im Norden auch ausführbar, ja vorteilhaft sein! (vgl. 2 4ff.). Diese Worte Davids brachten zwar nicht sofort Erfolg, sie waren ein Teil eines langfristigen Planes[19]; den Anhängern Sauls und besonders seinen treuen Benjaminiten zeigte diese Botschaft David nicht als einen Feind, sondern als einen treuen, wenn auch in der letzten Zeit zu Unrecht verfolgten Anhänger ihres tapfer gefallenen Königs; es schien Davids einziger Wunsch zu sein, Sauls jäh unterbrochenes Werk fortzusetzen! Diese geschickte Stellungnahme sollte erst einige Jahre später ihre Bedeutung gewinnen, als auch die Ältesten Israels David zum König salbten (5 1ff.).

e) Die Art, in welcher David versuchte, die Frage der Thronnachfolge im Norden zu seinen Gunsten zu lösen, nötigte nun Abner dazu, mit einer gewissen Hast zu handeln. Sobald sein Gebiet einigermaßen gesichert war, eilte er nach Süden, zur Nordgrenze Judas, und begann einen Krieg, in dem er geschlagen wurde. Ein von beiden Seiten vorgeschlagenes Zweigefecht zwischen zwölf Soldaten auf jeder Seite war gescheitert wegen der gleichzeitigen Tötung der Kämpfenden[20] und ein unmittelbarer Zusammenstoß unvermeidlich gewesen. David und die Seinen, nachdem sie den Sieg errungen hatten, handelten aber wiederum sehr geschickt: Sie beschlossen, ihn nicht auszunützen, sondern auf »diplomatischem« Gebiet weiterzuwirken. Aus dem Texte geht noch eine bemerkenswerte Tatsache hervor, nämlich daß das nördliche Heer hauptsächlich aus Benjaminiten bestand (v. 15. 17. 28.); wir werden darauf noch zurückkommen. Der Bericht endet mit der Feststellung, daß »David immer stärker, das Haus Saul immer schwächer wurde« (3 1).

f) Über das Ende der Beziehungen zwischen 'Ešbaʻal und Abner klärt uns der Bericht über ihren endgültigen Bruch auf. Abner hatte auf einmal eine Konkubine Sauls in seinen eigenen Harem überführt; nun war aber der Besitz des Harems des verstorbenen Königs, der zusammen mit anderen Symbolen der Macht an seinen Nachfolger überging, eines der Zeichen der Königswürde[21], so daß 'Ešbaʻal glaubte, sich diese Tat Abners nicht gefallen lassen zu dürfen (3 6ff.).

---

[19] Gressmann S. 127 ff., und Hertzberg S. 203.
[20] Vgl. für Einzelheiten mein Il regno ... und zuletzt Y. Yadin, The art of Warfare in Biblical Lands, II 1963, S. 266 und 362. Nach Voegelin a. a. O. I S. 266 (der David einen »Charismatic brute« nennt) und Hempel a. a. O. S. 30 f. soll Joab und nicht David der wahre Held gewesen sein. Die Frage ist hier nicht wichtig, und es scheint mir, daß das, was folgt, eine derartige Lösung der Probleme eher ausschließt.
[21] Kittel und Caird z. St. Für eine verschiedene, Abner günstigere Wertung der Lage vgl. Bressan. Die Wichtigkeit des Besitzes des Harems als Zeichen der Thronnachfolge wird neuerdings mit dem Inhalt des ugaritischen, auf Akkadisch verfaßten Textes Nr. 16.144, PRU III (1955) S. 76, verglichen; in ihm verflucht Ariḫalbu denjenigen, der nach seinem Tod sich seiner Witwe nähern wird, vgl. M. Tse-

Die *mala fides* des Generals tritt aus der darauffolgenden Auseinandersetzung klar hervor, und es geschah in diesem Zusammenhang, daß Abner seinem Herren den Inhalt des an David ergangenen Orakels erwähnte (vgl. oben 2 c–d). In der Tat: Sobald Abner merkte, daß sein König nicht ganz so nachgiebig war, wie es für ihn nötig war, und daß David nunmehr alle Zeichen eines baldigen Erfolges aufwies, scheute er sich nicht, hinter dem Rücken 'Ešba'als unmittelbare Verhandlungen mit David aufzunehmen (3 12 ff.). Es wurde auf diese Weise in Hebron zwischen David und den Ältesten Israels ein Bund geschlossen; der Bericht erwähnt noch einen Versuch, auch die Benjaminiten zu überzeugen (3 17-21), die dem Hause Sauls besonders anhingen. Unter den Klauseln, so wird uns berichtet, befand sich auch die, daß David die Tochter Sauls, Mîkāl, zurückerhalten (oder erhalten, wenn die frühere Geschichte seiner Heirat mit ihr unhistorisch sein sollte) würde (3 17). Dadurch wurde David auch vom dynastischen Gesichtspunkt aus ein möglicher Anwärter auf den Thron, falls es keine näheren Nachkommen mehr gab[22].

g) Die Ermordung Abners durch Joab wegen Blutrache (3 24 ff. 31 ff.), anscheinend gegen den Willen Davids, konnte nichts mehr ändern: Israel und Benjamin waren fest überzeugt, daß David der einzig mögliche Anwärter auf den Thron war; nur einige Banden setzten den Kampf fort. Zwei Führer dieser Banden, deren Gebiet benjaminitisch war, tatsächlich aber zu jenen kanaanäischen Ortschaften der Hochebene gehörten, die sich Benjamin während der Landnahme angeschlossen hatten (Jos 9 7, vgl. unten Anm. 30 und oben K. I, Anm. 48), ermordeten 'Ešba'al in der Überzeugung, David damit einen Gefallen zu tun (4 8)[23]. Doch dieser ließ sie auf der Stelle hinrichten. Durch diese Tat war immerhin das letzte Hindernis für den Thron gefallen, und David wurde »von allen Ältesten Israels vor Jhwh« gekrönt (5 3). Wiederum erkennen wir das Schema: göttliche Designation (diesmal durch das Orakel) – Bestätigung durch die Versammlung[24] – Krönung.

VAT, Marriage and monarchical legitimacy in Ugarit and Israel, JSS 3 (1958), S. 237 bis 243.

[22] KITTEL z. St. und DE VAUX a. a. O. I S. 178 ff.; zum Gesetz Dtn 24 1-4, das die Rückkehr zum ersten Manne der verstoßenen und neuvermählten Frau verbietet, und für die Beziehungen zwischen 'Ešba'al und Abner vgl. CAIRD z. St. Nach der Überlieferung war Mîkāl natürlich nicht verstoßen, sondern David zu Unrecht und mit Gewalt weggenommen worden, so daß sowohl die Trennung als auch ihre Neuvermählung als gesetzeswidrig betrachtet werden konnte.

[23] Siehe unten Anm. 30. Zur geographischen Lage vgl. BRESSAN z. St. und Z. KALLAI-KLEINMANN, Be'ērôt, 'Ereṣ Iśrā'ēl 3 (1959), S. 111–115, und meinen Aufsatz (Anm. 6) S. 103 ff. (mit Literatur).

[24] Nichts veranlaßt dazu, zu behaupten, wie CASPARI es tut, daß es sich um eine Wiederholung der ersten Salbung gehandelt habe. »Israel« und »Juda« sind nämlich von Anfang an zwei eindeutig differenzierte Einheiten, deren Beziehungen vor der

4. David – König von Juda und von Israel

a) Eine der ersten Handlungen des neuen Königs war nach II Sam 5 6 ff. (vgl. v. 5) die Eroberung Jerusalems. Dadurch gelang es ihm, nicht nur eine wichtige und störende kanaanäische Enklave zu beseitigen, sondern auch seine Hauptstadt außerhalb der Gebiete der Stämme Israels und unabhängig von der Amphiktyonie zu gründen. Die Stadt befand sich ferner in einer äußerst günstigen strategischen Lage, was alle späteren Angreifer durch eine lange Belagerung zu spüren bekamen. Durch die Übersiedlung der Lade (Kap. 6), des alten, halbvergessenen Heiligtums, versuchte er die Stadt auch in eine religiöse Hauptstadt zu verwandeln. Gewiß war dies ein genialer Zug mit dem Zweck, die alten Überlieferungen mit zeitgenössischen, politischen Notwendigkeiten zu vereinigen und zu vereinbaren[25].

b) Die Philister, die ihren Vasallen auf einmal weit über ihre Pläne hinauswachsen sahen, die beobachten mußten, wie er auf eigene Faust

---

Zeit Davids zum größten Teil noch im Dunklen liegen; auch wenn später der Ausdruck »ganz Israel« als Name der Amphiktyonie Juda miteinbeziehen will. Die südlichen Stämme waren von den anderen auch rein geographisch durch eine Kette kanaanäischer Städte, wie Jerusalem, Ajjalon, Saalbim und Gezer, getrennt und die Verbindungen, die damals wie heute über die genannten Ortschaften führten, schwierig, unsicher und für größere Gruppen (z. B. Militäreinheiten) unmöglich. Nur unter David konnten diese Städte (außer Gezer) erobert und die Probleme beseitigt werden. Vgl. noch VOEGELIN I S. 267 ff.

[25] Wir können uns hier nicht mit den verwickelten taktischen und geographischen Problemen befassen, die mit der Eroberung Jerusalems durch David zusammenhängen, vgl. DRIVER a. a. O. S. 260; CAIRD S. 107; VOEGELIN I S. 273 ff., und zuletzt H. J. STOEBE, Die Einnahme Jerusalems und der Ṣinnôr, ZDPV 73 (1957), S. 73–99; EISSFELDT, The Hebrew Kingdom, S. 45 f. Nach den neuesten Ausgrabungen soll es kaum möglich gewesen sein, daß Joab und seine Leute durch die Wasserleitung gegangen seien, wie II Sam 5 8 meist erklärt wird, vgl. K. M. KENYON, Excavations in Jerusalem, BA 27 (1964), S. 34–52, bes. S. 36. Auch das Datum des philistäischen Angriffes ist umstritten; nach der Logik der Vasallenverträge muß die Reihenfolge aber ungefähr so ausgesehen haben: 1. David wird zum König über Israel ausgerufen und vereinigt Israel mit Juda; 2. David erobert Jerusalem; 3. David schließt auf eigene Faust internationale Verträge; 4. die Philister schlagen vergeblich zu, im Versuch, der Lage noch schnell Herr zu werden. Für das Problem der Lade und der mit ihrer Übersiedlung verbundenen Befugnisse des Königs vgl. meinen Aufsatz Der offiziell geförderte Synkretismus im 10. Jahrhundert, ZAW 78 (1966), S. 182 ff. Der wichtige Artikel von H. GESE, Der Davidsbund und die Zionserwählung, ZThK 61 (1964), S. 10–26, ist mir erst verspätet in die Hände gekommen, so daß ich mich in meinem Synkretismus mit ihm nicht auseinandersetzen und ihn nur ein paarmal erwähnen konnte. Er behauptet:
a) Die Überführung der Lade nach Jerusalem auf Geheiß Davids, sei kein wichtiger Staatsakt gewesen, nicht deshalb, weil für einen solchen dem *nāgîd* die Befugnisse

internationale Beziehungen aufnahm (5 11)[26], was nach den alten Vasallenverträgen dem niedrigeren Partner strengstens verboten war, versuchten sofortige militärische Gegenmaßnahmen zu ergreifen, doch sie kamen zu spät: David konnte sie ganz und gar schlagen (5 17 ff.) und nunmehr eine unabhängige Innen- und Außenpolitik verfolgen.

c) Saul hatte sich, wie schon gesehen (oben Kap. I, 5 bes. e), kaum darum bemüht, eine zusammenhängende, kontinuierliche Innen- und Außenpolitik zu verfolgen, da seine charismatische Begabung ihn dazu führte, der Gefahr nur nach ihrem Aufkommen entgegenzutreten. Bei David stoßen wir hingegen sofort auf eine umgekehrte Haltung: Wenn er auch überlieferungsgemäß als Charismatiker auf den Thron gelangt sein soll, so versuchte er doch sofort, sein Reich als Staat neu zu gestalten, seine Verwaltung neu zu organisieren und die ganze Lage strategisch zu sichern. In einer Reihe von Feldzügen bezwang er die transjordanischen Nachbarn Israels und die Aramäer (8 1-14 10 1-11 12 26-31 und die Parallel-

---

fehlten (eine Ausgangsfeststellung, die für den Vf. unrichtig ist), sondern weil die nach Kiriat Jearim nach den Philisterniederlagen abgeschobene Lade keinen zentralen Kultgegenstand der Amphiktyonie mehr bildete. Aber weshalb soll dann diese »eine Seite einer z. Z. Davids sich ereignenden religiösen Umwälzung ...« (S. 14) gewesen sein?

b) Die Gestalt Nathans gehört zur Salomo-Überlieferung eher als zu der Davids (S. 15 ff., bes. S. 19 f.). Nun ist ein gewisser Unterschied in der Handlungsweise Nathans unter David und unter Salomo auch schon von anderen beobachtet worden (z. B. von J. HEMPEL, Geschichten und Geschichte im Alten Testament bis zur persischen Zeit, 1964, S. 131, der aber eine andere, genauso hypothetische und deswegen in diesem Rahmen gültige Erklärung bietet, vgl. unten Kap. III, Anm. 3), doch so grundsätzlich ist er wiederum nicht, um eine solche radikale, doch unbeweisbare Lösung zu befürworten!

c) David soll keinen Tempel bauen, nicht weil gewisse konservativ-prophetische Kreise sich einer solchen Anpassung an das Kulturland und seine Sitten widersetzen, sondern weil kein *Mensch* eines solchen Unternehmens würdig war (S. 20 f.); die Initiative ergreift hingegen *Jhwh*, indem er erst David ein Haus errichtet, dann dem Salomo (II Sam 7 13 ist keine dtr. Glosse!) den Befehl erteilt, den Tempel zu bauen (S. 24 ff.). Dies dürfte indessen die Theologie des älteren Bearbeiters von II Sam 7 gewesen sein; meine Erklärung aber (Synkretismus S. 185 ff.) scheint mir dennoch dem *tatsächlichen* Verlauf der Dinge näher zu kommen.

Wichtig ist auch das allgemeinere Werk von J. SCHREINER, Sion-Jerusalem, Jahwes Königssitz, 1963, S. 22 ff. J. MAIER a. a. O. will die Vergessenheit, in die die Lade geraten war, dadurch erklären, daß sie nur zur Zeit der Philisterkriege gemacht worden und deswegen leicht fast eine Generation lang auf die Seite geschoben werden konnte.

[26] S. GRILL, Art. Chiram, LThK 2 (1958), Sp. 1071; J. BRIGHT, A History of Israel, 1959, S. 183 ff.; W. F. ALBRIGHT, Archaeology and the Religion of Israel, 3. Aufl. 1953, S. 132, und SEGAL z. St. Vgl. noch D. HARDEN, The Phoenicians, 2. Aufl. 1963, im Index unter Hiram.

stellen der Chr) und machte sie zu Vasallenstaaten[27]. Die Verwaltung selbst wurde, vermutlich nach ägyptischem Muster, neu organisiert (8 15 ff. 20 23 ff.); die letzten Sauliden und mit ihnen jede Möglichkeit einer sich um das frühere Königshaus versammelnden Rebellion konnten durch einen gesetzlich stichhaltigen Vorwand beseitigt werden (21 1-14, vgl. 9 1ff.; die erste Stelle muß wohl nach Kap. 8 und vor Kap. 9 eingefügt werden)[28]; nur ein verkrüppelter zum Königtum unfähiger Sohn Jonathans wurde am Leben gelassen[29], doch vorsichtshalber zu Hofe geführt, wo er am königlichen Tische essen durfte[30]. Diese Maßnahme scheint nicht vergeblich gewesen zu sein (vgl. 16 1-4 mit 19 25-31[31] und unten 5 d).

d) Die religiöse Frage, die ein Teil der Schwierigkeiten war, in denen sich Saul bald befand, wurde von David mit großem Geschick gelöst; die

---

[27] Für eine gründliche Untersuchung dieser Unternehmungen vgl. A. MALAMAT, The Kingdom of David and Solomon in its contacts with Aram Naharaim, BA 21 (1958), S. 96–102, und Aspects of the foreign policies of David and Solomon, JNES 22 (1963), S. 1–17.

[28] Es ist heute eine beinahe allgemein akzeptierte Tatsache, daß die von David neuorganisierte Bürokratie nach ägyptischem Muster aufgebaut wurde, vgl. R. DE VAUX, Titres et fonctionnaires égyptiens à la cour de David et de Salomon, RB 48 (1939), S. 394–405; J. BEGRICH, Sōfēr und Mazkīr, ZAW 58 (1940–41), S. 1–29 (jetzt Ges. Stud., 1965, S. 67–98); S. HERRMANN, Die Königsnovelle in Ägypten und Israel, Wiss. Zeits. Leipzig 3 (1953–54), S. 33–44, und S. MORENZ, Ägyptische und Davidische Königstitulatur, ZÄSU 79 (1954), S. 73–74. So wundert es auch nicht, daß in den neuaufgefundenen Ostraka von Tell 'Arad das ägyptisch-demotische und nicht das phönikisch-kanaanäische Zahlensystem für die Verwaltungsurkunden der königlichen Festung verwendet wurde (Y. AHARONI, mündlich). W. MCKANE, Prophets and Wise Men, 1965, S. 25, hat letztens zu zeigen versucht, daß der *sōper* sich besser aus dem akkadischen *šāpirum* als aus dem Ägyptischen herleiten läßt. Es ist natürlich nicht auszuschließen, daß beide Länder in manchem ähnliche Ämter besaßen. Auch die sakrale Seite der Institution wurde inzwischen, wenn auch sehr diskret, ausgebaut, vgl. I. ENGNELL, Studies in Divine Kingship in the Ancient Near East, 1943, S. 175, und A. R. JOHNSON, Sacral Kingship in ancient Israel, 1955, S. 1 ff. Zur Stellung von II Sam 21 1-14 vgl. meine Aufsätze 1959 Anm. 68 und 1965 S. 104 Anm. 1. Im letzten habe ich versucht, die Handlung der beiden Beerotiten als Racheakt gegenüber Saul wegen jenes schon erwähnten Übergriffes auf die an Israel durch einen Vertrag gebundene mittelpalästinische Pentapolis zu deuten, vgl. oben Kap. I Anm. 48.

[29] DHORME S. 138 Anm. 4 und BRESSAN S. 498. Der Jüngling hat vermutlich einen Namen wie M^{e}rîbba'al, M^{e}fîba'al usw. getragen, vgl. I Chr 8 34 und 9 40.

[30] So ausgezeichnet SEGAL z. St.

[31] Über die im Osten weitverbreitete Sitte, nach welcher Usurpatoren alle möglichen Nebenbuhler zu beseitigen versuchten, vgl. GRESSMANN S. 143 und für weitere Beispiele unten Kap. IV. Die »Großmut« Davids dem Unglücklichen gegenüber bildet dazu keine Ausnahme, da seine Gebrechlichkeit ihn für den Thron unfähig machte und David nichts von ihm zu fürchten hatte.

Erinnerung an den geschlossenen Kompromiß findet sich im stark überarbeiteten Text II Sam 7: David enthielt sich jeglicher priesterlichen Handlung im Kultus (z. B. des Tempelbaues), und bekam dafür die bekannte Zusage an sein Haus[32]. Dadurch entstand ein Ausgleich zwischen der alten Tradition und der neuen Institution, die seit diesem Zeitpunkt mit wenigen Ausnahmen im Süden gut zusammenarbeiten sollten. Tatsächlich hatte aber die Amphiktyonie ihr Wesen und ihre Entscheidungsfreiheit preisgegeben; von nun an sollte ein König, nur weil er aus dem Hause Davids stammte, den Thron besteigen. Einige Jahrzehnte später versuchte der Norden dieses Zugeständnis rückgängig zu machen (vgl. unten IV, 1)[33].

5. Merkmale des Reiches Davids

a) Wir würden nun als Ergebnis von Davids kluger Politik eine gewisse Festigkeit des Reiches erwarten. Eine solche Festigkeit gab es allerdings nicht, wie aus den Episoden, denen wir uns kurz zuwenden wollen, hervorgeht. Dabei muß uns natürlich stets die Tatsache bewußt bleiben, daß zwischen Juda und Israel, und vermutlich noch Benjamin (vgl. oben 3 f), nie mehr als eine durch die Person des Königs bedingte Personalunion bestanden hat und die einzelnen Gruppen als selbständige Einheiten bestehen blieben. Zwischen ihnen lag der Stadtstaat Jerusalem, der, mit Șiqlag im Süden, das persönliche Eigentum des Königs bildete; ja, die Hauptstadt blieb bis zum Exil administrativ immer unabhängig

---

[32] G. von Rad, Der Anfang der Geschichtsschreibung ..., S. 176 ff., und zuletzt A. Weiser, Die Tempelbaukrise unter David, ZAW 77 (1965), S. 153–168; D. J. McCarthy, II Samuel 7 and the structure of the Deuteronomic history, JBL 84 (1965), S. 131–138; R. E. Clements, God and Temple, 1965, S. 57 ff. Für eine Bibliographie der älteren Werke vgl. meinen Synkretismus ..., Anm. 19. Die nicht erwiesene, doch häufig angenommene Vermittlung gewisser kanaanäischer Elemente im israelitischen Königtum durch den Stadtstaat Jerusalem (vgl. hierzu meinen Synkretismus a. a. O.), wird von R. Hentschke, Die sakrale Stellung des Königs in Israel, Ev.-Luth. Kirchenztg. 9 (1955), S. 70 c ff., mit der Begründung zurückgewiesen, daß es David persönlich gewesen sei, der die Synthese zwischen Königtum und israelitischer Tradition zustande brachte. Hiermit scheint er mir jedoch seiner eigenen, auf S. 72 b aufgestellten Behauptung zu widersprechen, nach der David und seine Nachfolger »ähnlich wie in den Ras-Schamra-Texten« den Titel »Sohn Jahwes« getragen haben, wenn auch nur aus Adoption. Wir werden aber bald sehen (vgl. unten, II. Teil, Kap. I, 2. a–b), daß auch in Ugarit das Verhältnis zwischen Gott und König sich eher nach einem Adoptionsverhältnis als nach einer wirklichen Gottessohnschaft gestaltete!

[33] Vgl. meinen Synkretismus ..., S. 185 ff. Für die Beziehungen zwischen dem alten und dem mit David geschlossenen Bund vgl. A. H. J. Gunneweg, Sinaibund und Davidsbund, VT 10 (1960), S. 335–341.

von Juda, wenn auch ihre Bevölkerung schon verhältnismäßig früh stark judaisiert scheint (vgl. unten V, 1 d). In einem ähnlichen, wenn auch weniger persönlichen Verhältnis befanden sich die von David eroberten Stadtstaaten der Küste und der Ebenen, die z. T. in der Volkszählung II Sam 24 // I Chr 21 mitgezählt werden und unter Salomo in den neuen Gauen aufgingen (I Reg 4 7-25)[34]. Als Vasallenstaaten erschienen endlich noch die Länder in Transjordanien und in Syrien.

b) Von den inneren Spannungen im Reiche Davids berichtet uns jene bekannte, sehr alte, historische Quelle, die »Geschichte von der Thronnachfolge Davids«[35]. In ihr treten besonders jene irrationalen, unvorhersehbaren Elemente zu Tage, die oft die Geschichte entscheidend beeinflussen: Intrigen, Widerstände dort, wo man sie nicht erwartet hätte, Ungehorsam von seiten vertrauter Untergebener, Unzuverlässigkeit gewisser Dienststellen usw. Und man bemerkt sofort, daß sich nicht nur aus größeren Schwierigkeiten, sondern auch aus ursprünglich ganz kleinen Spannungen äußerst gefährliche Lagen im jungen Reich entwickeln konnten.

c) Der Reihe nach begegnen wir erstens der bekannten Episode von Uria dem Hethiter, einem Heerführer Davids, und seiner Frau Bat Šebaʿ (Kap. 11–12). Der Eingriff des Propheten Nathan, wie sehr wir auch mit erzählerischen Erweiterungen zu rechnen haben, zeigt uns, daß sogar derjenige, der den Kompromiß zwischen König und Amphiktyonie vermittelt hatte, nicht geneigt war zu dulden, daß das Königtum sich nach den absolutistischen Schemata des Nahen Ostens entwickeln sollte. Er

---

[34] Vgl. A. ALT, Staatenbildung, S. 43 ff.; Das Großreich, S. 66 ff., und Israels Gaue ..., S. 89. Vgl. noch unten Kap. IV.

[35] Die Kap. 9–20, die I Reg 1–2 fortgesetzt werden und denen, wie gesehen, 21 1-14 vorausgeht, wurden in der schon klassischen Studie von L. ROST, Die Überlieferung von der Thronnachfolge Davids, 1926 (jetzt in: Das Kleine Credo, 1965, S. 119–253), untersucht, vgl. noch VOEGELIN I S. 259 ff. Nur eine Stimme ist inzwischen laut geworden, um ihre Ergebnisse zu bestreiten: die wichtige Studie von R. A. CARLSON, David, the chosen King, 1964; er betrachtet die ganze Davidgeschichte als Produkt dtr. Redaktion, die das Material unter zwei Hauptthemen (David unter dem Segen – David unter dem Fluch) verteilt haben soll. Dies dürfte wohl die Absicht einer systematisierenden Redaktion gewesen sein, deren Zweck mehr geschichtstheologisch als historiographisch war; entspricht es aber der der früheren Tradenten? Ich vermag nicht die kleinste Andeutung in dieser Richtung zu sehen. Für das Problem vgl. noch J. J JACKSON, David's Throne: Patterns in the Succession story, Canadian Journ. Theol. 11 (1965), S. 183–195; und die Kommentare von J. A. MONTGOMERY (– H. S. GEHMAN), Kings, 1951, S. 67 ff., und J. GRAY, I & II Kings, 1964, S. 20 ff.; ferner VON RAD, Die Anfänge ..., S. 151. Die Verbindung zwischen der Thronbesteigung Absaloms und dem Herbstfest wurde vor einigen Jahren mit wertvollen Argumenten (die aber nicht den endgültigen Beweis liefern) von N. H. SNAITH, The Jewish New Year Festival, 1947, S. 75 ff., aufgestellt.

zeigt weiter, auf was für schwachen Füßen die Monarchie immer noch stand und wie ein Prophet sich dem König als Träger und Vertreter der öffentlichen Meinung gegenüberstellen, ihn vor aller Welt schärfstens tadeln konnte. David sah sich genötigt, die Worte Nathans entgegenzunehmen, während die folgende Geschichtsschreibung sein weiteres Leben mit dem Schlüssel eines göttlichen Gerichtes über diese Tat auslegte.

d) Viel ernsthafter war die Rebellion seines Sohnes 'Abšalôm Kap. 13–18 (vgl. 19), der es beinahe gelang, David zu entthronen. Die Sache soll nach den Quellen in einem Streit zwischen Halbbrüdern ihren Ursprung gehabt, aber bald darüber hinaus die vielen Unzufriedenen (vgl. bes. Kap. 15) um den jungen Prinzen geschart haben. Aus den Worten Absaloms sieht man ganz genau, wie eine unfähige, willkürliche und harte Bürokratie die alten, gewohnten Freiheiten eingeengt oder gar abgeschafft hatte, was den Hauptgrund zum Aufstand bildete. Daraus konnte der junge Königssohn, der die Führungsgaben seines Vaters geerbt haben mußte, sein Kapital schlagen. Um Absalom gruppierte sich die alte Amphiktyonie mit ihrem Heerbann, so daß David bald die Meldung erhielt: »Das Herz der Männer Israels folgt Absalom!« (15 13). Juda hingegen scheint am Aufstand nicht beteiligt gewesen zu sein, so daß sich der Prinz ohne Verdacht zu erregen nach Hebron begeben konnte, um von dort das Zeichen des Aufstandes zu erteilen (vgl. noch 17 11 und 19 41 ff.). Nach einem Rückzug, während dessen er Hauptstadt und Harem dem Eroberer preisgeben mußte (15 14 ff.), konnte David mit Hilfe seines Berufsheeres den israelitischen Heerbann entscheidend schlagen; es wird uns sogar gemeldet, daß das Berufsheer aus k^eretim und p^eletim bestand, also vermutlich aus Mitgliedern der Seevölker (die ersteren sind wohl als Kreter aufzufassen?)[36], ferner aus einer Gruppe von Philistern aus Gat, jedenfalls nicht aus Israeliten! Dieser Tatbestand ist so einleuchtend, daß sich jeder Kommentar erübrigt: Mit den alten Freiheiten Israels, mit denen David am Anfang seines Reiches noch zu rechnen hatte, war es endgültig aus[37]!

e) Weniger schwerwiegend scheint der Aufstand Šeba's gewesen zu sein (Kap. 20), der hauptsächlich Benjamin mitriß. Auch diesmal gelang es dem Berufsheer, die Aufständischen zu besiegen[38], da sie anscheinend

---

[36] II Sam 8 18 15 18 20 7.23 I Reg 1 38.44; für die Gathiter vgl. II Sam 15 18 ff.; siehe L. M. MUNTINGH, The Cherethites and the Pelethites, in: Studies in the Book of Samuel ..., S. 43–54, der die Thesen CAIRDS zurückweist. Die traditionelle Sicht, die diese Völker mit den »Seevölkern« verbindet, wird nun durch das Erscheinen von *pltj* in einer punischen Inschrift, und zwar in Verbindung mit einem phönikischen Namen, wiederum problematisch gemacht, vgl. H. SCHULT, Ein inschriftlicher Beleg für »Plethi«?, ZDPV 81 (1965), S. 74–79.

[37] So mit Recht KITTEL a. a. O. S. 477 und ALT, Staatenbildung, S. 57.

[38] KITTEL z. St. glaubt, die Episode sei ein Nachklang der früheren.

keine Bundesgenossen mehr fanden. Nachdem sie umsonst im Norden Schutz gesucht hatten, wurden sie umgebracht.

f) Es zeigt sich also, daß der zwischen den traditionellen Kreisen und der davidischen Monarchie getroffene Kompromiß eigentlich nur im Süden wirksam war, nicht aber ohne weiteres im Norden, in Israel und Benjamin, bei denen der Drang des Königtums zur Selbstbehauptung nie angenommen wurde. Daraus ergab sich natürlich eine schwierige Lage: Jede momentane Schwäche des Reiches konnte dazu ausgenützt werden, das Königtum zu stürzen oder wenigstens in große Schwierigkeiten zu bringen. Natürlich war es für David verhältnismäßig leicht, nachdem er die amphiktyonischen Truppen endgültig geschlagen hatte, in seinem Reich die alten Freiheiten *de facto* aufzuheben, eine Politik, die auch von Salomo befolgt wurde. So hören wir bis nach dem Tode dieses letzteren nichts mehr von Volksversammlungen, deren Unabhängigkeitsbestrebungen mit den absoluten Tendenzen der Monarchie unvereinbar waren.

Andererseits zeigt auch das kurze Regiment Absaloms und Šebas seine Schwächen darin, daß nichts von einer charismatischen Begabung ihrer Führer berichtet wird, obwohl der erstere von einer Versammlung ernannt wurde (vgl. aber vielleicht doch 16 18)[39]. Dies erscheint merkwürdig in diesem Zusammenhang und zeigt, daß der Restaurationsversuch der alten Sitten nicht gänzlich zu den Quellen zurückzukehren vermochte, aus denen noch David geschöpft hatte, als er durch das Orakel bezeichnet wurde[40]. Wir werden uns später (K. IV–V) mit der Sonderentwicklung Israels und Judas befassen.

---

[39] So Alt, Staatenbildung, S. 58 ff.
[40] Alt, Das Großreich..., S. 74 ff.

KAPITEL III

Das Königreich Salomos

1. Das Problem der Thronnachfolge[1]

a) Mit dem Altern Davids und dem Schwinden jener Eigenschaften, die man im ganzen Alten Orient als unerläßlich für das Amt des Königs empfand, tauchte auch das Problem der Nachfolge auf. Auf diesem Gebiet herrschte noch große Unklarheit. Dynastische Tendenzen hatten sich, wie gesehen, immer mehr entwickelt, und die Nathanweissagung hatte den Thron für das Haus David gesichert. Doch erscheint es zweifelhaft, daß dies allein dem dynastisch bestimmten Nachfolger eine genügende Stütze geben konnte. Und auch in diesem Fall war es nicht klar, welcher der Söhne Davids – der älteste oder ein von David selbst bestimmter – das Amt hätte ererben sollen. Die Versammlungen von Juda, Israel und Benjamin zusammenzurufen, wäre, besonders im Falle der beiden letzteren, ein großes Risiko gewesen, da gar nicht vorauszusehen war, für wen sie sich nach der jüngsten, blutigen Unterdrückung entscheiden würden.

b) Nach dem Tode des Erstgeborenen, Amnon, und des Drittältesten, Absalom (von Zweitältesten wird nie geredet und nicht einmal der Name ist eindeutig überliefert, vgl. II Sam 3 2 und I Chr 3 1-4), wäre der Anwärter der Viertälteste, 'Adônîjā, gewesen, vgl. II Sam 3 4 und Paral., wenigstens wenn man die Sache rein dynastisch betrachtet. Dies muß auch der Gedanke des Prinzen gewesen sein, da er versuchte, sich noch zu Lebzeiten seines Vaters zum König krönen zu lassen (I Reg 1 5 ff.). Wäre das Projekt gelungen, so hätte er zusammen mit seinem Vater bis zu dessen Tode regiert; Fälle solcher Ko-regenzen sind im Alten Orient und in Israel belegt. Es gelang ihm, für seine Pläne den ehemaligen Heerführer Joab und den Priester Abiathar zu gewinnen[2]. Gegen ihn verschworen

---

[1] Kommentare zu I–II Reg: Gressmann S. 186 ff.; O. Eissfeldt S. 492 ff.; J. A. Montgomery (– H. S. Gehman), Kings, 1951; S. Garofalo, Il libro dei Re, 1951; N. H. Snaith, Kings, 1954; É. Dhorme a. a. O. S. 1023 ff.; R. de Vaux, Le livre des Rois, 2. Aufl. 1958; J. Gray, I & II Kings, 1964; M. Noth, Könige, 1964 ff.; für den Text vgl. C. F. Burney, Notes on the Hebrew Text of the Book of Kings, 1903 (nach dem Modell von G. R. Driver a. a. O.).

[2] Garofalo und de Vaux z. St. Wir brauchen hier nicht die Gestalt Joabs zu behandeln, dessen unbedingte Treue zu seinem Herrn David ihn nicht daran hinderte,

sich aber Bat Šebaʿ, die Mutter Salomos, und Nathan, der seinerzeit zwischen dem Bund und dem Königtum vermittelt hatte. Ihre Absicht war es, Salomo auf den Thron zu setzen und David für dieses Projekt zu gewinnen (I Reg 1 11 ff.).

Dieser Gruppe gelang es, den Sieg davonzutragen, und es geht aus den Berichten hervor, daß nicht nur die Zusage Davids (1 28 ff.), sondern auch die Einstellung des Berufsheeres, das sich unter seinem neuen Befehlshaber für Salomo erklärte, ausschlaggebend war: Adonija mußte kapitulieren, und Salomo konnte nunmehr den Thron als Ko-regent seines Vaters besteigen. Von irgendeinem Charisma, das ihn für das Amt bezeichnet hätte, und von einer ihn akklamierenden Volksversammlung hören wir nichts; an ihrer Stelle wird uns von einer Ernennung Salomos zum *nagîd* durch den sterbenden David in einem kurzen, von Ṣadoq und Nathan zelebrierten Ritual[3] berichtet.

c) Einmal auf dem Thron, versuchte auch Salomo zuerst sein Reich von innen zu stärken, indem er alle potentiellen oder tatsächlichen Feinde seines Hauses beseitigen ließ. Das konnte er ohne Schwierigkeiten erreichen, indem er sich entweder auf die angeblich von David auf dem Totenbett geäußerten Wünsche berief oder ihnen derartig schwierige Bedingungen auferlegte, daß sie sich früher oder später des Todes schuldig machen mußten. Hier darf man vielleicht schon, wenn eine zynische Bemerkung erlaubt ist, etwas von jener bald sprichwörtlich werdenden Weisheit Salomos erblicken, die mehr eine Art Lebensklugheit war und ihm dazu diente, sich aus schwierigen Situationen herauszuhelfen, als das, was man heute unter Weisheit versteht.

d) Der Bruch mit jenen traditionellen Elementen, die sowohl im Falle Sauls und Davids als auch zum Teil im Aufstand Absaloms ausschlaggebend gewesen waren, zeigt eine beachtenswerte Entwicklung im israelitischen Königtum in bezug auf jene Ordnungen, die bis dahin die kanaanäischen Stadtstaaten beherrscht hatten. Die Übertragung des Titels *nagîd*

---

oft selbstherrlich zu denken und zu handeln. Deswegen soll David I Reg 2 5 ff. Salomo den Hinweis gegeben haben, den gefährlichen General aus dem Wege zu schaffen.

[3] ALT, Staatenbildung, S. 62 Anm. 1, bemerkt mit Recht den groben und wohl wissentlich stattfindenden Mißbrauch dieses nur von Jhwh an einen Menschen übertragbaren Titels. E. KUTSCH, Salbung als Rechtsakt, S. 56, behauptet, daß Ṣadoq und Nathan im Namen des Volkes zu handeln dachten; klar ist jedoch der Unterschied zwischen einer von der dazu befugten Volksvertretung und einer von dem sich dazu befugt erachtenden Funktionär ausgehenden Handlung, vgl. NOTH z. St. – Für den Titel vgl. oben Kap. I Anm. 26. J. HEMPEL, Geschichte und Geschichten im Alten Testament bis zur persischen Zeit, 1964, S. 131, möchte zwischen einem zur Zeit Davids amtierenden Propheten Nathan und dem Intriganten zur Zeit der Thronnachfolge unterscheiden. Zu dieser These fehlt jedoch jeder Beweis.

bildete für die frühere Ordnung einen dürftigen Ersatz, denn sie konnte beim besten Willen nicht als gleichbedeutend aufgefaßt werden. Wie schon gesehen (K. I, Anm. 26), handelte es sich um eine für den Charismatiker typische Bezeichnung; wie war es da möglich, daß solch ein Titel von einem Menschen auf den anderen übertragen werden konnte[4]?

e) A. ALT[5] hat überzeugend dargelegt, daß in jener Lage die gewaltsame Lösung Salomos vermutlich das geringste Übel darstellte. Wäre David gestorben, ohne seinen Nachfolger zu bezeichnen, während der dynastische Gedanke noch nicht fest verwurzelt und die Nachfolge also alles andere als sicher war, so hätte sich gewiß eine der nach dem Tode Sauls ähnliche Lage ergeben, nur daß die ringenden Kräfte jetzt viel komplexer und stärker waren. Und wenn wir auf die bei der Nachfolgefrage übergangenen Versammlungen sehen, so bemerken wir sofort – angenommen sie genügten für Israel, Benjamin und Juda und hätten sich auf einen einzigen Anwärter geeinigt –, daß ihre alte (und allem Anschein nach der neueren Lage nicht angepaßte) Form dem neuen Großreich einfach nicht mehr entsprach und gerecht wurde. Wir haben im vorigen Kapitel gesehen, wie kompliziert sich das Großreich unter David inzwischen gestaltet hatte (vgl. Kap. II, 5 a); dabei beherrschten die (ehemaligen?) Stadtstaaten der Küste und der Ebenen den größten Teil des Landes sowohl wirtschaftlich als auch militärisch, wenn Salomo aus ihnen seine Reitermannschaften beziehen konnte (vgl. unten 3 b–c und 4 a). Scheint also die Handlung Davids und Salomos »verfassungswidrig«, um es modern auszudrücken, gegenüber altisraelitischem Brauch, so war sie in jener verwickelten Lage doch wohl die einzige und die bestmögliche, wenn auch nicht reibungslose, um den Übergang von David auf seinen Nachfolger zu sichern.

---

[4] NOTH a. a. O.

[5] Hiermit möchte ich das besser definieren, was ich 1959, S. 415 (vgl. noch ALT, Staatenbildung, S. 62 ff., und Das Königtum, S. 120 ff.), ein wenig übereilt behauptet habe. Es scheint mir aber, daß man die Begriffe charismatisches und institutionelles Königtum nicht so scharf voneinander trennen kann, wie es von dem großen Forscher versucht wird; das letztere, auch wenn (oben Kap. I, 5 g–i, vgl. noch mein Charisma und Institution ..., S. 54 ff.) noch gar nicht voll entwickelt, war von Anfang an da. Natürlich ist Adonija kein Usurpator, da er nach einem rein dynastischen Konzept der natürliche Anwärter auf den Thron gewesen wäre. K. GALLING, Die israelitische Staatsverfassung, S. 18, fragt, meiner Ansicht nach mit Recht, ob Adonija nicht vielleicht Juda, die Berufsarmee aber den Stadtstaat Jerusalem vertrat, vgl. ferner noch E. I. J. ROSENTHAL, Some aspects of the Hebrew Monarchy, JJS 9 (1959), S. 1–18, bes. S. 4.

2. Die Anfänge des Königtums Salomos

a) Mit den Berichten über den dritten König beginnt wiederum das dtr. Geschichtswerk, wie die angewandten Kriterien zur Beurteilung der Personen bezeugen. Damit ist natürlich bei der Verwendung der Quellen von selbst eine größere Vorsicht als bei der Davidgeschichte geboten, und wir werden versuchen müssen, von Fall zu Fall die authentischen Elemente, die uns auf diese Art überliefert wurden, zu erkennen.

b) Unter den ersten Regierungshandlungen des neuen Königs finden wir eine Wallfahrt zur kultischen Anhöhe Gibeons, ein gewiß noch kanaanäisches Heiligtum, dessen Beziehungen zum israelitischen Kultus alles andere als klar sind. Wie schon gesagt, gehörte die Ortschaft zu jener Gruppe mittelpalästinischer Städte, die nach Jos 9 mit den einwandernden Israeliten einen Bund schlossen und unter ihnen, wenn auch, nach der Überlieferung, als Heloten lebten. Die Ortschaft wird heute nach den neuesten Ausgrabungen fast einstimmig mit dem arabischen Dorfe eǧ-Ǧīb, wenige Kilometer nordwestlich von Jerusalem, identifiziert; vom Heiligtum ist allerdings noch nichts aufgefunden worden. Vom dort üblichen Kultus wissen wir nichts; nach Montgomery(-Gehman) soll das Heiligtum schon israelitisch gewesen sein, wie dies ausführlich in der Chr berichtet wird; nach I Chr 21 29 und II Chr 1 3 soll dort die Stiftshütte und nach II Chr 1 5 der in der Wüste angefertigte Altar gestanden haben. Diese Nachrichten können aber nicht nachgeprüft werden und sind eher unwahrscheinlich, da wir nie – ja nicht einmal in unserem Text – von einem israelitischen Kultort dort erfahren. Bis vor kurzem suchten manche das Heiligtum auf dem Nebī Samwīl, dem höchsten (etwa 900 m. ü. M.) überall sichtbaren Berg der Gegend, doch dies scheint nach den erwähnten Ausgrabungen eher unwahrscheinlich[6].

c) Nach dem Text soll sich der König während einer Nacht im Heiligtum zur Einholung einer göttlichen Offenbarung aufgehalten haben, was religionsgeschichtlich in solchen Fällen durch Inkubation geschieht[7]. 'Elohīm sprach tatsächlich zu ihm und forderte ihn auf, das zu verlangen, was er sich am liebsten wünschte. Salomo erbat sich: »... ein Herz, das

---

[6] L. H. Vincent, Jérusalem, I S. 159, Garofalo und Noth z. St. placieren das Heiligtum innerhalb der Stadt und geben frühere Lokalisierungen auf, vgl. vom letzteren ZDPV 69 (1953), S. 25. Für das Problem des Altars und der Stiftshütte vgl. die Kommentare zur Chronik. Gegen die Identifizierung von Gibeon mit dem heutigen eǧ-Ǧīb vgl. K. Galling, Kritische Bemerkungen zur Ausgrabung von eǧ-ǧīb, BO 22 (1965), S. 242–245. Die hier gegebene Erklärung habe ich ausführlicher in meinem Der offiziell geförderte Synkretismus ... zu entwickeln versucht.

[7] Vgl. S. Yeivin, The High-place at Gibeon, Revue de l'Histoire juive en Égypte, 1 (1947), S. 143–147; S. Garofalo a. a. O.; und E. L. Ehrlich, Der Traum im Alten Testament, 1953, S. 19–27. Grundlegend ist ferner A. L. Oppenheim, The interpretation of Dreams in the ancient Near East, 1956, S. 188. Er redet sogar von einer »provoked incubation« und führt einige altorientalische Beispiele an.

versteht, dein Volk zu regieren (Wurzel *špṭ*), Gutes von Bösem zu unterscheiden ...« (Textänderungen sind unnötig), worauf ihm Weisheit gewährt wurde.

d) Es ist hier verhältnismäßig leicht, einen ursprünglichen, von der Legende des »weisen Königs Salomo« unabhängigen Wallfahrtsbericht zu isolieren; der zweite Bericht beruht auf dem im Orient allgemeingültigen Satz, daß es keine Weisheit ohne göttliche Begabung geben kann. Der erstere aber gibt uns Nachricht von einer im Grunde historischen Begebenheit, einer Wallfahrt des neugekrönten Königs zum nächstliegenden Heiligtum. Man bemerkt sogar, daß der Dtr., der an Kulthandlungen außerhalb Jerusalems höchstens negativ interessiert war, Salomo zu entschuldigen versucht: Damals gab es eben noch keinen Tempel in Jerusalem (I Reg 3 4), und man konnte also nicht anders[8].

e) Es wird aber dem aufmerksamen Leser der Stelle nicht entgehen, daß die Erzählung von der göttlichen Begabung Salomos für das Regierungsamt eigentlich so dasteht, als wollte sie die nicht stattgefundene, charismatische Designierung durch Jhwh durch etwas Gleichwertiges ersetzen, da die Designierung immer noch als ein Grundelement des israelitischen Königtums empfunden wurde, was bei Salomo jedoch fehlte. War Saul durch ein Kriegscharisma, David durch ein weitbekanntes Orakel ausgezeichnet worden, so fehlte Salomo etwas Derartiges, wenn er auch den Thron *de facto* besetzte. Demzufolge erhält der König jetzt ein Zeichen des göttlichen Wohlwollens, der Bestätigung, daß alles in Ordnung sei; ja er erhält sogar eine besondere Befähigung zum guten Regiment! Es verwundert also nicht, daß wir in der Frage Jhwhs sogar einen Teil der Königsnovelle wiederfinden: »Frage, was ich dir geben soll ...« (3 5b), der u. a. Ps 2 8 noch erscheint.

f) Dadurch dürfte der ursprüngliche Zweck der Handlung geklärt sein. Doch dies alles kann nicht darüber hinwegtäuschen, daß wir uns dann in einer ganz anderen Situation befinden als der, die wir vorher untersuchten: Bei den ersten beiden Königen hatte die göttliche Designierung vor der Thronbesteigung stattgefunden und war danach von der zuständigen Versammlung geprüft und gutgeheißen worden; hier erhält der König nur eine Bestätigung *a posteriori*, nachdem alles schon geschehen ist. Er befindet sich also vielmehr auf der Linie eines altorientalischen Königs, der nach seiner Thronbesteigung günstige Omina für sein Regi-

---

[8] Für die novellistischen Elemente in der Geschichte vgl. GRESSMANN S. 195 ff.; M. BIČ, Bet'el, le sanctuaire du Roi, Arch. Orient. 17, 1 (1949), S. 46–63 (Symbol. HROZNÝ), und zuletzt A. S. KAPELRUD, Temple building, a task for Gods and Kings, Orient. 32 (1963), S. 56–62, der all diese Elemente auf die Inkubationsgeschichte zurückführt und ein in der gegenwärtigen Erzählung fehlendes Element reduziert: den Tempelbau. Vgl. noch die Kommentare von GRAY und NOTH z. St., die beide den Bericht von der Begabung mit Weisheit vom jetzigen Zusammenhang trennen.

ment einholt, oder gar des Usurpators, der beweisen will, daß er ein rechtmäßiger Fürst ist, als in der altisraelitischen Tradition! Eine negative Antwort von seiten der Gottheit ist hier erstens schwerlich vorzustellen, und zweitens hätte sie an der bestehenden Lage wenig oder nichts geändert. Auch in Israel drohte der überlieferte Glaube unter Salomo zu einer Staatsreligion zu werden, deren Zweck es war, den *status quo* in der Gesellschaft zu verbürgen und gegen alle irrationalen oder revolutionären Eingriffe zu schützen. Für eine charismatische Designierung des Königs konnte es hier keinen Platz mehr geben; der göttlichen Initiative standen vollendete Tatsachen gegenüber, denen Jhwh nur noch mit seiner Annahme begegnen konnte. In II Sam 2 1 kann man sich ganz gut vorstellen, daß Jhwh eine verneinende Antwort gegeben und die Versammlung darauf den Kandidaten abgewiesen hätte; David selbst scheint ja, wie gesehen, für solch einen Fall überlegt zu haben, ob er Gewalt anwenden sollte (oben K. II, 2 c–d); hier kommt dergleichen kaum in Frage, und alles verläuft planmäßig. Ein grundsätzlicher Wechsel war also eingetreten, was den Begriff und die Theologie des Königtums betraf.

g) Das alte Charisma mußte sich immer wieder erneuern und im Einsatz erweisen, wie wir bei Saul sahen (oben K. II, 5 b); hier haben wir ein Ritual für die Erneuerung des Königtums (vgl. 9 1ff.), eine dtr. Stelle, die uns wohl eine ältere Überlieferung wiedergibt. In den alten Zeiten wäre es undenkbar gewesen, ein schwindendes Charisma durch eine kultische Handlung zu erneuern; solche Rituale gehörten aber zur Institution des Königtums, deren Regierungskraft regelmäßig durch ein besonderes Ritual erneuert werden mußte. Darin besteht der Unterschied zwischen dem Charisma und der Gottbegabung der Monarchie[9]!

h) So war der Hauptschritt zu einer von Gottes Gnaden bestehenden sakralen Monarchie getan.

Die Außenpolitik wurde nun vom König persönlich betrieben, was seine Heiraten mit ausländischen Prinzessinnen bezeugen. Wichtig ist dabei seine Ehe mit der Tochter eines unbekannten Pharaos (3 1ff. 9 16.24), in einer Zeit, da Ägypten besonders schwach war[10]. Sie zeugt von der Macht und dem Prestige des neuen Königtums.

i) Das Modell für diese Entwicklung kann nur das des kanaanäischen Stadtstaates gewesen sein – so wie es sich für unseren Fall in der Ideologie von Jerusalem und vielleicht Gibeon kundtat. Es ist kein Zufall, daß wir

---

[9] Wir müssen also scharf zwischen dem alten Charisma, das der König früher als »Retter« erhielt, und der göttlichen Bestätigung der Sakralität seines Amtes und seiner Person, gepaart mit der Gutheißung des bis dahin Geschehenen, unterscheiden. Es nicht getan zu haben (siehe oben K. I Anm. 33 und 46), macht die Thesen W. BEYERLINS und T. C. G. THORNTONS diesbezüglich unhaltbar.

[10] Dieses Problem wird im Kommentar von S. GAROFALO und von WEISER, Die Legitimation ... (vgl. K. II, Anm. 1), S. 352 f., behandelt.

erst unter David bei der Überbringung der Lade nach Jerusalem (II Sam 6) und hier anläßlich der Wallfahrt Salomos nach Gibeon den ersten bekannten hekatombenartigen Opfern begegnen (3 15). Aus der Frömmigkeit Ugarits sind sie wohlbelegt, und sie bilden wiederum ein Zeugnis für die fortschreitende Kanaanaisierung des israelitischen Staates. Sie bilden aber nur das Vorspiel einer noch umfangreicheren Übernahme kanaanäischer Elemente, wie besonders der Tempelbau bezeugt. Man kann die Daten seiner Gründung und seiner Einweihung (I Reg 6 1.37 f. 8 2) mit denen des kanaanäischen Frühlings- und Herbstfestes verbinden, an denen man den Tod und die Auferstehung Baals feierte; doch dies sollte nicht übertrieben werden. Daß man einen Bau am Anfang der trockenen Jahreszeit begann und vor dem Anfang der Regenzeit beendete, kann aus rein technischen Gründen und braucht nicht aus synkretistisch-theologischen Gründen geschehen sein. Immerhin scheint es doch mehr als ein Zufall zu sein, wenn der Tempel gerade zu jener Jahreszeit eingeweiht wurde, als Baal aufstand und seinen eigenen Palast baute[11]. Hier wird wiederum der Abstand zur früheren Epoche deutlich, als Samuel den Saul wegen seiner Versuche im Kultus tadelte oder Nathan dem David verbot, einen Tempel zu errichten. Jetzt durfte Salomo hingegen wirkliche priesterliche Funktionen ausüben (vgl. 8 14ff.), wie dies zum Amte eines jeden orientalischen Königs gehörte[12].

j) Es ist merkwürdig, daß wir nichts über einen Widerstand gegen diese Entwicklung in unseren Texten erfahren. Unbehaglich mußte sie ja all denen erscheinen, die an den alten Überlieferungen hingen, obwohl sie eigentlich nur die logische Entwicklung jener zwischen David und Nathan geschlossenen Abmachung darstellte. Wir haben aber indirekte Zeugnisse, die uns über Proteste unterrichten. Am Ende des Kap. 11 polemisiert der dtr. Redaktor gegen den König und macht sich dabei Teile altüberlieferter Anklagen zu eigen; und nach dem Tode Salomos zeigen die Worte der Versammlung an Rehabeam (I Reg 12), was das Volk von der Entwicklung unter Salomo dachte; ja noch in Ez 43 6 hören wir Tadel darüber, daß Tempel und Palast »Schwelle gegen Schwelle« standen. Es braucht also nicht viel, um hinter den schönen Kulissen die Zeichen einer wachsenden Unzufriedenheit gegen Salomo sowohl auf wirtschaftlichem als auch auf theologischem Gebiet zu entdecken. Natürlich hatte der Dtr., der aus dem Tempel das einzige, zentrale Heiligtum machen wollte, nur wenig Interesse daran, ihn zu diskreditieren, und so erklärt sich, weswegen ein großer Teil der Diskussionen uns nicht mehr überliefert worden ist.

---

[11] J. GRAY, The Legacy of Canaan, 1957, S. 43; 2. Aufl. 1965, S. 9 und 52.
[12] Man könnte lange darüber reden, ob und in welchem Maß die von Salomo ausgeübten Funktionen priesterlich sind oder nicht; vgl. hierzu meinen Synkretismus, Anm. 36.

3. Der Tempelbau

a) Am Anfang dieses Kapitels habe ich an Hand der Forschungen A. Alts darzustellen versucht, wie wünschenswert es war, daß der Übergang von der charismatisch-demokratischen zur institutionellen Monarchie glimpflich und ohne unnötige Reibungen vor sich ging. Nun möchte ich noch einen weiteren Grund nennen, der mit dem ersten eng zusammenhängt und den Bau eines Tempels betrifft.

Ausgangspunkt ist wiederum die schon beobachtete, sehr komplizierte staatlich-ethnische Struktur des Großreiches (oben II, 5 a und unser Kapitel, 1 e). Salomo erhielt, so wird uns berichtet (9 15), als Mitgift der Pharaonentochter noch den Stadtstaat Gezer dazu. Eine Neuorganisation der Verwaltung hatte inzwischen den ganzen Norden den neuen Verhältnissen anzupassen versucht (4 7 ff.). Dabei wurde der schon seit Jahrhunderten im Gange befindliche Prozeß der Verschmelzung Israels mit den verschiedenen Lokalvölkern nur noch beschleunigt, was sich natürlich meistens zugunsten der kulturell und wirtschaftlich viel höher stehenden Kanaanäer auswirkte und auch auf religiösem Gebiet nicht unerheblich war.

b) Doch Salomo stand wie kein anderer Fürst vorher vor der Aufgabe, das Zusammenleben dieser verschiedenen Völker in seinem Großreiche zu fördern, anstatt sie in ihrem mosaikartigen Zustand zu belassen – mit allen Schwierigkeiten, die sich daraus ergaben. Denn einerseits war die Assimilation von seiten einer der Gruppen unmöglich, anderseits konnten Gedanken an Unterjochung oder Ausrottung der Lokalbevölkerung (wie sich später das Dtn und Dtr. vorstellen) kaum von politisch reifen Personen vertreten werden. Es kann also nicht verwundern, daß Salomo den Weg des geringsten Widerstandes wählte und die Verschmelzung verfolgte, die sich natürlich sowieso seit über zwei Jahrhunderten entwickelte und nur beschleunigt zu werden brauchte.

c) In diesem Zusammenhang erklärt sich zum Teil der von David unter ähnlichen Bedingungen geplante Bau eines Tempels zu Jerusalem. Als nationales Heiligtum hatte es nicht mehr etwas spezifisch israelitisches zu sein, sondern der ganzen Bevölkerung des Landes zu dienen. Für Israel ließ Salomo deswegen die Lade in den Tempel überführen und dort im Allerheiligsten aufstellen; damit krönte er das von David begonnene Werk und machte aus dem Tempel das Zentralheiligtum des Zwölfstämmebundes. Doch wurden für seine Anfertigung phönikische Techniker angestellt, und der Bau gestaltete sich natürlich nach ihren und nicht nach israelitischen Vorstellungen, wenn auch nicht nach dem typisch phönikischen Modell eines Tempels im Freien, sondern nach dem des kanaanäischen, kontinentalen geschlossenen Palasttempels. Natürlich hieß der dort angebetete Gott nicht mehr Ba'al/Hadad oder 'El, sondern Jhwh, der Gott der Sieger. Und zwischen den beiden religiösen Gruppen trat die

Person des Königs vermittelnd auf. Für Israel galt er sowohl als Erbe Davids und der an sein Haus durch Nathan ergangenen Verheißung als auch als Nachfolger im amphiktyonischen Richteramt; im Tempel konnte Israel seinen überlieferten Gottesdienst in äußerlich nicht sehr veränderter Form fortsetzen und seine alten Traditionen pflegen, während die Gegenwart der Lade die historisch-kultische Kontinuität verbürgte. Ja die Chr weiß von Fällen zu berichten, in denen abermals die Lade mit dem Volke in die Schlacht gezogen sei, als ob seit der Zeit des Bundes eigentlich nichts Neues geschehen wäre! Den Landesbewohnern galt der Tempel hingegen als nationales Heiligtum des neugegründeten Großstaates, in dem der Großkönig zwischen Gottheit und Kosmos vermittelte und wo auch für sie der alte Kultus fortgesetzt wurde; der Katalog der unter Josia aus dem Tempel entfernten kanaanäischen Kultgegenstände und Personen (II Reg 23) ist mit allem, was wir der dtr. Polemik und Übertreibung zugestehen dürfen, doch recht eindrucksvoll und zeigt, wie gut der Jerusalemer Tempel seine doppelte Rolle spielte[13].

Auch was die altüberlieferten religiösen Bekenntnisse betrifft, stehen wir einer mit David einsetzenden, grundsätzlichen Neuentwicklung gegenüber.

4. Entwicklungen im Salomonischen Reiche

a) Die Überlieferung hat, wie schon betont, Salomo als einen besonders weisen König dargestellt – eine These, die durch verschiedene Anekdoten und Erzählungen illustriert wird. Aus ihnen erfahren wir auch manches über seine Bautätigkeit[14], Handelsbeteiligungen und -unter-

---

[13] Vgl. meinen Synkretismus, S. 193 ff. Anm. 13, und meine Auseinandersetzung mit H. GESE, oben Kap. II, Anm. 25. Für den Tempelbau vgl. TH. A. BUSINK, Les origines du Temple de Salomon, JEOL 17 (1963), S. 165–192, bes. S. 182 ff., der den nicht phönikischen, sondern kontinental-kanaanäischen Charakter des Tempels betont; vgl. noch zuletzt HEMPEL a. a. O. S. 103 f., der eine von meinem Synkretismus verschiedene Stellung vertritt, und EISSFELDT, The Hebrew Kingdom ..., S. 60 ff. Es ist ferner nicht schwer, den salomonischen Tempel mit anderen ähnlichen Gebäuden aus der Gegend zu vergleichen und eine grundsätzliche Ähnlichkeit festzustellen. Das wurde früher für das Tempelchen von *tell taʻjīnāt* und vor kurzem für das »Gebäude IV« von Hamat festgestellt, vgl. D. USSISHKIN, Building in Hamath and the Temples of Solomon and Tell Tayanat, IEJ 16 (1966), S. 104–110.

[14] Fünf Jahre lang dauerte der Tempelbau 6 37 ff., dreizehn die Konstruktion des Palastes, als dessen »Schloßkirche« der Tempel oft dargestellt wird. Diese Zahlen besagen aber nicht viel; wenn das hier Behauptete zutrifft, rechtfertigte die Dringlichkeit des Tempelbaues einen besonderen Arbeitseinsatz, während die Errichtung des Palastes weniger dringend und vielleicht z. T. schon durch wirtschaftliche Schwierigkeiten behindert war. 3 1 redet von der Mauer Jerusalems, 7 2 von Verschönerungen an Tempel und Palast, 9 24 ff. von den Verstärkungen, die in ver-

nehmungen[15], die Verwaltung seines Palastes und seines Harems[16] und dergleichen. Manche der beschriebenen Handlungen zählen zu dem, was wir heute als Regierungsakte bezeichnen würden: Bauten, Befestigungen, Ausbau des Heeres usw. Andere gehören hingegen zur rein persönlichen Bereicherung, Machtbefestigung oder gar Belustigung. All dies konnte natürlich kaum ohne erhebliche Opfer von seiten der Bevölkerung getragen werden, um so mehr als Palästina und die umliegenden Gegenden nie als besonders reich gegolten haben. Die Quellen melden uns nun, wie schon erwähnt, daß Israel, also der Norden, für eine organische Steuereinhebung in zwölf Gaue geteilt wurde, die auch die neubesetzten kanaanäischen Stadtstaaten einschlossen und die jeweils für einen Monat die Kosten des Königshauses (und wohl auch der anderen königlichen Unternehmen) zu tragen hatten (4 7 ff.). Dies soll aber nicht ausgereicht haben; 4 6 5 27 und 11 28 reden ausdrücklich von Zwangsarbeiten, denen sich »ganz Israel« zu unterwerfen hatte. Der Text 9 15-24 II Chr 8 7 ff. versucht zwar, diese Leistungen auf die Kanaanäer zu beschränken und die Israeliten davon zu befreien, doch ist er sowohl textkritisch unsicher (er fehlt in der LXX), als auch im Widerspruch zu dem, was wir im Kap. 12 erfahren und im nächsten Kapitel noch untersuchen werden[18]. Deswegen sind auch philologische Erklärungen nicht überzeugend. Kap. 11 berichtet uns noch von Aufständen unter den unterjochten Völkern, wodurch sich

---

schiedenen strategischen Städten des Landes angebracht wurden, während 9 24 uns »Salomo als Reeder« (nach dem glücklichen Ausdruck DE VAUXS) zeigt. Zum ganzen Problem der salomonischen Bauarbeiten vgl. W. F. ALBRIGHT, Was the age of Solomon without monumental art?, 'Ereṣ Isrā'ēl 5 (1958), S. 1*–9*.

[15] Von 12.000 Pferden in 4.000 Ställen ist 5 6 und 10 26.28 die Rede.

[16] Zum königlichen, bald zu sprichwörtlichen Ausmaßen gewachsenen Harem siehe 11 1 ff.

[17] Die schon klassische Studie über dieses Thema ist A. ALT, Israels Gaue unter Salomo, 1913 (Kl. Schr., II 1953, S. 76–89); vgl. W. F. ALBRIGHT, The administrative divisions of Israel and Judah, JPOS 5 (1925), S. 17 ff. J. GRAY, The Legacy ..., S. 163, 2. Aufl. S. 220, hat auf Grund des ugaritischen Textes GORDON Nr. 300 gezeigt, daß solche Verteilungen im alten Syrien-Palästina ein weitverbreiteter Brauch waren.

[18] Hierzu vgl. die ausgezeichnete Behandlung in den Kommentaren von MONTGOMERY (–GEHMAN) und DE VAUX. I. MENDELSSOHN, State Slavery in ancient Palestine, BASOR 85 (1942), S. 14–17; On corvée labor in ancient Canaan and Israel, ibid. 167 (1962), S. 31–35, möchte den Widerspruch dadurch lösen, daß er zwischen zwei Arten von Zwangsarbeit unterscheidet: *mäs* – Korvée, in der auch Israel dienen mußte, und *mäs 'ôbed* – »State slavery«, die nur für die Kanaanäer galt. Immerhin, abgesehen von der großen Finesse solcher Unterschiede, scheint Israel die ihm erwiesene Erleichterung nicht besonders geschätzt zu haben. ALT, Staatenbildung, S. 59 ff. (der nicht annimmt, daß Israel irgendwie von den Korvéen befreit wurde und den historischen Wert von 9 15 ff. bestreitet), glaubt, die Korvée diente als Ersatz für den früheren, freiwilligen Dienst im Heerbann der Amphiktyonie, den es nicht

natürlich nicht nur die Steuereinnahmen verringerten, sondern auch kostspielige Kriege getragen werden mußten, was die Lage noch verschlimmerte. Dies zeigt, daß die Vasallenstaaten nicht viel treuer waren als Israel! Von Juda hingegen erfahren wir nichts. Die Neubildung einer Streitwagenmacht, von der in den Texten öfters die Rede ist, kann nur bedeuten, daß Salomo die Heere der von David eroberten kanaanäischen Stadtstaaten neuorganisierte und in das militärische System des Großreiches eingliederte; dies entspricht genau der Wiederbefestigung dieser Städte. Mit anderen Worten, er nahm zu diesem Zweck keine Reisläufer, wie von EISSFELDT zuletzt vorgeschlagen wurde, sondern bediente sich der schon vorhandenen Kräfte, die ihm am leichtesten zugänglich waren. Daraus erklärt sich z. T. seine und seiner Nachfolger religiöse Politik. Wir werden noch sehen (K. IV, 3 und 4 c–d), was für ein Verhängnis für Israel im Norden diese Wiederaufrichtung der kanaanäischen Militärmacht bald bilden sollte.[19]

b) Was daraus hervorgeht (und Ansätze dazu kann man schon bei David und z. T. bei Saul feststellen), ist, daß der Staat und die Person bzw. die Familie des Königs so eng miteinander verbunden waren, daß man z. B. nicht zwischen dem Monarchen als Amtsträger und Privatperson unterscheiden kann. Dies erscheint um so schlimmer, als nach den letzten Studien in Ugarit das Vorhandensein einer solchen Trennung erwiesen ist[20], so daß man kaum behaupten kann, solch ein »moderner« Unterschied sei der damaligen Staatswissenschaft (um es wiederum modern auszudrücken) unbekannt gewesen. Gegen derartige Lagen gab es unter Saul und z. T. noch unter David gewisse Verteidigungsmöglichkeiten, die nun gänzlich ausfielen.

---

mehr gab. GRAY betont hingegen, wie kanaanäisch diese Maßnahmen waren. Es ist hier nicht wichtig, ob das System schon unter David angefangen hat oder nicht, vgl. EISSFELDT, The Hebrew Kingdom ..., S. 54 ff. Dortselbst auch die Untersuchung über das neue Heer. Zum Problem der Wiederinstandsetzung kanaanäischer Festungen und des Wiederaufbaus einer Streitwagenmacht unter Salomo vgl. A. ALT, Der Stadtstaat Samaria, 1954 (Kl. Schr., III, S. 258–302), S. 268 ff. und 280 ff. Das dort für Omris Samaria Gesagte (vgl. unten K. IV, 4 a) gilt im Grundsätzlichen auch für Salomo, vgl. noch meinen Synkretismus, Anm. 40.

[19] Warum wird Juda hier nicht erwähnt? Die Frage ist nicht leicht zu beantworten. ALT, Israels Gaue ..., S. 89 Anm. 3, zieht aus der Nichterwähnung keine Folgen, während W. F. ALBRIGHT, Archaeology and the Religion of Israel, 3. Aufl. 1953, S. 141, glaubt, daß auch Juda unter demselben Zwang leben mußte. Die ganze Frage, ob Judas Gaue nicht doch aus einer ähnlichen Zerteilung seines eigenen Landes stammen, kann hier nicht aufgegriffen werden. Allenfalls scheint Juda den Druck der salomonischen Verwaltung nicht als so schwer empfunden zu haben wie Israel.

[20] G. BOYER, La place des Textes d'Ugarit das l'histoire du droit oriental, PRU III (1955), S. 281–308 (Nachdruck in Mélanges, II 1965, S. 113–151), und Royauté et droit public dans les textes d'Ugarit, 1956 (ibid. S. 153–167).

c) Die auf politischem und sozialem Gebiet Unzufriedenen fanden ihre natürlichen Bundesgenossen in den religiösen Kreisen, für die der Synkretismus und die neue Stellung des Königs im Kultus die Hauptgefahr bildeten und die ihre besonderen Motive hatten, sich der neuen Entwicklung zu widersetzen. Als Sprecher dieser Kreise trat bald der Prophet Ahia aus Šilo auf (11 29 ff.), der verkündigte, daß Salomo das Königreich verloren hätte und daß dem Hause Davids nur der ihm enger verbundene Süden übrigbleiben würde, ferner, daß dem Norden ein neuer Fürst zugeteilt war. In der Tat versuchte Jerobeam, ein hoher Beamter aus dem Norden, der sich in der Führung der Fronarbeiter und der Bauarbeiten besonders hervorgetan hatte, einen Aufstand, mußte aber die Flucht ergreifen und ins Exil gehen. Dies konnte den Gang der Dinge jedoch nur verlangsamen, nicht mehr rückgängig machen. Der betreffende Text ist zwar in der jetzigen Fassung stark von Dtr. überarbeitet und z. T. sogar entstellt, aber die Tatsache, daß der Dtr. den von ihm gehaßten Jerobeam (dessen »Sünde« er später oft erwähnt) kaum künstlich in ein so günstiges Licht gestellt haben würde, hätte es eine derartige Überlieferung nicht gegeben, spricht für das Alter dieser Tradition.

d) Obwohl die Fortsetzung der Politik Davids[21] eine wirtschaftlich fast günstige Konjunktur hervorgebracht hatte (4 20 5 5), was sich ja auch indirekt in der erstaunlichen, kaum mehr wiederholten wirtschaftlichen Leistungsfähigkeit des Landes zeigt, der König sich als weise und lebensklug erwies, seine Leistungen auf diesem Gebiet auch im Ausland anerkannt wurden (5 9 ff. 10 1 ff.), und obwohl es eine primitive, doch wirksame Verwaltung der Justiz gab, bei welcher wiederum die Schlagfertigkeit des Königs hervortrat (vgl. 3 16 ff.), bestand doch eine große Unzufriedenheit. Zwangsarbeit und hohe Steuern erinnerten eher an die Situation der kanaanäischen Stadtstaaten (vgl. I Sam 8 11 ff.), was aber Israel traditionsfremd war und zum Teil auch bleiben sollte[22].

Es handelte sich dabei nicht nur um Einzelfälle oder um persönliche Unzufriedenheiten. Die Sache saß viel tiefer und hing mit der Entwicklung vom primitiv-demokratischen zum zentralisierten, monarchisch-institutionellen Staat zusammen. Über die Notwendigkeit einer solchen Entwicklung war man sich wohl im klaren; sie war nicht mehr aufzuhalten und die Versammlungen hatten ja früher selbst den König

---

[21] A. MALAMAT a. a. O. (oben K. II Anm. 27) hat neuerdings bewiesen, daß Salomo, entgegen der oft herrschenden Meinung, nicht bestenfalls ein Erhalter, vielleicht nur ein Zerstörer des väterlichen Erbes, sondern ein würdiger Nachfolger seiner Eroberungspolitik gewesen ist. Der Erwerb der Stadt Gezer z. B., wenn auch nicht ein militärischer Zug, beseitigte die letzte kanaanäische Enklave auf dem Wege zwischen Norden und Süden.

[22] Vgl. meine Osservazioni sull'istituto monarchico in Siria ed in Palestina nei sec. XV–XI av. Cr., in den bald erscheinenden Studi in onore di E. VOLTERRA.

bestimmt. Doch die gegenwärtige Situation brachte denjenigen, die die früheren Verhältnisse gekannt hatten, erst recht große Bedenken.

e) Die neue, synkretistische Volksreligion trug vielleicht zur Verschmelzung oder wenigstens zur Zusammenarbeit der Bevölkerungen im Großreich erheblich bei, konnte aber nicht darüber hinwegtäuschen, daß sie nicht imstande war, Israel einen der neuen Lage entsprechenden Gemeinschaftssinn zu geben. Die Folge dieser neuen Situation war die soziale und ethische Dekadenz, was natürlich dem Bürger der alten Amphiktyonie besonders auffiel. Es wundert also gewiß nicht, daß nach dem Tode Salomos gerade der Norden, der immer das tragende Element des Zwölfstämmebundes gewesen war und schon unter David rebelliert hatte, sich gegen die neue Situation im vergeblichen Versuch, die alten Ordnungen wieder herzustellen, erhob.

KAPITEL IV

Das getrennte Königtum: Israel

*1. Die Auflösung der Personalunion
(I Reg 12 // II Chr 10, etwa 926 oder 922 v. C.)*[1]

a) Das vereinte Großreich war, wie bekannt, von kurzer Dauer; nach der offiziellen, stereotypen dtr. Chronologie, erreichte es keine 80 Jahre. Mit dem Tode Salomos brach die Krise, die sich schon seit langem hinter der äußeren Fassade des Königtums versteckte, mit aller Wucht aus. Was unter Salomo zu einer immer stärker werdenden Opposition wuchs – von seiten derjenigen, die nach den alten Freiheiten verlangten[2], oder derer, die sich dem neuen Staatssynkretismus religiös widersetzten[3] – äußerte sich nunmehr während einer Versammlung der nördlichen Stämme, also Israel im traditionellen Sinn, die in der Ortschaft Sichem – vermutlich dem ersten Sitz der Amphiktyonie – zusammengetreten war. Der Norden, der das tragende Element des Zwölfstämmebundes gewesen war[4], fühlte sich von der politisch-religiösen Entwicklung unter David und Salomo am meisten benachteiligt, war er

---

[1] Für eine allgemeine Darstellung des Problems vgl. E. ROBERTSON, The Disruption of Israel's Monarchy, 1935 (in: The Old Testament Problem, 1950, S. 10–32); E. NIELSEN, Shechem, 1955, S. 171–208, und die Zehn Gebote, 1965, S. 104 ff.; E. VOEGELIN a. a. O. S. 311 ff.

[2] Eine zwar episodenhaft geschilderte, doch gut erhaltene Erinnerung an die Abneigung der Nordstämme gegen David wurde uns in den Berichten über die beiden Aufstände im Norden überliefert, II Sam 15 ff. und 20 (vgl. oben K. II, 5 d–e). Ähnlich ist die Lage Jerobeams Salomo gegenüber, zu welcher wir noch zurückkehren werden. Es fehlt jeder Anlaß, die Versammlung von Sichem als von Anfang an rebellisch zu bezeichnen, wie MONTGOMERY(–GEHMAN) es tun; es ist nur das Wiederaufleben der alten charismatisch-demokratischen Ordnung, in deren Versammlung über gewisse Staatsgeschäfte verhandelt wird, vgl. unten Anm. 6. Es handelt sich auch nicht um eine Nachahmung dessen, was in Assyrien geschah, wie neuerdings vorgeschlagen wurde, vgl. S. SMITH, The practise of Kingship in early Semitic Kingdoms, in: Myth, Ritual and Kingship, hrsg. von S. H. HOOKE, 1959, S. 22–73, bes. S. 62 f.: welche gegenseitigen Beziehungen zwischen Assur und Israel kann man für das 10. Jh. nachweisen?

[3] Vgl. mein Der offiziell geförderte Synkretismus, S. 197 ff.

[4] GRESSMANN a. a. O. S. 242.

doch kulturell und wirtschaftlich dem noch zum Teil aus Halbnomaden bestehenden Juda weit überlegen. Seine Versuche, an der sich entwickelnden Lage etwas zu ändern, wurden unter David, obwohl die Treue zur Dynastie in der Person Abšaloms gewährt blieb, blutig unterdrückt, während unter Salomo sein Anführer Jerobeam ins Exil flüchten mußte. Die Stimmung ist also begreiflich; weniger selbstverständlich ist, daß die Versammlung so schnell und mit solcher Schlagkraft die Macht wieder an sich reißen konnte. Doch Ähnliches wird uns später, wenn auch in nicht immer gleichen Fällen, begegnen.

b) Vom Verfahren, nach welchem die Versammlung zusammenkam, und von ihrer Geschäftsordnung erfahren wir überhaupt nichts. Kurz nach dem Tode Salomos sehen wir sie plötzlich tagen (I Reg 12). Der Text sagt: »Rehabeam ging nach Sichem, denn Ganz-Israel war dorthin gekommen, um ihn dort zu krönen« (לְהַמְלִיךְ אֹתוֹ). Die Stelle, die wohl die judäische Version der Tatsachen widerspiegelt, könnte den Gedanken erwecken, das Verfahren sei, ähnlich wie das z. Zt. Salomos, eine reine Formalität gewesen. In Wirklichkeit aber verlief die Sache ganz anders, und eine wahre Auseinandersetzung zwischen den beiden Parteien, dem Thronkandidaten und Nachfolger Salomos und der Versammlung, fand statt. Wenn Rehabeam erwartete, von der Versammlung nur gehuldigt zu werden, mußte er bald erkennen, daß er ihr seine Anwärterschaft zuerst unterbreiten und ihre Bedingungen vollkommen akzeptieren mußte.

c) Die Versammlung hatte also im Norden ihre Freiheit und damit ihre Befugnisse wiedererlangt. Einige Jahrzehnte früher hatte sie ihre Abgesandten zu David geschickt, um ihm die Krone anzubieten (II Sam 5 1-2, vgl. oben K. II, 3 g); nun war es Rehabeam, der ihr seine Aufwartung machte, damit sie die Thronnachfolge, auf die er von einem rein institutionell-dynastischen Gesichtspunkt aus gesehen, Anrecht hatte, guthieße. Die Dynastie, die nach Nathans Weissagung ohne weiteres im Süden angenommen wurde, hatte also auch im Norden keine prinzipiellen Feinde, solange der Kandidat sich den gerechten Forderungen der Versammlung unterstellte.

d) Der MT sagt uns nun weiter, daß zusammen mit Rehabeam auch der geflüchtete, doch inzwischen zurückgekehrte (lies וַיֵּשֶׁב mit LXX^A, II Chr 10 2, vgl. BH³), aufständische Jerobeam aufgeboten wurde, so daß er bei der Versammlung zugegen war (v. 2-3). Diese Nachricht fehlt bei der LXX (außer LXX^A)[5] und scheint äußerst unwahrscheinlich. Kann

---

[5] Vgl. die LXX und die Anmerkungen in BH³; ferner die Kommentare von BURNEY, EISSFELDT, MONTGOMERY(–GEHMAN), SNAITH und GRAY. Die Septuagintarezension, die hier die bessere ist, wird aber anderswo auch problematisch, vgl. den langen Zusatz v. 24 und den unnötigen letzten Teil.

man sich vorstellen, daß der legitime Erbe in dieser Lage, also unter Druck eines vermutlichen Nebenbuhlers, verhandelt hätte? Die Nachricht nimmt ferner v. 20 vorweg, wo sie am richtigen Orte steht: Jerobeam wurde erst vorgeladen, als die Verhandlungen mit dem rechtmäßigen Thronnachfolger gescheitert waren.

e) Die an Rehabeam gerichteten Forderungen, v. 4, waren mäßig, aber eindeutig in ihrem Inhalt: Das Volk erklärte sich bereit, dem neuen König zu huldigen und ihm untertan zu sein (וְנַעַבְדֶךָ), unterstrich aber sofort, daß es sich um einen Akt eigener Souveränität handelte. Die Forderungen waren, das unter Salomo oder schon unter David eingeführte System von Fronarbeit, Zöllen und Steuern sofort aufzuheben oder wenigstens grundsätzlich umzugestalten. Es erscheint hier nun wiederum das, was FOHRER[6] den »Vertrag zwischen König und Volk« genannt hat. Und zur Erlangung dieser Ziele wird hier verhandelt. Gleichzeitig scheint es ein selbstverständliches Recht der Versammlung gewesen zu sein, einen widerspenstigen Anwärter abzuweisen.

f) In der gegebenen Situation versuchte Rehabeam, sich würdig zu benehmen. Wenn er gehofft hatte, die Versammlung sei eine reine Förmlichkeit, so mußte er sich jetzt eines anderen belehren lassen, was er auch ohne prinzipiellen Widerspruch tat. Er erbat sich darum eine kurze Beratungsfrist, nach welcher er der Versammlung seine Antwort übermitteln würde, v. 5. Um eine Entscheidung herbeizuführen, besprach er sich mit seinen Ratgebern, doch auch sie waren sich über den einzuschlagenden Weg nicht im klaren. Die Älteren, die von der Unzufriedenheit wußten und die früheren, freien Zeiten noch gekannt hatten, ermahnten den jungen König zur Vorsicht; weshalb hätte er nicht in einer Nebenfrage nachgeben sollen, wenn er dafür auch vom Norden als König anerkannt worden wäre (v. 7 ff.)? Die Jüngeren hingegen, die nur die salomonische absolute Herrschaft gekannt hatten und die beklagten Zustände vermutlich als normal empfanden, rieten dem König, er solle nicht nachgeben, sondern zum Gegenangriff schreiten (v. 10 ff.)! Und in der Unerfahrenheit des Königs behielt das letzte Wort die Oberhand: Er ließ die

---

[6] J. DE FRAINE, L'aspect religieux..., S. 206, und G. FOHRER, Der Vertrag zwischen König und Volk in Israel, ZAW 71 (1959), S. 1–22. Es sieht nicht so aus, als ob wir hier mit einer Art Zweikammer-Versammlung zu tun hätten, einer der Älteren und einer der Jüngeren, wie oft für den vorgeschichtlichen sumerischen Stadtstaat angenommen wird, vgl. A. MALAMAT, Kingship and Council in Israel and Sumer, JNES 22 (1963), S. 247–253, und D. G. EVANS, Rehoboam's advisers at Shechem and political institutions in Israel and Sumer, JNES 25 (1966), S. 273–279. Was der Text uns zeigt, sind einfach ältere und jüngere Ratgeber, die sich anscheinend nach dem Alter gruppierten, so GRAY z. St. Das Problem eines Zweikammersystems werde ich unten, II. Teil, K. III, 2. e–f und bes. Anm. 12 eingehend behandeln. Für die Wurzel ʿbh vgl. G. R.(INALDI), BeO 8 (1966), S. 102.

Versammlung mit einer hochmütigen Botschaft wissen, was seine Entscheidungen waren, v. 12, worauf sie seine Kandidatur abwies. Mit dem alten, auch anläßlich der Rebellion gegen David geäußerten Schlachtruf (v. 16, vgl. II Sam 20 1) wurde der Bruch der Personalunion entschieden, und der Norden trennte sich vom Süden. Rehabeam verschlimmerte die Sache noch dadurch, daß er der Versammlung als Bevollmächtigten den verhaßten Korvéenanführer 'Adôrām (anderswo die vollständige Form 'Adônîrām) sandte, wodurch die Geister nur noch mehr entflammt wurden: Es kam zu einem Handgemenge, in dem der Abgesandte getötet wurde v. 18. Damit war der Bruch endgültig besiegelt: Dem Hause David blieben nur Juda und die ihm angeschlossenen Gruppen; auch Benjamin erklärte sich bereit, dem Süden zu folgen, während die anderen Stämme beim Norden blieben[7]. Daraufhin lud die Versammlung Jerobeam vor und krönte ihn (וַיַּמְלִיכוּ אֹתוֹ) zum König über Israel.

g) Der Gestalt dieses begabten Mannes, von der wir nur kurz im vorhergehenden Kapitel berichtet haben, lohnt es sich eingehender zu widmen. In einem, wie gesehen, vom Dtr. stark überarbeiteten und z. T. entstellten Text einer alten Prophetenlegende, die wohl ursprünglich aus jenen Gruppen stammt, die sich aus religiös-traditionellen Gründen Salomos Staatssynkretismus widersetzten[8], begegnen wir ihm als Rebell gegen die salomonische Zwangsherrschaft, an der er aber auch, als Aufseher der Fronarbeiter, teilhatte. Eines Tages, als er in dieser Eigenschaft eine Gruppe von Zwangsarbeitern aus seiner Gegend (»aus Joseph« 11 28b) leitete, begegnete er dem Propheten Ahia von Šilo, der ihn durch eine

---

[7] Eine gute Erklärung für dieses an sich gar nicht selbstverständliche Betragen Benjamins, das wir hier wiederum als eine gegenüber Juda und Israel selbständige Größe sehen müssen, findet sich, unabhängig voneinander, bei K.-D. Schunck, Benjamin, 1963, S. 140 ff., und J. H. Grønbæk, Benjamin und Juda, VT 15 (1965), S. 421 bis 436. Sie gelangen beide zum Schluß, daß Benjamin sich wegen seiner alten Feindschaft zu Ephraim auf die Seite Judas schlug.

[8] Deswegen glaube ich nicht, daß es zu verantworten ist, die als original angesehenen v. 26–28.40 den anderen, stark dtr. überarbeiteten gegenüberzustellen, weder im Sinne einer gegenseitigen Ausschließung noch eines Fehlens jeglicher Beziehung; so Gressmann und Eissfeldt z. St. Dies hieße, daß Jerobeam I. sich in ein so schwieriges Unternehmen ohne eine andere Unterstützung als die seiner Arbeiter eingelassen hätte, was aus dem Text nicht hervorgeht und höchst unwahrscheinlich erscheint. Ich sehe nicht ein, weswegen die beiden Erzählungen, obwohl sie zwei verschiedenen Gattungen angehören, sich nicht ergänzen können, eine Möglichkeit, die ihr schon der Redaktor einräumte. In diesem Fall hätte Jerobeam seinen Aufstand nicht nur mit Hilfe der Fronarbeiter, sondern mit größeren Teilen der Bevölkerung angefangen, vgl. J. Bright, The Kingdom of God, 1953, S. 48 ff., der richtig auf die Hoffnungen hinweist, welche religiös-traditionelle Kreise auf ihn gesetzt haben müssen.

nicht schwer zu deutende symbolische Handlung zum König ausrief⁹. Das Ritual erinnert wegen seiner geheimnisvollen Umstände an die Wahl Sauls I Sam 9 1–10 16 und besonders an die Salbung Sauls (I Sam 10 1 ff.) und Davids durch Samuel (I Sam 16 1-13); beide gehören, wie gesehen, zu mehr oder weniger späten Schichten der Überlieferung. Andererseits, und wir haben schon davon geredet (vgl. K. III, 4 c), wäre es äußerst merkwürdig, wenn der sonst Jerobeam I. so schlecht gesinnte dtr. Überarbeiter, gerade diese für ihn so günstige Geschichte, in der er ja als Charismatiker wie Saul und David erscheint, entsprechend umgearbeitet oder gar erfunden hätte. So dürfte es also doch eine Tradition gegeben haben, auf die der Dtr. zurückgriff, welche von Verhandlungen der »orthodoxen« Gruppen durch Ahia von Šilo mit Jerobeam gewußt hat, zu dem Zwecke, ihn an Stelle von Salomo zum König zu machen, und für die er als Charismatiker galt.

h) Salomo scheint auf seinen Nebenbuhler so stark reagiert zu haben, daß dieser zur Flucht gezwungen wurde, v. 40. Er verweilte am Hofe Šišaks I. von Ägypten (etwa 937/35–917/914), der sein Land nach einer langen Dekadenz wieder hochzubringen versuchte und weitreichende Projekte für die Wiedereroberung Syriens und Palästinas plante. Dabei mußte ihm ein Aufstand gegen Salomo nur willkommen sein¹⁰. Leider schweigen sowohl die biblischen als auch die ägyptischen Quellen über etwaige weitere Beziehungen, die zwischen ihnen bestanden haben mögen, was GRESSMANN¹¹ nicht daran gehindert hat, eine sehr interessante Verbindung zwischen den beiden, wenn auch nur hypothetisch, vorzuschlagen.

---

9 Wiederum ist dieser Bericht in seiner Endfassung ein Produkt dtr. Redaktion, deren Merkmale immer wieder ans Licht treten. Nichts hindert jedoch daran, den Inhalt an sich als historisch anzunehmen. Für den Text vgl. BURNEY z. St. und im allgemeinen A. GONZÁLES NÚÑEZ, Profetas, sacerdotes y reyes, 1962, S. 197 und 216. Spät ist natürlich (vgl. K. II Anm. 1) die Geschichte von der Salbung direkt durch den Propheten, die die Befugnisse der Versammlung vorwegnimmt und sich inhaltlich an I Sam 16 1-13 anlehnt.

10 Vgl. hierzu I Reg 14 25-82 II Chr 12 2.9-11 und die ANET S. 263 f. erwähnte Šišak-Liste. Für das Problem vgl. B. MAZAR, The campaign of Pharao Shishak to Palestine, Suppl. VT VI (1957), S. 57–66. Der genannte Feldzug könnte ferner auch eine Folge davon sein, daß seine auf Jerobeam I. gesetzten Hoffnungen sich nicht verwirklichten, was ihn zum unmittelbar militärischen Eingriff veranlaßte. Diese Möglichkeit stellt eine Variante zur bald zu erwähnenden Arbeitshypothese GRESSMANNS dar.

11 GRESSMANN S. 250; vgl. aber MONTGOMERY(–GEHMAN) S. 269 und die vorhergehende Anmerkung. J. BRIGHT, Kingdom..., S. 49, behauptet: »Wenn Jerobeam in diese Sache verwickelt war, so mußte er das aus guten Gründen bald bereuen«, denn Šišak zerstörte auch den Norden! Zum Feldzug Šišaks vgl. den Text bei A. JIRKU, Die ägyptischen Listen palästinischer und syrischer Ortsnamen, 1937, S. 47 ff., und z. T. ANET S. 263 f.; über den Feldzug vgl. M. NOTH, Die Wege der

Nach ihr wäre Šišak später, und zwar nach der Krönung Jerobeams, seinem früheren Schützling zu Hilfe geeilt, als dieser, durch Juda angegriffen, im transjordanischen Gebiet bei der Mündung des Jabboks in Pniel seinen provisorischen Sitz eingerichtet hatte. Dadurch – immer nach GRESSMANN – kann die ganze palästinische Expedition des Pharao, der an einer Wiedervereinigung unter dem Hause Davids gar kein Interesse hatte, gut erklärt werden. Das Ziel seines Zuges wäre dann gewesen, den Süden zu unterjochen, während der Norden als Vasall unter seine Herrschaft gefallen wäre. Natürlich setzt dies die leider unbeweisbare Tatsache voraus, daß es zwischen dem Pharao und seinem früheren Schützling fortlaufend gute Beziehungen gegeben habe, und daß der erste dem zweiten zu Hilfe eilte (I Reg 14 25 II Chr 12 2).

i) Also erhielt der in die Heimat zurückgekehrte Flüchtling das Königtum von der Versammlung, die damit die an ihn durch Ahia ergangene Berufung Jhwhs guthieß. Ein an Rehabeam gesandtes Orakel, das ihm ausdrücklich verbot, gegen den neuen Staat militärisch vorzugehen, 12 21 ff., war eine zweite, implizite Bestätigung des neuen Königs: auch dieser Bericht wird wohl kaum vom Dtr. erfunden worden sein.

Am Ende des 10. Jh. lebte also im Königreich Israel die zur Königswahl angewandte, alte Prozedur wieder auf: Der durch ein göttliches Zeichen designierte Anwärter erschien vor der Versammlung, die ihn, wenn sie das Zeichen für gültig erkannt hatte, bestätigte.

2. Der König Jerobeam I. (etwa 927/22–907/01)

a) Hatte Salomo sich dem Problem der ethnischen und religiösen Komposition seines Großreiches bald zuwenden müssen und wurde er fast sofort vor die dringende Notwendigkeit gestellt, ihr auf die eine oder andere Weise nachzuhelfen, so war die Lage Jerobeams I. genau dieselbe. In seinem Gebiet befand sich nicht nur der größte Teil der Stämme Israels, sondern auch die Mehrheit der kanaanäischen Stadtstaaten, die auch jetzt und sogar in viel größerem Maße einen nicht zu entbehrenden Beitrag zur militärischen und wirtschaftlichen Macht bildeten[12]. Seine Erfolgsmöglichkeiten, besonders da im Süden Ägypten und

---

Pharaonenheere, IV. Die Schoschenkliste, ZDPV 61 (1938), S. 277–304; B. MAZAR, vgl. die vorhergehende Anm.; S. HERRMANN, Operationen Pharao Schoschenks I. im östlichen Ephraim, ZDPV 80 (1964), S. 55–79, und E. HORNUNG, Untersuchungen zur Chronologie und Geschichte des Neuen Reiches, 1964, Kap. III S. 241 ff.

[12] Für Einzelheiten vgl. meinen Synkretismus ..., S. 194 ff. Für die Überlieferung der Kap. 11–14 vgl. jüngstens I. PLEIN, Erwägungen zur Überlieferung von I Reg 11 26 bis 14 20, ZAW 78 (1966), S. 8–24. Mit dem letzten Aufsatz konnte ich mich nicht mehr auseinandersetzen.

im Norden die Aramäerstaaten und Assyrien wieder mächtig wurden, hingen größtenteils von der Möglichkeit ab, die verschiedenen ethnischen und religiösen Gruppen miteinander zusammenarbeiten zu lassen. Dies empfahl sich auch angesichts der großen besetzten Gebiete in Transjordanien und in Syrien, deren strategische Schwäche erst jetzt voll zutage trat. Doch auch von seiten Judas her war die Lage gefährlich: die Quellen berichten uns, daß es »immer Krieg zwischen Rehabeam und Jerobeam gegeben hat« (14 30), was dem oben (1 i) erwähnten, an Rehabeam ergangenen Orakel zwar widerspricht, jedoch die späteren Beziehungen der beiden Staaten beschreiben dürfte.

b) Auch Jerobeam sah sich also vor die Notwendigkeit gestellt, die Zusammenarbeit und die Verschmelzung seiner Völker zu fordern und zu diesem Zwecke konnte das Jerusalemer Heiligtum natürlich nicht mehr dienen[13]. Um Hilfe zu schaffen, so wird uns berichtet, richtete der König die beiden Heiligtümer Bethel und Dan wieder ein und verband in ihnen das traditionelle, kanaanäische Symbol des Jungstieres mit der altisraelitischen Auszugstradition, die uns jetzt in einer polemisch überarbeiteten Fassung Ex 32 (»E«) überliefert ist. Darin soll der genannte Kult ursprünglich von niemand anderem als Aaron selbst eingeführt worden sein, während der dazu gebotene Spruch einen Teil des »kleinen geschichtlichen Credos« bildet. Es ist wohl anzunehmen, daß wir es hier, analog zur Lade in Jerusalem, die meistens als leerstehender Gottesthron gedeutet wird, mit einem auch leerstehenden Piedestal für die unsichtbare Gottheit zu tun haben, weswegen der erwähnte Satz: »Siehe hier deinen Gott (und nicht das grammatikalisch auch mögliche, »deine Götter«, da ja im Exodus nur vom einzigen Jhwh die Rede war und da der Satz nur von *einem* Symbol gesprochen worden sein kann), der dich aus Ägypten geführt hat« (I Reg 12 28b Ex 32 4)[14]. Dadurch wurden im »königlichen Heiligtum« (vgl. Am 7 13) sowohl die jahwistische Überlieferung

---

[13] Vgl. das vorhergehende Kapitel.

[14] Das hebräische אֱלֹהִים erlaubt grammatikalisch sowohl eine singulare als eine plurale Übersetzung, auch was das Zeitwort betrifft, vgl. G. Beer – R. Meyer, Hebräische Grammatik, II 1955, § 94, 3 d, also »dein Gott« oder »deine Götter«. Zu Einzelheiten vgl. die Studien von R. de Vaux, Le schisme religieux de Jéroboam Ier, Angelicum 20 (1943), S. 77–91, und M. Bič a. a. O. (K. III Anm. 8). Für das Alter dieses Kultus vgl. zuletzt J. Dus, Ein richterliches Stierheiligtum zu Bethel?, ZAW 77 (1965), S. 268–286. Gegen die Lade als Gottesthron hat sich neuerdings mit wichtigen, doch nicht endgültigen Argumenten J. Maier, Das altisraelitische Ladeheiligtum, 1965, S. 64 f., gewandt, wodurch die Parallelität mit dem Stierpostament in Bethel ausfallen würde. Zum ganzen vgl. aber meinen Synkretismus, S. 198 ff., und meine Rezension von Maier in RSO 41 (1966), S. 85–89. Die Möglichkeit einer Stierstandarte anstatt eines Stierpostaments, gegen die ich mich in meinem Synkretismus, S. 199 ff., geäußert habe, sollte nun, nach den jüngsten Funden aus Ugarit und Umgebung, wieder ernsthaft in Betracht gezogen werden, vgl. C. F. A. Schaeffer,

als auch das kanaanäische Fruchtbarkeitssymbol vereinigt, und zwar in einer Form, die irgendwie (wir wissen nicht mehr genau wie, doch der Tatbestand an sich ist sicher) auch in der israelitischen Tradition tief verankert war. Das Unternehmen muß, wenn wir auf die Polemik der Propheten Hosea und Amos hören, völlig geglückt sein.

c) Vor dieselben politischen Anforderungen gestellt, konnte auch Jerobeam I., der nach alter Sitte auf den Thron gesetzt worden war, nicht anders handeln, als die von Salomo erprobten, religiös-politischen Mittel anzuwenden, die zu einem staatlichen Synkretismus führten. Eine solche Einstellung, obwohl sie hauptsächlich politisch bedingt war, führte zur Ablehnung des Königs gerade von seiten derjenigen, die ihn Rehabeam als gottgewollten Monarch gegenübergestellt hatten. I Reg 13 werden uns verschiedene anekdotenhafte, zum Teil vom Dtr. entstellte Episoden erzählt, die von einer starken Reaktion der genannten Gruppen gegen den König zeugen. Zuerst soll ein unbekannter Prophet aus dem Süden, v. 1-10, gekommen sein, der den in Bethel errichteten Altar verfluchte und sofort eine wohlmeinende Aufnahme (v. 11 ff.) bei seinen nördlichen Gesinnungsgenossen fand. Auch Ahia soll sich später (14 1-16)[15] gegen ihn gewandt

---

Nouveaux témoignages du culte de El et de Baal à Ras Shamra-Ugarit et ailleurs en Syrie et Palestine, Syria 43 (1966), S. 1–18, bes. S. 9 ff., und Le culte d'El à Ras Shamra-Ugarit et le veau d'or, CRAIBL 1966/2, S. 327–338; im zweiten Aufsatz wird das goldene »Kalb« mit 'El identifiziert, so daß der Verfasser die Einrichtung eines Kultes voraussetzt, der unmittelbar mit dem Jahwes in Jerusalem wetteifern sollte. Die Sache ist aber nach dem, was wir über den Synkretismus im Tempel von Jerusalem im vorigen und in diesem Kapitel schon gesehen haben, und ferner bei der bekannten Übernahme von 'El-Traditionen und Theologumena durch Jhwh gar nicht so einfach; doch auch hier kann ich mich mit der Frage, die allerdings sehr wichtig ist, aus zeitlichen Gründen nicht mehr auseinandersetzen. Was die Standarte betrifft, so schließen sich, genau gesehen, die Motive des Postaments und der Standarte nicht gegenseitig aus. Nach M. L. Newman, The People of the Covenant, 1962 (eine interessante doch leider nicht genügend beachtete Studie), S. 13 ff., soll im Norden der Bund mit dem ganzen Volke, im Süden dagegen mit dem Hause Davids geschlossen worden sein; daraus erklärt er die kultisch-theologischen Unterschiede zwischen Norden und Süden.

[15] Was ist hier Original, und wo setzt die Bearbeitung ein? Wieviel vom heutigen Material gehört der Überarbeitung an? Nach Burney scheint alles schon in der Urfassung vorhanden gewesen zu sein, nach Eissfeldt und Montgomery(-Gehman), vgl. noch Gray, ist nur der Bericht von der Krankheit authentisch und das Übrige dtr. Polemik. Hierzu ist Folgendes zu sagen: das von den letzten gebrauchte Argument eines unüberbrückbaren Zwiespaltes der Stellung des jüngeren und des älteren Ahias gegenüber Jerobeam (vgl. Kap. 11 mit unserer Stelle) scheint mir nicht ausschlaggebend; natürlich ist eine gewisse Zeitspanne zwischen den beiden Episoden vergangen und nur später, nach der endgültigen Enttäuschung der Nachfolger Jerobeams, schlug die Stimmung gegen ihn um. Vgl. Snaith z. St. und González S. 176 ff.

haben. Die starke Überarbeitung, ja manchmal die Entstellung dieser Berichte[16] (der erste weist eindeutig auf Josia hin), sollte uns doch die Atmosphäre der Bestürzung festgehalten haben, die durch die vom König ergriffenen Maßnahmen hervorgerufen wurde. Anderseits kann der Geschichtsschreiber seine Augen vor der Tatsache nicht verschließen, daß jeder König von Israel und Juda, wie sehr er auch im traditionellen Glauben Israels stand, angesichts der gegebenen politisch-ethnischen Lage kaum anders handeln konnte als Salomo und Jerobeam und den Forderungen der religiösen Gruppen einfach nicht nachzugeben vermochte.

3. Nadab, Baasa, Elah, Zimri und Tibni

a) Da sich die nördliche Monarchie auf die älteren, charismatisch-demokratischen Prinzipien gründete, verwundert es kaum, daß sie vom institutionellen Gesichtspunkt aus bis zu ihrem Ende besonders schwach blieb. Das Königtum stützte sich im Norden einerseits auf eine vollkommen irrationale Grundlage wie die göttliche Berufung des Anwärters auf den Thron, anderseits auf ein durch emotionelle Faktoren beherrschtes Organ, wie Versammlungen nun einmal oft zu sein pflegen. Dies erklärt deutlich sein ungesichertes Weiterleben, um so mehr als das Berufsheer bestehen blieb und manchmal einen alles überwältigenden Druck auszuüben vermochte. Zur inneren Paradoxie der »primitiven Demokratie« gehört ja, wie ich in der Einleitung darzustellen versuchte, eine beinahe grundsätzliche Unfähigkeit, sich nach innen und nach außen Situationen anzupassen, die über ihre ursprünglichen Bedingungen hinausgingen. In Israel zeigt sich dies in der Unfähigkeit der Versammlungen und der von ihnen gewählten Könige, sich dem Heer und seinen Befehlshabern zu widersetzen, wodurch sich zuweilen eine der dem römischen Kaiserreiche mit seinen Prätorianern ähnliche Lage entwickelte. In diese an sich schon nicht einfache Situation mischten sich noch religiöse Gruppen ein, die sich manchmal auf die eine oder andere Seite schlugen.

b) Auf Jerobeam I. folgte sein Sohn Nadab (etwa 907/901–906/900); er wurde bald durch eine Verschwörung ermordet, während er Krieg führte. Sein Nachfolger wurde der Anführer des Komplotts, Baasa (etwa

---

[16] So mit Recht GRESSMANN S. 246 ff. Auch hier besteht jedoch kein Zweifel daran, daß wir es mit alten prophetischen Überlieferungen zu tun haben, die uns wichtige Nachrichten über die Gesinnung und die Gefühle gewisser religiöser Gruppen übermitteln. Dies wird auch von GRESSMANN, wenn auch anscheinend *obtorto collo*, zugegeben. Typisch für die Überarbeitung sind natürlich die ziemlich groben *vaticinia ex eventu*, v. 2b, wo Josia beim Namen genannt wird, oder die Erwähnung der Stadt Samaria, die erst ein halbes Jahrhundert später von Omri erbaut wurde, vgl. 16 24 und unten 4 a.

906/900–883/877), der sich sofort bemühte, alle Nachfolger Jerobeams I. zu beseitigen, 15 25-33 – ein Beweis dafür, wie die Institution sich auch im Norden gefestigt hatte[17]. Ob Baasa von der Versammlung gutgeheißen wurde oder nicht, erfahren wir nicht. Wir hören nur, daß die religiösen Gruppen ziemlich große Hoffnungen auf ihn gesetzt haben müssen, da wir ein prophetisches Wort eines uns sonst unbekannten Jehu besitzen (16 1 ff.), nach dem Baasa durch göttliche Designierung auf den Thron gestiegen sein soll. Wie dem auch sei, vor dieselben Nöte gestellt, entwickelte auch Baasa eine synkretistische Politik, was ihm von den späteren Herausgebern des Königsbuches übel genommen wurde.

c) Nach ihm folgte sein Sohn, Elah (etwa 883/877–882/876), der nur kurz im Amt blieb: Zimri, der einen Teil der Streitwagenmacht befehligte, tötete ihn nach einer Verschwörung und bestieg selbst den Thron (16 6 ff.); auch er beseitigte die Nachkommen Elahs. Dieser Putsch scheint ebenfalls vom Propheten Jehu begünstigt worden zu sein, doch führte er zu nichts, da die im Felde stehenden Truppen ihren Befehlshaber Omri (etwa 878/876–872/869) zum König ausriefen. Es gelang ihm, nach einem kurzen Kampf Zimri zu schlagen und zu töten und dann mit dem von einer Gruppe von Israeliten gewählten Tibni nach vier Jahre dauernden Unruhen auch noch fertig zu werden. So fühlte sich der neue König fest auf dem Thron, auf den er durch seine Truppen gelangt war.

d) Bei diesen Begebenheiten müssen wir uns nun kurz aufhalten. Omri gelang es zwar durch eine Art Volksentscheid, der allerdings auf die Armee beschränkt war, auf den Thron zu kommen. Das Heer akklamierte ihn (16 15 ff.), doch diese Art der Wahl, die nur äußerlich der älteren durch die Versammlung ähnelt, scheint nicht von allen berechtigten Bürgern angenommen worden zu sein; sie versuchten deswegen, einen eigenen König zu bestimmen. Wir können nicht mehr genau feststellen, was im einzelnen geschehen ist. Doch scheint es mir wahrscheinlich, daß hinter der sonst unbekannten Gestalt Tibnis der Beschluß der Versammlung stand (wohl mit Aufgebot des Heerbannes, wenn Omri so lange brauchte, um seinen Nebenbuhler niederzuwerfen), hinter Omri dagegen nur eine Machtbewegung innerhalb der Truppe[18]. Wenn dies zutrifft, hätten wir abermals einen Fall, in dem die amphiktyonischen Truppen vom Berufsheer geschlagen wurden! Auf diese Art gelangte die Gewalt immerhin in feste Hände.

---

[17] Ich kann nicht verstehen, worauf A. ALT, Das Königtum..., S. 121, seine Aussage stützt, daß Baasa nach der Überlieferung ein Charismatiker gewesen sei; auf Grund von 15 27? Vgl. aber 16 ff.
[18] ALT ibid. möchte, wenn auch mit Zweifeln, Omri zu den durch die alte charismatisch-demokratische Prozedur gewählten Königen rechnen. Dem wird aber, wie mir scheint, sowohl durch das militärische Wesen seiner Bewegung als auch durch den Widerstand eines Teiles der Bürger, die sich einen anderen König wählen, widersprochen.

4. Das »Haus Omri«

a) Von Omri wird uns im Alten Testament nur berichtet, daß er Samaria gründete; er muß aber ein großer König gewesen sein, wenn – wie bekannt – die assyrischen Annalen das nördliche Königshaus bis zu seinem Ende, viele Jahrzehnte nachdem andere Dynastien den Thron besetzt hatten, noch »Haus Omri« nannten[19]. Bei Omri zeigt sich eine starke, doch zum erstenmal wirksame Neigung zur Dynastie; es gelang ihm auch als erstem, im Nordreich tatsächlich eine zu gründen. Ferner wollte er – immer um die Institution des Königtums zu befestigen – eine eigene, seiner Familie zugehörige Hauptstadt besitzen, genauso wie im Süden das Haus David seine eigene hatte. Und in einer Zeit, da es keine kanaanäischen Städte mehr zu erobern gab, gründete er eine neue an einem Ort, den er den vermutlich kanaanäischen Besitzern abkaufte; es ist unwahrscheinlich, daß ihm der Boden von Israeliten abgetreten wurde, wenn wir den mit Kauf und Verkauf von Grundstücken verbundenen Schwierigkeiten Rechenschaft tragen, vgl. I Reg 21 und Lev 25 [23] ff. Samaria erhielt nach dem Beispiel Jerusalems den Status einer von Israel unabhängigen, der Königsfamilie unterstellten Hauptstadt. Jizreel blieb inzwischen als Hauptstadt Israels oder als zeitweilige Residenz bestehen.

b) Sein Nachfolger Ahab (etwa 871/869–852/850) war gleichfalls ein wichtiger König, wie uns die wenigen, nicht-dtr. Kapitel I Reg 20 und 22 deutlich zeigen. Dort und in assyrischen Quellen erfahren wir von seiner Standhaftigkeit gegenüber den Aramäern, doch gleichzeitig auch von seiner politischen Einsicht, sich mit ihnen im Jahre 853 gegen den

---

[19] Zum institutionell-dynastischen Charakter der Monarchie unter Omri vgl. A. ALT, Das Königtum..., S. 124 ff.; für Samaria vgl. SNAITH a. a. O. S. 143 und A. ALT, Der Stadtstaat Samaria, 1954 (Kl. Schr., III 1959, S. 258–302). Kritisch gegenüber ALTS Thesen zur Situation Samariens sind die Rezensionen von R. DE VAUX, RB 63 (1956), S. 101–106, und A. POHL, Orient 15 (1956), S. 166. Der erstere zeigt an mehreren orientalischen Parallelen, daß es manche Beispiele für Könige mit zwei oder mehreren Residenzen gibt, ohne daß dies irgendetwas mit der ethnischen Zusammensetzung ihres Landes zu tun hatte. Kann anderseits die schon in der Aufstellung des Nationalkultus nachgeahmte Parallele Jerusalems nicht auch die Politik beeinflußt haben? Die Thesen ALTS scheinen mir nicht widerlegt. Vgl. noch G. E. WRIGHT, Samaria, BA 22 (1959), S. 67–78. ALT bemerkt mit Recht (Das Königtum..., S. 124), daß wie im Süden Juda und Jerusalem administrativ getrennte Einheiten bildeten, etwas ähnliches auch für Israel und Samaria zutreffen konnte. Für die Erwähnung des »Hauses Omri« in assyrischen Texten vgl. die Annalen von Šalmanazar III., die Jehu »Jehu, Sohn Omris« *(sic!)* nennen (ANET S. 280 b–281 a), die von Adad Nirari III., wo Israel als MAT$\underline{H}$u-um-ri erscheint (ANET S. 281 b), und die von Tiglat Pileser III. und Sargon II., wo es *bīt ḫumria* ist. Vgl. noch den Mešaʿ-Stein, Z. 5 (ANET S. 320 b), und BURNEY S. 204. Zum »Hause Omri« vgl. noch G. FOHRER, Elia, 1957, S. 67 ff., und A. VAN ZYL, The Moabites, 1960, S. 137 ff.

gemeinsamen Feind Assur zu verbinden. Auch er sah sich genötigt, wenn auch seine phönikische Frau dazu beigetragen haben mag, eine synkretistisch-religiöse Politik zu vertreten, was ihm den Haß der traditionellen Kreise eintrug. Diesmal wurden diese jedoch durch zwei starke Kämpfer, Elia und Elisa, unterstützt, die nicht nur den Wunsch hatten, sondern auch die Macht besaßen, die traditionellen Formen wieder herzustellen. Der ganze letzte Teil von I Reg und der Anfang von II Reg zeugt von diesem langen, erbitterten Kampf, in dem die Propheten den Sieg davontragen sollten.

c) Auf Ahab folgte Ahazia (etwa 852/850–851/849 I Reg 22 53 ff. II Reg 1 1-18), nach dessen frühzeitigem Tode Joram (etwa 851/849 bis 845/842) folgte (II Reg 3). Unter Jorams Regierung gelang es Moab, seine Freiheit wieder zu erlangen. Aber auch die Propheten regten sich inzwischen: Nach II Reg 9 ließ Elisa Jehu zum König salben, worauf er sofort vom Heere akklamiert wurde. Er tötete Joram, während er seine im aramäischen Feldzug erhaltenen Wunden pflegte, und beseitigte das ganze Haus Kap. 9–10.

d) Jehu (etwa 854/842–818/815) scheint sich anfänglich wirklich darum bemüht zu haben, die Anforderungen derer zu befriedigen, die ihn auf den Thron gesetzt hatten, nämlich die ethnisch-religiöse Politik, der sich bis dahin keiner der Könige Israels hatte entziehen können, abzuändern, jede Spur eines offiziellen Synkretismus zu beseitigen und auch privat keine nichtisraelitischen Religionsformen zuzulassen. Zu diesem Zweck scheute er nicht vor brutaler Gewalt zurück (10 18-27). Sobald er sich aber mit den konkreten Regierungsnöten auseinandersetzen und der wirklichen Lage objektiv begegnen mußte, fand er sich doch gezwungen, in den Spuren seiner Vorgänger weiterzugehen, auch wenn dies einen Bruch mit denjenigen, die ihn auf den Thron gesetzt hatten, bedeuten mußte. Die Sache kommentiert sich von selbst.

e) Jehu meldete sich schriftlich irgendeiner Versammlung, so wird uns gesagt[20]. Doch die Art, in der dies geschah (10 1-18), zeigt zugleich, wie weit die Befugnisse der Versammlung gegenüber der Militärmacht eingeschränkt waren[21]. Wie im Falle Omris wurde durch die Existenz eines hinter seinem Befehlshaber stehenden siegreichen Heeres entweder ihr Entscheidungsvermögen gänzlich ausgeschaltet oder auf sie ein derartiger Druck ausgeübt, daß die Freiheit der Versammlung nur dem Scheine nach existieren konnte. Wie ALT[22] gesehen hat, war das alte demokra-

---

[20] GALLING, Die israelitische Staatsverfassung..., S. 19, wird nicht weit vom tatsächlichen Gang der Dinge entfernt sein, wenn er behauptet, daß die Handlung ironisch aufgefaßt werden muß. Diese Deutung ist besser als die von ALT, Samaria S. 42 (285) ff., der in II Reg 10 1 ff. eine gültig tagende Versammlung sehen will.
[21] ALT, Das Königtum..., S. 122 ff., und SOGGIN, TZ 1959, S. 410.
[22] H. CAZELLES, The problem of Kingship in Osee 8 4, CBQ 11 (1949), S. 14–25,

tische Prinzip zur Karikatur seiner selbst geworden, und konnte zur tatsächlichen Regierung nichts mehr beitragen, wie Hos 8 4 bemerkt[23].

5. Das »Haus Jehu« und die letzten Jahre Israels

a) Mit Jehu entsteht die zweite Dynastie im Reiche Israel. Als einziger König mit gewissem Gewicht fällt nach ihm Jerobeam II. (etwa 787/786–747/746) auf (II Reg 14 23-29), aus dessen Zeit die Ostraka von Samarien stammen. Sie bezeugen uns die Existenz eines zentralisierten und in Gauen organisierten Landes. Jeder Gau mußte wie z. Zt. Salomos die nötigen Vorräte für die Königsverwaltung während einer gewissen Zeit aufbringen; der Protest der Versammlung gegen Rehabeam scheint also auf diesem Gebiet nur einen geringen, wenn überhaupt einen Erfolg gehabt zu haben[24].

b) Nach ihm haben wir eine Reihe von Königen, denen es nur für eine kurze Zeit gelang, auf dem Thron zu bleiben und deren Regiment durch ständige Revolutionen geplagt wurde. Der letzte König, Hosea (etwa 731/732–723/724; 17 1 ff.), war Zeuge des letzten Angriffs Assyriens, der 724 begann und 722–20 mit der Eroberung und Zerstörung Samarias endete.

c) Die Entwicklung des Nordreiches zeigt uns also eine ständige Spannung zwischen starken Männern, die den Thron besteigen wollen und versuchen, Dynastien zu begründen, und der alten, demokratischen Tradition; zwischen Propheten, die nach dem alten charismatischen Prinzip »gottgewollte« Männer auf den Thron zu bringen versuchen, und denen, die ein den konkreten Nöten der Staatsführung entsprechendes

---

schlägt vor, die Stelle sei auf Götter zu beziehen, die aber als Könige und Fürsten bezeichnet werden, vgl. den Zusammenhang. Die Deutung ist interessant, aber die zur Unterbauung erbrachten Beweise scheinen mir noch mangelhaft.

[23] Mit DE FRAINE S. 117 muß ich hier die Aussagen von ALT, Das Königtum..., S. 121 ff., und von G. VON RAD, Das judäische Königsritual, TLZ 72 (1947), Sp. 212, kritisieren, nach denen sich im Norden die charismatische Linie für die Designierung des Königs fortgesetzt hätte. Die Paradoxie in den Beziehungen zwischen Israel und Juda liegt gerade darin, daß, während der Norden die Personalunion fallen ließ, um die alten, charismatisch-demokratischen Ordnungen beizubehalten, letztere bald gänzlich zum Stillstand gelangten, sie im Süden hingegen, wie wir bald sehen werden, weiter am Leben blieben, wenn auch unter verschiedenen Formen; vgl. meinen Aufsatz von 1959, S. 410 und 414.

[24] J. DE FRAINE, L'aspect religieux..., S. 147 ff.; ALBRIGHT, Archaeology and the Religion..., S. 141 ff. Für die Texte vgl. D. DIRINGER, Le iscrizioni antico-ebraiche palestinesi, 1934, und S. MOSCATI, L'epigrafia ebraica antica 1935–50, 1951. J. GRAY, Canaanite Kingship in theory and practice, VT 2 (1952), S. 193–220, und The Legacy of Canaan, S. 163, zeigt, wie dieses System nicht nur typisch für die kanaanäische Ordnung war, sondern auch Ähnlichkeit mit der Salomos aufweist.

Handeln durchzuführen versuchen. Dabei besaß die Versammlung nicht mehr die Macht, sich einem Heere zu widersetzen, und wurde wohl auch von der kanaanäischen Bevölkerung im Lande nie anerkannt. Man kann sich ferner auch nicht dem Eindruck entziehen, daß die prophetischen Designationen oft mehr den eigenen Machtbedürfnissen als echtem Charisma entsprachen. Auch die klassische Prophetie geißelt diese Lage, besonders Hosea: »Sie haben sich Könige gemacht, doch nicht von mir, Häuptlinge, doch ich weiß nichts davon.« »Wo bleibt dein König, daß er dich in all deinen Städten rette ... ?« (8 4 13 10); und wie er die von Elia und Elisa angezettelte Revolution Jehus beurteilt hat, geht aus 1 3-5 klar hervor! In dieser Lage kann man nur zum Schluß gelangen, daß die alten Formen, wenn auch theoretisch noch lebendig, praktisch nichts mehr zu bedeuten hatten. Es war dem Norden eben nicht gelungen, dem südlichen institutionell-dynastischen Königtum, das er verwarf, eine gleichwertige Alternative an die Seite zu stellen.

KAPITEL V

Das getrennte Reich: Juda

1. Die neue Lage im Süden

a) Die Erbschaft, die Rehabeam mit seiner Thronbesteigung antrat, war, sowohl was die politische Lage als auch den Umfang des neuen Reiches betrifft, gering: Nur Juda (mit Simeon) und Benjamin blieben ihm erhalten. Die Nordgrenze verlief wenige Kilometer nördlich von der Hauptstadt und ohne Benjamin wäre nach der in Jos 15 5b-11 18 15-19 angegebenen Nordgrenze Judas theoretisch die Hauptstadt nicht einmal einbezogen. Das Problem der Nordgrenze des Reiches Juda und ihre Verschiebung im Laufe der Jahrhunderte nach Süden oder nach Norden, je nach der Überlegenheit des einen oder des anderen Staates, ist eine Frage für sich, der wir uns hier nicht widmen können[1].

Der geographische Umfang des neuen Südstaates war an sich beachtenswert und gewiß dem des Nordens nicht nachstehend: Das Land dehnte sich gegen Süden bis Ägypten, Arabien und das Rote Meer aus. Wie auch heute noch, so handelte es sich um Gebiete, die – außer dem westlichen Abhang der südlichen Hochebene – zum größten Teil aus kaum oder höchstens von herumschweifenden Nomaden und Halbnomaden bevölkerten Steppen und Wüsten bestanden, die im besten Fall im Frühling nach einem besonders reichlichen Winterregen eine Existenzmöglichkeit für kleinere Herden boten. Intensiver Anbau ist nur unter gewissen Umständen in einigen Gegenden möglich gewesen und wurde auch von Zeit zu Zeit tatsächlich betrieben; doch er setzte damals wie heute eine Reihe kostspieliger Verbesserungen voraus, gepaart mit einer besonders günstigen Konjunktur. Während des 10. Jh. und der darauffolgenden Jahrhunderte haben wir gerade eine jener langen Perioden, in der die Wüste (die Nomaden ausgenommen) unbevölkert blieb.

b) Der Süden war deswegen wirtschaftlich sowie bevölkerungsmäßig arm, besaß nur ganz wenige Städte (Jerusalem, Hebron, ʿArad[2] usw.), lag abseits der großen, die Küste entlang führenden Handelsstraße, was ihn

---

[1] Vgl. A. Alt, Zur Geschichte der Grenzen zwischen Judäa und Samaria, 1935 (Kl. Schr., II 1953, S. 346–362), und die Landkarte zu S. 169 bei Schunck a. a. O. – Dortselbst S. 140 ff. eine gute Erklärung, weswegen Benjamin zu Juda kam.

[2] Y. Aharoni–R. Amiran, Arad, a Biblical city in southern Palestine, Archaeology 17 (1964), S. 43–53.

gegenüber dem viel gesegneteren Norden sehr benachteiligte. Alles dies ließ erwarten, daß der Norden sowohl in der Politik als auch in der Wirtschaft und der Kultur die Hauptrolle spielen, während der Süden als Zuschauer auf die Seite gedrängt würde. Nur dadurch allerdings gelang es ihm, seine Freiheit etwa anderthalb Jahrhunderte länger als sein nördlicher Nachbar zu behalten.

Der Süden war aus diesen Gründen dem Norden auch militärisch unterlegen, auch wenn es Rehabeam anfänglich gelungen zu sein schien, gewisse Erfolge zu errreichen. Letzteres ist gut möglich, besonders wenn wir die von GRESSMANN vorgebrachten, im letzten Kapitel, Anm. 10–11, behandelten Thesen über den Eingriff Šišaks annehmen.

Der Zug des Pharao brachte der sowieso nicht sehr soliden südlichen Wirtschaft einen schweren Schlag, so daß von Eroberungsversuchen im Norden bis zur Zeit Josias keine Rede mehr sein konnte[3], wenn auch ein mehr oder weniger offener Kriegszustand zwischen den beiden Ländern während gewisser Perioden bestehen blieb (vgl. I Reg 15 16, die folgenden Kapitel und oben K. IV, 2 a).

c) Ein großer Vorzug des Südens lag allerdings in der Beständigkeit seiner staatlichen Organe, besonders des Königtums. Das Haus David saß fest auf dem Thron, nicht nur wegen seines ererbten Prestiges und weil David ursprünglich ein Judäer war, sondern hauptsächlich wegen der II Sam 7 berichteten Verheißung, in der die alte amphiktyonische Ordnung mit der neuen monarchischen Staatsform zusammengebracht worden war.

Dies will natürlich nicht sagen (und wir werden noch darauf zurückkommen), daß nunmehr alles glimpflich, ohne jegliche Schwierigkeit verlief – im Gegenteil. Nur wurde dabei die Dynastie als solche nie wirklich in Frage gestellt; so schwer die Unruhen auch sein mochten, das Haus David blieb unangetastet.

d) Nun war aber das ethnisch-religiöse Problem, mit dem der Süden fertig werden mußte, grundsätzlich nicht dasselbe wie im Norden, auch wenn es möglich ist, gewisse Parallelen festzustellen. Ein Hauptunterschied ist, daß Kanaanäer und Israeliten anscheinend nicht schlecht bzw. ohne große Konflikte zusammenlebten, wie dies besonders in der Hauptstadt zu Tage tritt. Die ethnischen Züge Jerusalems waren natürlich stark durch seine vorisraelitische Vergangenheit geprägt, auch wenn es bald zur heiligen Stadt Judas wurde. Jesaja und Micha (zweite Hälfte des 8. Jh.) zeigen es uns als eine praktisch schon judäische Stadt, ein Zeichen, daß die Verschmelzung der beiden Gruppen einigermaßen reibungslos und schnell vorangeschritten war. Hier hat der Tempel wohl die ihm von Salomo zugedachte Rolle ausgezeichnet gespielt.

---

[3] GRESSMANN a. a. O. S. 252.

Dennoch blieb die ursprüngliche verwaltungsmäßige Trennung zwischen dem Reiche Juda und dem Stadtstaat Jerusalem bestehen, wie die fast allgemeine gesonderte Erwähnung beider Größen und die Tatsache, daß das Haus David über Juda durch das Nathanorakel, über die Hauptstadt als erbliches Fürstenhaus des kanaanäischen Stadtstaates regierte, zur Genüge zeigen. Aus Jerusalem stammte die nach syro-palästinischem Muster organisierte Bürokratie, mit starkem ägyptischem Einfluß (K. II 4 c), die Gliederung des Hofes, eine Reihe von Einrichtungen, die ursprünglich mit der judäischen Tradition nichts oder wenig zu tun hatten.

e) Über jenen Teil der Bevölkerung, der den zwölf Stämmen angehört hatte, regierte das Haus David nach Rehabeam mit den altübernommenen demokratischen Formen, entgegen allem Anschein und der weitverbreiteten Meinung der Forschung. Die Ausnahmen sind so gering, daß man sie eben als solche zu betrachten hat, während die allgemeine Praxis eindeutig die überlieferte Art widerspiegelt. Worin sich das neue System von der altüberlieferten Art eindeutig unterschied, ist die Art der göttlichen Bestimmung des Königs. Das schon erwähnte Orakel Nathans hatte dieses Problem ein für allemal von der Irrationalität und Ungewißheit einer jeweiligen charismatischen Designierung gelöst, und dieses Element der neu aufkommenden Institution angepaßt. Die absolutistische Entwicklung nach kanaanäischem Muster, die unter David begann, unter Salomo ihren Höhepunkt erreichte und unter Rehabeam den Zerfall des Großstaates verursachte, war nun aufgehalten, ja bis zu einem gewissen Grade rückgängig gemacht worden. Die Volksversammlung erscheint auch hier sehr aktiv, besonders in Fällen, wo es darum ging, einen neuen König einzusetzen oder einen Aufstand zurückzudrängen, dessen Zweck die Änderung der legitimen Thronfolgelinie war.

Neben der Versammlung finden wir Priester und Propheten, die darüber wachten, daß das überlieferte System beibehalten wurde, während innerhalb der Versammlung selbst eine Klasse von Bürgern hervortrat, die lange eine führende Rolle in ihr spielte und der wir vermutlich die Stabilität der judäischen Bevölkerung verdanken: der עַם־הָאָרֶץ[4].

Allem Anschein nach bestand der 'am ha'aræṣ aus judäischen freien Grundbesitzern, wohl von denjenigen abstammend, die die den Stämmen traditionell zugeteilten Gebiete ererbt hatten. Und wenn es auch nicht

---

[4] Vgl. BERNHARDT a. a. O. S. 173 und J. L. McKENZIE, The »People of the Land«, in: Akten des 24. Intern. Orientalistenkongresses, München 1957, 1959, S. 206–208; für weitere Einzelheiten erlaube ich mir, den Leser auf meine Studie: Der judäische ᶜam hā'āræṣ und das Königtum in Juda, VT 13 (1963), S. 187–195, zu verweisen. Leider habe ich in diesem Artikel die These von E. NIELSEN, Shechem, 1955, S. 345, übersehen: Nach ihr soll das Ganze ein Produkt der Übernahme und Weiterführung

möglich ist, ihren Ursprung genau festzulegen, so ist es doch klar, daß sie die traditionell-israelitische Klasse im Unterschied zur Lokalbevölkerung bildeten. Wirtschaftlich waren sie unabhängig, weil Grundbesitzer in einem Lande, wo die Kanaanäer weder – wie im Norden – das beste Land besaßen, noch durch die Streitwagenmacht die Armee kontrollierten. Religiös stark gegen jeden Synkretismus gerichtet, waren sie gleichzeitig bereit, auch mit Andersgläubigen eng politisch und wirtschaftlich zusammenzuarbeiten, den religiösen Synkretismus in Jerusalem jedoch nicht zu ernst zu nehmen, solange dies ihre traditionelle Lebens- und Glaubensweise nicht in Frage stellte; so bildeten sie eine viel gewichtigere Bevölkerungsschicht als die Israeliten im Norden und konnten also ein gewisses Gleichgewicht herstellen. Diese Lage konnte sich ganz gut ohne jegliche Art von Unterjochung der Ortsbevölkerung verwirklichen und, wie wir noch sehen werden, meistens, wenn auch nicht immer, ohne große Schwierigkeiten erhalten.

---

alter, aus dem Nordreich stammender Traditionen durch den Süden gewesen sein, vgl. zuletzt Ders., Die zehn Gebote, S. 30 Anm. 8. Ist es aber nicht viel einfacher, auch im Süden das Weiterleben alter tribalistischer Ordnungen anzunehmen? In NIELSENS Richtung geht aber schon K. GALLING, Das Königsgesetz im Deuteronomium, TLZ 76 (1951), Sp. 133–138, gefolgt von W. RICHTER, Traditionsgeschichtliche Untersuchungen zum Richterbuch, 1963, S. 287; beide behaupten, daß nur im Norden, nicht aber im Süden, eine Königswahl denkbar sei, eine These, die, wie gesehen, sich nicht aufrechterhalten läßt. RICHTER selbst sieht ja, daß die Formel להמליך ....את.... על in ihren verschiedenen Formen und Schattierungen hauptsächlich im Süden vorkommt. Die Lage ist also viel verwickelter. Die Bezeichnung ʽam hāʼāræṣ ist nur in der äußerlichen Form, nicht in der Substanz mit der Bezeichnung identisch, die das Pharisäertum für die einfachen, nicht mit der Sekte verbundenen Juden hohnvoll gebrauchte. Das Problem der sozialen Struktur der israelitischen Gesellschaft und ihrer Entwicklung wird von A. ALT, Der Anteil des Königtums an der sozialen Entwicklung in den Reichen Israel und Juda, 1955 (Kl. Schr., III 1956, S. 348–372); H. DONNER, Die soziale Botschaft der Propheten im Lichte der Gesellschaftsordnung in Israel, Or. Ant. 2 (1963), S. 229–245, und von G. PETTINATO, Is. 2,7 e il culto del sole in Giuda nel sec. VIII av. Cr., ibid. 4 (1965), S. 1–30, behandelt. ALT beschreibt die fortschreitende wirtschaftliche Dekadenz der freien Besitzerklasse seit Saul: Von da an besaß das Königtum immer größere Landflächen, während eine Klasse von Hofleuten die erstere immer mehr ersetzte (S. 353 ff.). Diese wirtschaftlich ungesunde Entwicklung wurde auch vom beinahe ständigen Kriegszustand begünstigt, und dies konnte, besonders im Süden, wo das bebaubare Land ganz gering war, nur auf Kosten des alten judäischen Stammesbesitzes geschehen. Die feudale Lokaltradition mit ihrer freien Kauf- und Verkaufspraxis, wie sie schon in Alalaḫ und Ugarit bezeugt ist, bot eine gute Grundlage zu dieser Entwicklung.

2. Die Könige bis zur Mitte des 8. Jahrhunderts

a) Die ersten fünf Nachfolger Rehabeams, dessen politische Unfähigkeit den Bruch der Personalunion verursacht hatte, bringen keine für unser Thema wichtigen Einzelheiten. Ein erster Versuch, den Thron an sich zu reißen ist der der Königinmutter Athalia (etwa 845/842–840/837; II Reg 11 II Chr 22 9-23). Er konnte aber mit Hilfe der Versammlung aufgehalten werden, auch wenn er von der Bevölkerung Jerusalems unterstützt wurde (II Reg 11 20)[5]. Der neue, von der Versammlung auf den Thron gesetzte König Joas (etwa 840/837–801/800; II Reg 12 1-22) zeigte sich stark am Kultus interessiert, wurde aber durch ein unter Mithilfe der Garnison Jerusalems geschmiedetes Komplott ermordet. Den Aufständischen gelang es aber nicht, die Macht an sich zu reißen und Joas' Sohn, Amazia (etwa 801/800–773/783; II Reg 14 1-22) konnte die Macht ergreifen. II Chr 25 5 ff. zeigt, daß er Juda und Benjamin zählen ließ, vermutlich im Hinblick auf eine Neuorganisierung des alten Heerbannes, dessen Beziehungen zu ʽam hāʼæræṣ sicher belegt sind[6]. Der Zweck lag wohl darin, sie den nie ganz sicheren Truppen der Hauptstadt entgegenzustellen. Dadurch entstand nochmals ein Komplott (14 18), bei dem der König getötet wurde; wiederum gelang es aber den Verschworenen nicht, die Macht zu ergreifen, denn abermals sprang die Versammlung ein (14 21 ff.), und wählte Uzzia (oder Azaria, etwa 787/783–736/742; II Reg 15 1-7 II Chr 26 11 ff.). Nach der Chronik soll er ein aus Familienvätern zusammengestelltes Heer organisiert haben, wohl die Verwirklichung des Gedankens Amazias[7]. Von seinem Sohne Jotham (etwa 756/750–741/735; 15 5.32-38) erfahren wir, daß er den ʽam hāʼæræṣ »regierte«, שׁוֹפֵט v. 5.

b) Die Folgerungen, die sich aus dieser kurzen Untersuchung ergeben, sind verhältnismäßig einfach: Nach dem Versuch, eine despotische Herrschaft unter Salomo (und z. T. schon unter David und noch unter Rehabeam) aufzurichten, konnte die judäische Versammlung sich bald wieder behaupten, wenn auch, wie gesagt, das charismatische Element

---

[5] Vgl. meinen in den vorhergehenden Anm. genannten Artikel, S. 190 ff. Auf das Problem der Königinmutter in Israel kann hier nicht eingegangen werden, vgl. schon die Rolle Bat Šebas I Reg 1. Wichtig ist natürlich der Ursprung dieses Amtes, der, wie soviel anderes, bei den Hethitern gesucht werden muß. Vgl. H. Donner, Art und Herkunft des Amtes der Königin-Mutter im Alten Testament, in: Festschrift J. Friedrich, 1959, S. 105–145.

[6] E. Würthwein, Der ʽamm haʼarez im Alten Testament, 1936, S. 11, und meinen Art. S. 192; diese Thesen sind zuletzt kritisiert worden von E. Nicholson, The meaning of the expression עם הארץ in the Old Testament, JSS 10 (1965), S. 59–66: »The term has no fixed and rigid meaning, but is used rather in a purely general and fluid manner and varies its meaning from context to context.« Dies wird aber nicht bewiesen und trifft nur in einigen, wenigen Zusammenhängen zu.

[7] Würthwein a. a. O. S. 29 f.

durch die Zusage an das Haus David ersetzt worden war. Hierdurch hatte die göttliche Bestimmung des Thronanwärters eine institutionalisierte Form angenommen, und das Haus David konnte bis 587 regieren[8].

c) Im Süden gelang es also, die Unzulänglichkeit der »primitiven Demokratie« von Anfang an zu überwinden und ein für die Zeit äußerst interessantes Gleichgewicht zwischen der Monarchie, der Versammlung, dem altüberlieferten Glauben und der Lokalbevölkerung herzustellen. Wir werden noch sehen, daß nur ein fremder Eingriff daran Schuld war, daß sich diese Form mit der Zeit nicht halten konnte, weswegen auch das Reich Juda Anfang des 6. Jh. schnell zugrunde ging. Dieses Gleichgewicht vermochte sich gegen jede innere Anfechtung (z. B. von seiten der kanaanäischen Bevölkerung und der Jerusalemer Garnison) zu behaupten[9], was aber die Zusammenarbeit der verschiedenen ethnischen Gruppen nicht verhinderte.

3. Juda bis zum Exil

a) Mit der Thronbesteigung des Ahaz (etwa 741/735–725/715; II Reg 16) erfuhr das judäische Königtum gewisse Änderungen. Er versuchte nämlich, Juda in den kulturellen Rahmen des Alten Orients einzufügen, und durch synkretistische Elemente im Kultus gute Beziehungen zu Assyrien anzubahnen (16 10 ff.). Dies rief sowohl in den traditionstreuen Elementen seiner Zeit wie natürlich auch bei den dtr. Redaktoren später große Entrüstung hervor, läßt sich aber politisch leicht erklären. Wir kennen ja den sozusagen »missionarischen« Eifer des assyrischen Imperialismus, der während der ersten Hälfte des 1. Jt. bestrebt war, die Völker der Welt dem Nationalgott Aššur untertan zu machen[10]. In der freiwilligen Annahme dieser Lage und ohne darauf zu warten, mit Gewalt dazu gezwungen zu werden, müssen wir die politische Entscheidung des Ahaz sehen. Nach 16 15 scheint er sogar versucht zu haben, den 'am ha'aræs in seine Pläne mit einzubeziehen (lies den MT!)[11], doch die Quellen verschweigen das Ergebnis dieser Versuche. Von da an verschwindet die

---

[8] Es trifft also nicht zu (DE FRAINE a. a. O. S. 116 ff.), daß das Prinzip der Bestätigung durch die Versammlung in Vergessenheit geraten war; das Gegenteil ist wahr, wenn auch unter anderen Bedingungen. ALT, Das Königtum..., hat bewiesen, daß die charismatische Bezeichnung des Königs mit der ein für allemal an das Haus David ergangenen Berufung und Verheißung ersetzt wurde.

[9] Die administrative Trennung von Jerusalem und Juda ist von ALT a. a. O. S. 126 ff. bewiesen worden.

[10] Vgl. hierzu die gute Darstellung bei H. SCHMÖKEL, Kulturgeschichte des Alten Orient, 1961, S. 99 f.

[11] Mit GURNEY; natürlich heißt es nicht, wie er möchte, »das Volk im allgemeinen...«.

Versammlung vorläufig aus den Texten, und taucht erst im 7. Jh. wieder auf.

b) Nach der Ermordung Amons (etwa 641/642–640; II Reg 21 19-23) wählte die Versammlung Josia zum König (etwa 640/639–609), II Reg 22–23 II Chr 34–35, und dasselbe geschah nach dessen Tod im Kampfe gegen Necho II. von Ägypten, der den Resten Assyriens zur Hilfe eilte: Der ʿam haʾaræṣ wählte Joahaz (609; II Reg 23 31-33) zum König, doch der Pharao nahm das Ergebnis dieser Wahl nicht an und ersetzte Joahaz durch Eliaqim, der sich von da an Jojaqim nannte (609–597).

c) Damit erhalten wir die letzte vorexilische, historisch verwendbare Nachricht über die politische Tätigkeit des ʿam haʾaræṣ und der Versammlung. Beide scheinen sich irgendwie weiter betätigt zu haben, wie uns die scharfe Kritik Jeremias' ihnen gegenüber zeigt (1 18 34 19 37 2 44 21; vgl. noch Ez 7 27 12 19 39 13 usw). Dort wird das »Volk des Landes« zusammen mit den unwürdigen Königen, Priestern und Propheten genannt. Irgendwann muß also die Gruppe, auch wenn wir nicht genau wissen wie, rasch verfallen sein. Ich möchte vermuten, daß dies einer ägyptischen (wohl wirtschaftlichen) Maßnahme zu danken ist, durch die der Pharao hoffte, den natürlich anti-ägyptischen ʿam haʾaræṣ derartig zu schwächen, daß er politisch vollkommen ausgeschaltet würde[12]. Das war wohl nicht schwer zu erreichen, da die politische Entwicklung seine wirtschaftliche Lage schon erheblich geschwächt haben mußte.

Gegen Ende des 7. Jh. bleibt also nur noch die davidische Dynastie übrig, der es aber wie den Herrschern des Nordreiches ergeht: Ohne richtige Beteiligung des Volkes, von Druck ausübenden Gruppen zersetzt und vom Militär zu kühnen Abenteuern getrieben, steuerte auch Juda rasch seinem Ende entgegen.

d) Ein indirektes Zeugnis für die kurz vor dem Exil bestehenden Umgangsformen haben wir in den Lakiš-Briefen[13]. Die Sätze, mit denen niedrige Dienststellen sich an ihre Vorgesetzten wenden, sind in äußerst unterwürfigem Ton verfaßt und verraten einen stark hierarchisch organisierten Staat, vgl. die Briefe Nr. II, 4 ff.; VI, 3; VII, 2; IX, 3, in denen

---

[12] Ein Versuch, den ʿam haʾaræṣ in einer ähnlichen Rolle in der Zeit nach dem Exil zu belegen, ist der von R. J. COGGINS, The Interpretation of Ezra IV 4, JThS N. S. 16 (1965), S. 124–127.

[13] Vgl. The Wellcome Archaeological Research Expedition to the Near East: Lachish I, 1938, und III, 1953; H. DONNER–W. RÖLLIG, Kanaanäische und aramäische Inschriften, 3 Bde. 1962–64, Nr. 192–199. Für den Ausdruck: »Was bin ich, wenn nicht ein Hund...« in den ʿAmarna-Briefen vgl. den Index s. v. *Kalbu* bei J. A. KNUDTZON, Die El-Amarna-Tafeln, 1915, natürlich nur für jene Fälle, wo sich der Ausdruck auf den Absender bezieht. Wir hätten es also einige Jahrhunderte später in Juda mit einer Art »Demokratisierung« dieser Redeform, noch begreiflich im Verkehr mit dem Großkönig, übertrieben in der Bürokratie, zu tun.

der Absender nicht die übliche Höflichkeitsform »dein Diener«, sondern »ein Hund« auf sich selbst anwendet. Es handelt sich um die unter Vasallen gegenüber ihrem Lehnherren einige Jahrhunderte früher übliche Terminologie aus den Amarna-Briefen. Man wird hieraus natürlich nicht zuviel schließen dürfen; der zeitliche Abstand ist groß, und der militärische Jargon enthält oft, sogar heute noch, eine von der gewöhnlichen Umgangsform verschiedene Sprache. Ich möchte aber darauf aufmerksam machen, wie wenig unterwürfig der Ton des einfachen und zu Unrecht behandelten Arbeiters des Ostrakons von Javne-Jam in seiner Berufung vor dem Gouverneur ist[14]. Wenn auch mißhandelt, so war er doch noch nicht derartig unterdrückt, daß er sich einer knechtischen Sprache bedienen mußte. Zwischen den nur wenige Jahrzehnte voneinander entfernten Briefen liegt der Eingriff Nechos II. und die Dekadenz des 'am ha'æræṣ; das Zusammentreffen dieser Begebenheiten ist mindestens bemerkenswert.

e) Während der letzten Jahrzehnte seines Lebens schwankte das Königtum Judas zwischen dem Despotismus (Jojaqim) und der vollkommenen Unfähigkeit und Anarchie (Ṣedeqia). Ez 17 19 19 3 und 34 geben ein verheerendes Bild des Königtums, wie es dem Propheten bekannt war. Es handelt sich nicht nur um theologisch-religiöse Vorwürfe wie wenig später in den dtr. Schule, sondern um eine tiefschürfende Kritik an einer schon im Untergang befindlichen, von einem Extrem zum anderen schwankenden Institution[15]. Für die Zukunft nennt der Prophet keinen König mehr, sondern nur noch einen Fürsten (Ez 46: נָשִׂיא); so schwer muß sich in den letzten Jahren die Monarchie abgewertet haben.

---

[14] J. Naveh, A Hebrew letter from the seventh century B. C., IEJ 10 (1960), S. 129 bis 139; S. Yeivin, The judicial petition from Mezad Hashavyahu, BO 19 (1960), S. 3–10; S. Talmon, The new Hebrew letter from the seventh century B. C. in historical perspective, BASOR 176 (1964), S. 29–38, und J. D. Amusin-M. L. Heltzer, The Inscription from Meṣad Ḥashavyahu, IEJ 14 (1964), S. 148–157. Ähnlich ist die Lage in einem der auf Tell 'Arad gefundenen Ostraka, in dessen Umgangssprache der niedrige Funktionär sich an seinen Vorgesetzten höflich, doch nicht servil wendet (Text mündlich bei Y. Aharoni). Die jüngst veröffentlichten Ostraka: Hebrew Ostraka from Tel Arad, IEJ 16 (1966), S. 1–7, sind kurz vor dem ersten oder zweiten Fall Jerusalems zu datieren, also 598 oder 587.
[15] de Fraine a. a. O. S. 153 ff.

ZWEITER TEIL

Das Königtum in Israel und bei den benachbarten Völkern des Alten Orients

»Diese ... Tatsachen nötigen zu dem Schluß, daß, nachdem Israel zuerst lange Zeit ohne König und ohne Gott-König-Ideologie gelebt hatte, die Vorgänge bei der Staatenbildung und die lebendig bleibende Erinnerung an sie und außerdem die Geschichte des Königtums auch einer nachträglichen Aufnahme altorientalischer Gott-König-Ideologie nicht eben günstig waren.«
M. Noth, Gott, König, Volk im Alten Testament, 1950 (Gesammelte Studien, 2. Aufl. 1960, S. 213).

KAPITEL I

Das Königtum in Syrien-Palästina

1. Einleitung

a) Was wir für das Königtum in Israel erschlossen haben, führt uns nun zu einer weiteren Aufgabe: die Ursprünge dieser besonderen Gestalt des Königtums womöglich festzustellen; oder, wo sich dies als unmöglich erweisen sollte, ihnen wenigstens soweit wie möglich nahezukommen. Diese Untersuchung wird besonders interessant dadurch, daß wir gesehen haben, wie festgeformt Israels eigener Königsbegriff ist, so fest, daß er kaum von verschiedenen sakral-dynastischen Überwucherungen grundsätzlich verändert und in nachexilischer Zeit eschatologisch verklärt werden konnte.

Im I. Kap. der Einleitung sahen wir, welcher Abstand Israel anfänglich von jenem Königtum trennte, das vom Himmel herabkam, wie wir es, bei allen lokalen Besonderheiten, unter den umliegenden Völkern antreffen. Dennoch erklärt uns die zwar späte Überlieferung von der Einführung des Königtums (I Sam 8 5b, vgl. Dtn 17 14), daß Israel einen König verlangte, um es zu regieren *(špṭ)* »wie alle anderen Völker«. Dabei ist die Beziehung offensichtlich auf die Bewohner Syrien-Palästinas gerichtet, und der Schreiber legt Samuel einen auch aus diesem Raum genommenen Königsspiegel in den Mund[1]. Die Nachricht scheint uns auf den ersten Blick ein historisch sehr wichtiges Element zu übermitteln, um so mehr als wir unter Salomo, z. T. schon unter David und noch unter Rehabeam, wie gesehen, tatsächlich den Ausbau einer nach dem absoluten Königtum der kanaanäischen Stadtstaaten gestalteten Monarchie beobachten können.

b) Die Notiz ist aber nicht so wichtig, wie sie auf den ersten Blick scheinen könnte und gehört wohl zum erzählenden Bestandteil der Überlieferung; schon GALLING[2] hat seinerzeit bemerkt, daß sie gleichzeitig zutreffend und unzutreffend ist: Richtig erscheint nämlich, daß Israel auf den Gedanken kam, sich ein Königtum einzurichten, da es die Vorteile sah, die diese Verfassung den anderen Völkern gebracht hatte; doch auch nicht viel mehr! ALT und NOTH[3] haben hingegen behauptet, daß die

---

[1] Vgl. oben I. Teil. K. I, 2.
[2] Staatsverfassung a. a. O. S. 12 ff.
[3] Staatenbildung a. a. O. S. 25 ff.; M. NOTH, Gott, König und Volk im Alten Testament, 1950 (Ges. Stud., 2. Aufl. 1960, S. 188–229), *passim*.

Wurzeln des aus dem Charismatikertum stammenden Königtums in Israel, nicht in Syrien-Palästina gesucht werden dürfen, dessen sakral-dynastisch-institutionelle Monarchie nur dem Namen nach der altisraelitischen gleichgesetzt werden darf, sondern eher z. T. unter den in Transjordanien neugegründeten Reichen.

c) All dieses möchten wir nun kurz nach dem neueren Stande der Wissenschaft untersuchen, besonders da wir über die Lage verschiedener kanaanäischer Stadtstaaten kurz vor der Bildung des Israelitischen Bundes verhältnismäßig gut unterrichtet sind. Einerseits haben wir die Texte Ugarits, anderseits die Dokumente von Alalaḫ und die Briefe vom Archiv aus El-ʿAmarna. Freilich muß dieses Material mit einer gewissen Vorsicht behandelt werden: Ugarit liegt z. B. ganz im Norden und hat starke hethitische und hurritische Einflüsse erfahren; ferner sind seine Dokumente um einige Jahrhunderte älter als die Einrichtung des Königtums in Israel und sogar als die ältesten biblischen Schriften. Immerhin gibt es wenn auch nicht sehr häufige Beweise für die Verbreitung einer der ugaritischen sehr ähnlichen Kultur und Schrift auch in den später von Israel besetzten Gebieten, vom Tabor bis Bêt Šemeš[4]. Ferner ähnelt der ugaritische religiöse Typus dem später in Israel unter der kanaanäischen Bevölkerung verbreiteten so stark, daß man wohl von einer grundsätzlichen Identität beider kultureller Größen reden darf. Es bleibt also nur die Schwierigkeit des chronologischen Abstandes zu überbrücken: vom 14. zum 11. Jh. Doch erlauben uns die Berichte vom Königtum Abimeleks in Sichem Jdc 9 (vgl. oben Einl. K. II, 3) und von der Reise Wen-Amons, beide aus dem 11. Jh., eine Kontinuität festzustellen, die

---

[4] Vgl. u. a. a) die Tafel von Bêt Šemeš, dazu zuletzt W. F. ALBRIGHT, The Beith Shemesh Tablet in alphabetical Cuneiform, BASOR 173 (1964), S. 51–53; b) die auf dem Tabor gefundene, auf der Schneide eines Dolches angebrachte Inschrift, vgl. H. L. GINSBERG, Ugaritic Studies and the Bible, BA 8 (1945), S. 41–58, bes. S. 45 ff.; c) die vor kurzem entdeckte, alphabetisch beschriebene Tafel von Taanak, vgl. D. R. HILLERS, An alphabetical cuneiform Tablet from Taanach, BASOR 173 (1964), S. 45–50. R. HENTSCHKE, Die sakrale Stellung des Königs in Israel, Ev.-Luth. Kirchenztg. 9 (1955), S. 70 a, ist bereit, die Ähnlichkeit der hethitischen und ugaritischen Institutionen anzunehmen, behauptet jedoch, daß »... auf keinen Fall dürfen (diese) Verhältnisse auf beliebige kanaanäische Stadtstaaten späterer Zeit übertragen werden.«. Ähnlich ermahnt uns zur Vorsicht R. RENDTORFF, El, Baʿal und Jahwe. Erwägungen zum Verhältnis von kanaanäischer und israelitischer Religion, ZAW 78 (1966), S. 277–292, bes. S. 277 ff. Es verhält sich nun aber einmal so, daß Ugarit der einzige uns einigermaßen bekannte kanaanäische Stadtstaat ist, so daß wir nicht umhin können, angesichts der erwiesenen Verbreitung der ugaritischen (oder einer ihr ähnlichen) Kultur vorläufig ugaritische Maßstäbe auch an die anderen Städtestaaten anzulegen! Die Unmöglichkeit dieses Verfahrens als Arbeitshypothese müßte erst einmal ausführlich dargestellt werden. Vgl. noch oben, I. Teil, K. II, Anm. 32.

uns den Gebrauch der älteren Quellen mit aller gebotenen Vorsicht doch prinzipiell erlaubt.

Endlich dürfen wir noch Materialien aus dem phönikischen und aramäischen Raum, meistens aus dem 1. Jt. heranziehen, die ebenso von zeitgenössischen Einrichtungen bei den Völkern um Israel zeugen.

2. Das Königtum in Ugarit[5]

a) Schon vor der Entdeckung der politischen Archive des Stadtstaates waren der Forschung die Sagenkränze von *Krt* und *'Aqht* bekannt, aus welchen man gewisse Eigenschaften der dortigen Monarchie definieren konnte. Auf Grund dieser Materialien war es R. DE LANGHE möglich, die Behauptung aufzustellen, daß das ugaritische Königtum erblich war. Denn wie konnte man sonst die Bestürzung der Könige *Krt* und *Dn'il* darüber erklären, daß sie keine Söhne hatten, und wie erklärte man sonst die Rolle, welche die Königinmutter spielte, die sogar manchmal an der Regierung beteiligt war, wenn ihr Sohn nicht auf dem Thron saß?[6] Der *Krt*-Text zeigt uns ferner, daß der Kronprinz von einer Gottheit adoptiert wurde: Er »saugt die Milch der 'Ašera – trinkt aus den Brüsten der Jungfrau 'Anat« (Gordon Nr. 128 II 25). Daraus ergibt sich auch eine Art Sakralität der Person des zukünftigen Königs die durch die göttliche Adoption bedingt war[7]. Ein wenig später erhalten wir eine Bestätigung dieser Sachlage; als anläßlich einer schweren, anscheinend tödlichen

---

[5] Die hier in den Paragr. 2–4 untersuchten Gegenstände werde ich in meinem schon zitierten, bald erscheinenden Aufsatz Osservazioni sull'Istituto monarchico in Siria e Palestina nei sec. XV–XI av. Cr., in: Studi in onore di E. VOLTERRA, eingehend behandeln. Auf ihn möchte ich ferner für eine Bibliographie in Auswahl verweisen. Kurz vor der Veröffentlichung des vorliegenden Werkes sollte die wichtige Arbeit von G. BUCELLATI, Cities and nations of ancient Syria, 1967, erscheinen, die ich leider nicht mehr sehen konnte.

[6] Loc. cit.; vgl. noch H. DONNER, Art und Herkunft des Amtes der Königinmutter im Alten Testament, in: Festschrift J. FRIEDRICH, 1959, S. 105–145.

[7] Der Name *Jṣb* – »Der Fortsetzer« eignet sich gut für den dynastischen Nachfolger. Vgl. ferner H. L. GINSBERG, The Legend of King Keret, 1946, S. 41 und 44; J. GRAY, Canaanite Kingship in Theory and Practice, VT 2 (1952), S. 193–220, bes. S. 196, und The Keret Text in the Literature of Ras Shamra, 1955, S. 3 und 45 ff. (2. Aufl. 1965, S. 2 und 59 ff.). Sie unterstreichen, daß es sich um dasselbe Verfahren handelt, das uns sowohl in Babylon für Marduk (*Enuma Eliš* I, 85) wie in Ugarit für die »lieblichen und schönen Götter«, als auch in Sumer für Lugalzaggesi beschrieben ist. Der letztere scheint allerdings keinen großen Nutzen aus dem Verfahren gezogen zu haben, ein Zeichen dafür, daß wir schon dort, wenn auch nur implizit, derselben Problematik begegnen (siehe unten). C. H. GORDON, Ugaritic Literature, 1949, S. 66 f., betont die Beziehung des Ritus zur Thronbesteigung.

Krankheit des Königs auch die Natur mitleidet und verdorrt, diskutieren die Zuschauer das Problem: warum eine den Göttern so nahestehende Gestalt wie der König, überhaupt sterblich sei. Doch die Antwort verrät keinen Zweifel: »Ist *Krt* vielleicht ein Sohn 'Els – Nachkommenschaft des Barmherzigen und der *Qdš*?« (Gordon Nr. 125 10). Leider ist diese letzte Antwort nicht ganz eindeutig und nicht alle Autoren übersetzen sie als Frage; es steht m. E. aber fest, daß sie nur als solche einen richtigen Sinn hat: Obwohl von der Gottheit adoptiert, hat der König dennoch nicht die gleichen Befugnisse eines richtigen Gottes; es steht ihm z. B. die Unsterblichkeit nicht zu. Auch hier wird also die Trennungslinie verhältnismäßig scharf gezogen.

b) Die Geschichten von *Dn'il* und *'Aqht* sind an mythischen Bestandteilen viel reicher. Doch bestätigen sie die Wichtigkeit eines Sohnes und verbinden auch den König mit der Fruchtbarkeit der Natur (Gordon Nr. I 40 ff.).

Beide Texte sind bekanntlich nicht immer ganz klar, weil die Fassungen in unserem Besitz wohl für eingeweihte Leser oder für Liturgien bestimmt und deswegen für sie, dagegen nicht für uns, leicht verständlich waren, wie GRAY gezeigt hat.

c) In den später aufgefundenen Urkunden aus den politischen Archiven der Stadt, findet sich nun ein fast vollständiger königlicher Stammbaum, den man nach dem heutigen Stand der Wissenschaft, von den ersten Jahrzehnten des 14. Jh. bis zum Anfang des 12., also bis zur Verwüstung der Stadt, verfolgen kann. Aus diesen Urkunden geht hervor, was man früher nur vermuten konnte: daß der Sohn dem Vater auf dem Thron zu folgen pflegte. Nur einmal, im Falle Niqmadus II., folgt ein Bruder des rechtmäßigen Erben, doch nur unter hethitischem Druck; ähnlich ist der Fall Joachaz-Jojaqim in Juda (vgl. oben I. Teil, K. V, 3 b). Ein anderes Mal, im Falle 'Ammiṯṯamru II., bezeichnete der Vater den ihn zu beerbenden Sohn und überging den Erstgeborenen; ähnlich ist der Fall Salomos und Adonijas unter David[9], aber sonst beherrscht das dynastische System das ganze Bild, dem sich gewisse, sakrale Eigenschaften des Königs anschließen.

3. Alalaḫ und die El-'Amarna-Briefe[10]

a) Während des ganzen 2. Jt. v. Chr. erscheinen uns Syrien und Palästina nach den Forschungen A. ALTS als ein Mosaik von Stadtstaaten. In den Ebenen war ihre Zahl groß und die Ausdehnung deswegen

---

[8] S. 4 ff.
[9] Vgl. oben I. Teil. K. III, 1 b.
[10] Für die Idri-mi-Statue vgl. S. SMITH, The Statue of Idrimi, 1949; W. F. ALBRIGHT, The Inscription on the Statue of Idrimi, BASOR 118 (1950), S. 14–20; A. GOETZE,

gering; in den Berggegenden war ihre Zahl viel geringer und die Gebiete um so größer. Aus der Zeit vor der Vertreibung der Hyksos besitzen wir verhältnismäßig wenig Nachrichten, doch in der zweiten Hälfte des Jahrtausends bieten sich uns immer mehr, meistens authentische Quellen, so daß die Sachlage mit ziemlich großer Genauigkeit bekannt ist. Nach der Vertreibung der »fremden Führer« war die Regierung des typischen syro-palästinischen Stadtstaates eine unter jedem Gesichtspunkt feudale. An der Spitze der Pyramide stand der Fürst, neben und unter ihm eine Klasse von Adligen, die des Kampfes mit Wagen und Pferd kundig waren *(marijannu)*[11]. Sie bildeten oft eine von der Lokalbevölkerung ethnisch klar unterschiedliche Herrenschicht, aber auch dort, wo sie aus der Ortschaft stammte, unterschied sie sich dennoch von den Einwohnern durch ihre militärische, wirtschaftliche und deswegen politische Macht.

b) Die Pharaonen der nationalen Befreiung ließen diese Ordnung bestehen. Für sie war es wichtig, daß die Lokalfürsten ihnen und nicht ihren Vorgängern den Feudaleid leisteten und daß die ägyptische Oberhoheit also formell anerkannt würde. Daß es dabei während Perioden besonderer Schwäche des ägyptischen Königshauses nur bei einer rein formellen Anerkennung blieb, verstand sich von selbst und trug nicht gerade zur Beständigkeit der politischen Ordnungen im Lande bei.

c) Dem Lokalherrscher oblagen sowohl die inneren Angelegenheiten der Regierung als auch nach außen die Beziehungen zum ägyptischen Hofe. Beide Elemente begegnen sich in der Frage der Thronnachfolge: Einerseits wird der König vom Pharao ernannt, andererseits besteigt er den Thron als dynastischer Erbe seiner Vorfahren. Die Lösung dieses angeblichen Widerspruches – von A. Alt[12] vorgeschlagen – zeigt die gegenseitigen Beziehungen zwischen innerer und äußerer Politik. Niemand bestieg den Thron, ohne daß ihn der Pharao bestätigt hätte; andererseits war es nicht Sitte, daß der ägyptische Hof einen Thronanwärter

---

The Syrian town of Emar, BASOR 147 (1957), S. 22–27; G. Bucellati, La »carriera« di David e quella di Idrimi, re di Alalac, BeO 4 (1962), S. 95–99, und A. Alt, Bemerkungen zu den Verwaltungs- und Rechtsurkunden in Ugarit und Alalach, WdO 3, 1–2 (1964), S. 3–18. Für die 'Amarna-Texte vgl. die nunmehr klassische Ausgabe von J. A. Knudtzon, Die El-Amarna-Tafeln, 1915 (Neudruck 1964), deren Numerierung wir hier folgen. Andere, später aufgefundene, zwischen 1922 und 1934 veröffentlichte Briefe sind für unser Thema unerheblich, vgl. meinen Aufsatz in der Volterra Festschrift, Paragr. 2. Dortselbst eine Bibliographie und eine kurze Beschreibung der ägyptischen Verwaltung in Syrien-Palästina.

[11] J. Gray, The Legacy of Canaan, 1957, S. 166 ff. (dasselbe in der 2. Aufl. 1965), und A. F. Rainey, The military Personnel of Ugarit, JNES 24 (1965), S. 17–27 (vorläufiger Bericht).

[12] A. Alt, Die Landnahme..., S. 100 ff., bes. S. 100 Anm. 7. Zur ägyptischen Verwaltung in Syrien-Palästina vgl. W. Helck, Die Beziehungen Ägyptens zu Vorderasien im 3. und 2. Jahrtausend, 1962, S. 256 ff. (mit Bibliogr.).

vorgeschlagen hätte, der nicht die dynastischen Bedingungen erfüllte (siehe unten). Der schon untersuchte Fall von König Josia (vgl. oben, I. Teil, V, 3) gibt uns hierzu ein beinahe typisches, wenn auch über ein halbes Jahrtausend jüngeres Beispiel (gerade deswegen aber ein Zeugnis für die Beständigkeit dieser Handlungsweise): Der Pharao konnte die durch den ʻam haʼaræṣ veranlaßte und durchgeführte Wahl des Nachfolgers nicht gutheißen; andererseits suchte er sich einen Kandidaten aus, der den dynastischen Bedingungen völlig entsprach (vgl. II Reg 23 31-37 II Chr 36 2-4).

d) Die Biographie des Idri-mi, des Königs von Alalaḫ und Ḫalab (Aleppo), (ein wenig älter als die Amarna Briefe) gibt uns ein interessantes Zeugnis hierzu. Z. 3 wird Aleppo »Haus meines Vaters« (bit abija, vom englischen Übersetzer als »my inheritance« wiedergegeben) genannt; weiter unten (Z. 25) hat sich seine Stadt Aleppo gegen ihn erhoben. Auf der Flucht weilte er erst kurz in Emar, dann in Amija, wo sich die aleppitische Kolonie hinter ihn stellte, weil er der Sohn ihres Herrn war (inuma mar belišuna anaku); Z. 48 ff. zeigen uns eine dynastische Folge, und gegen Ende der Inschrift, Z. 90, übergibt Idri-mi den Thron seinem Sohne Adad-Nirari. Die politische Lage des Reiches gleicht also in mancher Beziehung der in den Amarna-Briefen Bezeugten: ein dynastisch legitimer Fürst ist gezwungen, wegen ausgebrochener Unruhen seinen Stadtstaat zu verlassen, vermag jedoch in ihn zurückzukehren.

e) Im Archiv von El-ʻAmarna ist dies eine beinahe gewöhnliche Situation. Rib-Addi von Byblos beruft sich auf die Treue seiner Vorgänger gegenüber den Pharaonen (46,1 47,1 55,1 109,8 129,46 und 130,21 ff.). Einmal beruft sich Addu-Nirari von Nuḫasse (NW-Syrien) auf die Tatsache, daß sein Großvater schon König der Ortschaft gewesen sei (51,4 ff.). In Sichem erscheinen die Söhne Labʼajus als Nachfolger ihres Vaters (287,30 und 289,6), während die Übergabe der Söhne Rib-Addis von Byblos an seinen Feind Aziru und die daraus folgenden Klagen nur dann begreiflich werden, wenn man annimmt, daß sie und keine anderen die Thronanwärter waren[13]. Auch die Mitarbeiter der KNUDTZONschen Ausgabe der Briefe[14] verweisen darauf, daß die Sitte, die Söhne der syro-palästinischen Fürsten am ägyptischen Hofe erziehen zu lassen (171,4, vgl. 296,25), nur dann sinnvoll erscheint, wenn sie Thronanwärter

---

[13] A. DESHAYES, Art. Byblos, RGG I (1957), Sp. 1557, läßt Rib-Addi durch einen Aufstand seiner Mitbürger verjagen.
[14] Bd. II, S. 1275 f. Es scheint mir deswegen unmöglich, mit GRAY, Canaanite Kingship..., S. 198, zu behaupten, daß, abgesehen vom Falle Aziru, die Amarna-Briefe nicht von einem erblich-dynastischen Königtum reden. Abdi-Ḫepa von Jerusalem ist ein Ausnahmefall. So kann auch die Aussage nicht bestehen bleiben, daß die Fürsten keine »local dynasts«, sondern (mit wenigen Ausnahmen) Reisläuferanführer waren.

waren. Eine einzige bemerkenswerte Ausnahme gibt es gegenüber dem dynastischen Prinzip: Abdi-Ḫepa von Jerusalem erinnert den Pharao manchmal daran, daß er durch dessen Gnade und nicht durch Nachfolge auf den Thron gelangt ist (286,9 ff. 287,25 ff. und 288,7 ff.). Es wäre bestimmt wertvoll zu untersuchen, inwiefern, auf Grund des genannten Beispiels der Nachfolge Lab'ajus von Sichem, zwei oder sogar mehrere Söhne Anrecht auf die Thronnachfolge hatten, vgl. noch den Fall Rib-Addis von Byblos.

f) Die Lage ist aber nicht so einfach, wie sie scheinen mag. P. ARZTI[14a] behauptet nämlich, daß der Einfluß des Volkes auf die Regierung in manchen Amarna-Briefen von großem Gewicht sei. Er selbst beschränkt aber diese Teilnahme auf die höheren Klassen (»upper eichelons«), die in der Versammlung saßen; die niedrigeren sollen sich eher den Ḫapiru oder sonstigen Gruppen zugewandt haben. Wir dürfen also hier nicht, wie er es tut, von »Demokratie«, sondern müssen eben von »Feudalherrschaft« reden, wo die Versammlung aus den Mitgliedern der Herrenschicht besteht. So dürfen wir wohl annehmen, daß »das Volk von Tunip«, das im Brief 59 vom Pharao die Einsetzung eines legitimen Fürsten verlangt, das Volk, das in Byblos zum Feind überläuft und den Brief seines Fürsten an den Pharao veranlaßt (74 vgl. 136 und 139–140), daß »die Stadt Irqata und ihre Leute« (^ALU *irqata u amelut šišetiši* ...) usw. alles Umschreibungen der aristokratisch gestalteten Versammlungen sind und von einer Demokratie keine Rede sein kann. Zum ganzen Problem vgl. noch unten K. III, 3 a–b.

g) Ein Vergleich mit dem älteren israelitischen Königtum zeigt uns demgegenüber eine Reihe von grundsätzlichen Unterschieden: Die Dynastie erscheint in Israel erst als eine zweite Etappe der Institution und besteht nicht von Anfang an. Von einer Feudalstruktur der Gesellschaft hören wir anfänglich nichts; sie trat dann in Erscheinung, als große Bestandteile der kanaanäischen Bevölkerung in die israelitische Ordnung eintraten. Sie scheint aber kaum die echt israelitischen Gemeinden beeinflußt zu haben, wie das im Süden deutlich wird. Ferner gibt es in Kanaan kein einziges Zeichen dafür, daß es je eine charismatische und demokratische Bestimmung des Königs gegeben habe, ja, was wir von den politischen Ordnungen der Gegend wissen, spricht dagegen[15].

[14a] P. ARTZI, »Vox populi« in the El-Amarna Tablets, ZA 58 (1964), S. 159–166, bes. Anm. 10.
[15] Außer in der Welt der Götter; doch sind hier wegen der nicht zu übersehenden religionsgeschichtlichen Unterschiede die Dimensionen doch ganz verschieden. Für den Wortbestand vgl. J. AISTLEITNER, Wörterbuch der Ugaritischen Sprache, 1963, Nr. 2215, s. v. *pḫr*.

4. Texte vom Ende des 2. Jt. und des 1. Jt.

a) Im Reisebericht des Wen-Amon¹⁶ (etwa 1100 v. Chr.) steht der König *Zkr B'l* von Byblos in seiner Versammlung (der Ausdruck, als *mw-'dwt* transkribiert, wurde von J. A. WILSON mit Recht als gleichbedeutend mit dem phönikisch-hebräischen מוֹעֵד gedeutet). Aus diesem Text erfahren wir kaum, wie sich die Versammlung zusammensetzte. Doch nach dem, was wir vom Stadtstaat dieser Gegend erfahren haben, dürfen wir wohl den Schluß ziehen, daß es sich auch hier um eine aus *marijannu* oder ihren Nachfolgern bestehende Versammlung handelt. Man beachte noch, wie der Ägypter sich auf die Vorfahren des Königs beruft, indem er von ihm Holz für das Schiff des Amon verlangt: »Dein Vater hat es getan, dein Großvater hat es getan, und also wirst du es tun . . .« (gemeint ist, das erforderte Holz liefern).

b) Einen zweiten, fast zeitgenössischen Bericht finden wir im Alten Testament in Jdc 9 (vgl. oben Einleitung, II, 3). Auch hier haben wir es mit den »Herren« (בַּעֲלֵי שְׁכֶם) der Stadt zu tun, und das ganze Kapitel wird auf einmal verständlich, wenn wir annehmen, daß nicht von einer israelitischen, sondern von einer kanaanäischen Versammlung die Rede ist¹⁷.

c) Ein wenig später (Anfang des 10. Jh.) bezeugt der Sarkophag des Aḥiram von Byblos, daß der Sohn dem Vater nachgefolgt ist¹⁸. Ein dynastisches Königtum für Tyros wird uns zwar nicht vom Alten Testament (vgl. Hiram, den Verbündeten Davids und Salomos), aber wohl von klassischen Autoren (DIO CASSIUS und MENANDER von Ephesus, zitiert bei JOSEPHUS FLAVIUS¹⁹) bezeugt; durch die letzteren ist es möglich, seine Dynastie für zwei weitere Generationen aufrechtzuerhalten. Die dynastische Erbfolge wurde zwar durch verschiedene Unruhen gestört, blieb aber als Prinzip durch die ganze erste Hälfte des 1. Jt. bestehen. Ähnlich ist die Lage in den anderen phönikischen Stadtstaaten, nur mit dem Unterschied, daß, angesichts der neuen wirtschaftlichen Lage, anstelle der Kriegeraristokratie sich eine Art Bürgertum entwickelte, das durch den Handel emporkam.

---

[16] II, 70 f.; vgl. ANET 2. Aufl. S. 25–29, bes. 29 a. Auch HELCK, Die Beziehungen . . ., S. 536, übersetzt mit »Versammlung«, durch die der König unterstützt wurde. Bei der Lage der Quellen kommt auch er zum Schluß, daß »deren Rechte und Pflichten allerdings nicht angegeben werden«.

[17] Vgl. hierzu oben die Einl. K. II, Anm. 23. Es scheint mir nicht möglich, mit E. NIELSEN, Die zehn Gebote, 1965, S. 54 Anm. 15, aus diesen und anderen Texten zu schließen, daß Sichem und andere Ortschaften nicht als Königtümer organisiert waren.

[18] Hierzu vgl. KAI Nr. 1 und ANET S. 504 b.

[19] *Contra Apionem* I, 17–18, vgl. *Antiquitates* VIII, v. 4; hierzu zuletzt D. HARDEN, The Phoenicians, 2. Aufl. 1963, Kap. VI, bes. S. 78 ff.

d) Das dynastische Prinzip bleibt auch nach den Inschriften in Transjordanien gewahrt: während der zweiten Hälfte des 9. Jh. finden wir in Moab eine erbliche Monarchie[20]. Ähnlich ist die Lage der Aramäer. In Damaskus finden wir Bar Hadad I. (erste Hälfte des 9. Jh.)[21], bei dem die Erwähnung seines Vaters und seines Großvaters nur dann einen Sinn hat, wenn wir eine Dynastie voraussetzen (vgl. noch I Reg 15 18). In J'dj-Sam'al (sengirli) gehört Kilamuwa, auch wenn er nicht der Sohn des vorhergehenden Königs ist, doch wohl zum Königshause[22], während seine späteren Nachfolger Panammu I. (Hadadstele, zweite Hälfte des 8. Jh.)[23] und Bar Rakab (zweite Hälfte des 8. Jh.)[24] je als Nachfolger ihres Vaters dargestellt werden. In den Verträgen zwischen Ktk und 'Arpad (Sefiré, Mitte des 8. Jh.)[25] werden neben den »Herren« und ihren Fürsten auch deren Söhne und Enkel als Teilhaber erwähnt. Im einzigen uns bekannten Fall einer durch Revolution bedingten Thronbesteigung, der des Zakīr von Hamat (Ende des 9. Jh., Anfang des 8. Jh.)[26], erklärt der

---

[20] Stele von Meša', König von Moab, Z. 1–2, vgl. KAI Nr. 181 und ANET S. 320. Der Name des Vaters kann jetzt nach einem weiteren, moabitischen Inschriftenfragment als Kmšjt ergänzt werden, vgl. W. L. REED–F. V. WINNETT, A Fragment of an early Moabite Inscription from Kerak, BASOR 172 (1963), S. 1–9, und D. N. FREEDMAN, A second Mesha Inscription, BASOR 175 (1964), S. 50 f. Damit werden auch einige Konjekturen bestätigt, gegen I. ENGNELL, Studies..., S. 79 ff., der im Wort nur den Namen des moabitischen Nationalgottes sah. Zum Problem des Königtums in dieser Inschrift und in der folgenden, vgl. K. H. BERNHARDT, Das Problem..., S. 178 ff.

[21] KAI Nr. 201 und J. J. KOOPMANS, Aramäische Chrestomatie, 1962, Nr. 4; ANET S. 501 f. für das Problem des Ursprungs der Aramäer vgl. A. DUPONT-SOMMER, Les Araméens, 1949, und unten Anm. 34.

[22] KAI Nr. 24; KOOPMANS Nr. 1; ANET S. 500 b. Für diese Inschrift und die folgenden vgl. K. F. EULER, Königtum und Götterwelt in den altaramäischen Inschriften Nordsyriens, ZAW 56 (1938), S. 272–313, bes. S. 280 und 282 ff., und M. NOTH, Gott, König und Volk..., S. 206 ff.

[23] Z. 8, vgl. Z. 15 und 20 f.; KAI Nr. 214; KOOPMANS Nr. 9; fehlt in ANET. Zu den verschiedenen historischen und dynastischen Problemen vgl. EULER a. a. O. S. 280 ff.

[24] KAI Nr. 210; KOOPMANS Nr. 12, Z. 4; ANET S. 501 a, vgl. EULER a. a. O. S. 277 f.

[25] KAI Nr. 222; KOOPMANS Nr. 10, A; vgl. oben Einl. K. II, Anm. 23.

[26] KOOPMANS Nr. 8, Z. 2; ANET S. 501 f. Im Sennacherib-Prisma (vgl. D. D. LUCKENBILL, The Annals of Sennacherib, 1924, vgl. ANET S. 287 ff.) wird noch berichtet (II, 73 und III, 18), daß in Eqron gegen Ende des 8. Jh. die Bevölkerung aus drei sozialen Schichten bestand: »Funktionäre«, »Adlige« und »(gemeines) Volk« (AMšakkanakêPL, AMrubûte ù nišêPL amqarruna); ähnlich ist die Lage in Bit Agusi ('Arpad) um 754, wo von »seinen Großen« (rabûtiMEŠ-šu) die Rede ist, vgl. E. F. WEIDNER, Der Staatsvertrag Aššurnirâris VI. (sic!) mit Mati'ilu von Bît-Agusi, AfO 8 (1932–33), S. 17–27, bes. S. 19 (für eine neue Übersetzung vgl. D. J. McCARTHY, Treaty and Covenant, 1963, S. 195–197).

König: »Ich war ein armer Mann, doch Ba'al Šāmajn [hat mir geholfen], stand auf meiner Seite und hat mich zum König über Hazarikke gekrönt ...«

e) Nach dem 10. Jh. sind für unser Thema diese Nachrichten weniger wichtig, da ja auch in Israel und Juda das dynastische Prinzip die Oberhand gewonnen hatte, wenn auch jeweils auf verschiedene Art und Weise. Diese Völker haben allerdings mit Israel einen gemeinsamen Zug: den sozusagen »funktionellen« Charakter der Monarchie. Von deren Sakralität oder Vergötterung[27] hören wir nämlich überhaupt nichts. Es fehlt vollkommen an Nachrichten, wie sich diese Königtümer als solche gründeten und wie sie verwaltet wurden, so daß die charismatisch-demokratischen Züge der israelitischen Monarchie wiederum allein dastehen.

5. Das israelitische und das syro-palästinische Königtum

a) Während die Philister bei ihrer Niederlassung im Südwesten Palästinas (erste Hälfte des 12. Jh.) allem Anschein nach die ortsbedingte Form der Monarchie annahmen[28] (die, ihrem fast allgemein akzeptierten ägäischen Ursprung gemäß, der eigenen Urform sehr ähnlich war), geschah, wie ALT richtig gesehen hat, in Israel nichts dergleichen. Deswegen hat er den Versuch unternommen, die nach einer halbnomadischen Existenz sich in Transjordanien niederlassenden Völker zu erforschen, die zur gleichen ethnischen Gruppe wie die Vorfahren Israels gehörten: Edom, Moab und Ammon. Die ersten beiden Völker, bald gefolgt vom dritten, besetzten ihr Land kurz vor den Israeliten und gelangten ein paar Jahrhunderte früher als Israel zum Königtum. Am Ende des 2. Jt. ist bekanntlich die Landnahme der Aramäer anzusetzen[29].

Bei Edom, Moab und Ammon bestand die Monarchie – nach den biblischen Quellen – viel früher als bei Israel, und für Edom besitzen wir sogar eine archaische Königsliste (Gen 36 31-39), deren Mitglieder »in der Gegend Edoms regierten, bevor es einen König gab für (die Söhne) Israel(s)«[30], und deren Institution eine dynastische Thronnachfolge ausdrücklich ausschließt. Die Liste könnte gut die Könige jener Zeit umfassen, in der die Gruppen unter Mose den Durchzug durch moabitisches

---

[27] So EULER und NOTH a. a. O.
[28] Vgl. ALT, Staatenbildung, S. 1 ff.
[29] Dorts. S. 28 ff. und die dort vermerkte Literatur. Zu den einzelnen Völkern vgl. die Einträge in den neuesten Nachschlagewerken und für die Aramäer oben Anm. 21 und unten Anm. 34.
[30] Für unsere Untersuchung ist es nicht wichtig festzustellen, ob wir nach dem MT »Ehe dort ein König für Israel regierte« oder nach der LXX »Ehe ein König über die Israeliten regierte« zu lesen haben, vgl. BH³, die Kommentare und besonders R. DE VAUX, La Genèse, 2. Aufl. 1962, z. St. Die Liste von acht Königen, deren

Gebiet verlangten (Num 20 14-21), bis zur Einfügung Moabs in das Großreich unter David, II Sam 8 13-14. Von einem König Edoms redet ferner noch Jdc 3 7-11, falls wir אדם für das überlieferte ארם lesen.

c) Für Moab wird uns in Jdc 3 11-30 berichtet, daß es einen König hatte; leider wissen wir nicht mehr.

d) Von Ammon hören wir Jdc 10 6–11 33 (vgl. bes. 11 13 ff.) und 14 28, daß es schon während der Richterzeit zum Königtum gelangt war, und der I Sam 11 erwähnte Naḥaš kann gut einer dieser Könige gewesen sein, auch wenn wir über die ammonitische Monarchie nichts mehr erfahren.

e) Außer im Falle Edoms erhalten wir überhaupt keine Nachrichten über die Verfassung dieser Königtümer in Transjordanien. In Edom erscheint uns allerdings ein Königtum, dem gewiß, wie gesehen, ein nichtdynastisches Prinzip zugrunde lag, was die Wahrscheinlichkeit eines Wahlkönigtums, auch wenn wir keine Beweise besitzen, aufkommen läßt. Ob ähnliche Schlüsse auch in bezug auf das Königtum anderer Völker gezogen werden dürfen, scheint mir angesichts des Schweigens der Quellen vorläufig nicht gerechtfertigt. Das nicht ausdrücklich bezeugte, doch annehmbare Prinzip eines Wahlkönigtums könnte ganz gut das Vorbild der israelitischen Versammlungen gebildet haben, um so mehr als beide Völker einen ähnlichen Hintergrund aufweisen. Von einer charismatischen Designierung bei Edom wissen wir allerdings nichts. Inwiefern das Reich Edoms nach ALT als »national« im Unterschied zu dynastisch-institutionellen Monarchien beschrieben werden darf, ist problematisch und scheint mir für unser Problem unerheblich; das »nationale« Element wurde ferner neuerdings von DE VAUX[31] verneint: In der genannten edomitischen Königsliste erscheinen nämlich einige arabische Namen, was auf eine Mischbevölkerung schließen läßt. Aber auch für Israel, dessen Zwölfstämmebund, ja, sogar einzelne Stämme sich auf palästinischem Boden gründeten[32], andere aber von außen kamen, kann die Bezeichnung »national« kaum gebraucht werden, ganz abgesehen von den Problemen der Datierung des Bundes als Konzept, seiner Grenzen sowie der Grenzen der einzelnen Stämme[33].

---

terminus ante quem nur die Eroberung unter David sein kann (II Sam 8 13-14), erlaubt uns, viel weiter als das Königtum Sauls zurückzugehen und beweist das viel höhere Alter des moabitischen Königtums. Es braucht nicht unterstrichen zu werden, daß dieses Dokument gegenüber den anderen problematischeren einen einzigartigen Wert besitzt.

[31] Vgl. z. St. den zitierten Kommentar.
[32] M. NOTH, Geschichte Israels, 2. Aufl. 1954, par. 7, und J. BRIGHT, A History of Israel, 1959, S. 120 ff. (jetzt in deutscher Übersetzung, 1965) auf die ich für Einzelheiten verweise.
[33] Vgl. zuletzt S. MOWINCKEL, Tetrateuch, Pentateuch, Hexateuch, 1964, S. 31 und 66 ff., und K.-D. SCHUNCK, Benjamin, 1963, S. 52.

f) Erst in I Reg 11 14ff. zur Zeit Salomos hören wir von einem »Königsgeschlecht« in Edom. Dies ist allerdings die Zeit, in der auch in Israel das Königtum seine dynastischen Formen endgültig festigte. Wir dürfen also im Königtum von Edom eine dem israelitischen ganz ähnliche Entwicklung feststellen, auch wenn in Edom ein nichtdynastisches Königtum früher anfing und deswegen viel länger dauerte.

g) Bei den Aramäern begegnen wir, wie gesehen, einem dynastischen Königtum seit dem 9. Jh. Über die gegen Ende des 11. und im 10. Jh. herrschenden Formen, als unter David die Verbindungen Israels zu Aram anfingen[34], erhalten wir fast keine Nachricht. Nur wissen wir von einem durch die Dynastie Bêt Reḥôb regierten Königreich von Aram Zōbah, das aus einer Föderation verschiedener Staaten entstanden war und das David besetzte (II Sam 8 9-11 I Chr 18 9-11). Das Material ist aber zu gering, um mehr als die Vermutung aufzustellen, daß es schon in jenen Zeiten eine dynastisch gestaltete Monarchie unter den Aramäern gab.

---

[34] Für die Aramäer vgl. die Einträge in den letzten Nachschlagewerken; ferner B. MAZAR, The Aramaean Empire and its relations with Israel, BA 25 (1962), S. 98 bis 120, bes. S. 102 ff.; A. MALAMAT, The Kingdom of David and Solomon in its contacts with Egypt and Aram Naharaim, BA 21 (1958), S. 96–102, bes. S. 100 ff., und Aspects of the foreign policies of David and Solomon, JNES 22 (1963), S. 1–17.

KAPITEL II

Das Königtum in Ägypten und bei den Hethitern

1. Einleitung

a) Wenn wir vom syrisch-palästinischen Raum in die benachbarten Länder kommen, die ihn entweder beherrscht oder sonst kulturell stark beinflußt haben, dann stoßen wir zuerst auf jene zwei Nationen, die sich in das Land bis beinahe zum Ende des 2. Jt. teilten: im Süden Ägypten, im Norden das hethitische Großreich. Es ist dabei einfach festzustellen, daß, während der kanaanäische Stadtstaat in vielen Einzelheiten der Organisation des hethitischen Reiches sehr ähnlich ist, dies bei Ägypten nicht oder höchstens in kleineren, organisatorischen Elementen zutrifft.

b) Es ist nicht möglich, im Rahmen dieser Untersuchung auf diesem Gebiet wie auch später für Mesopotamien eine neue, eigene Erforschung bzw. Nachprüfung der Quellen und der verschiedenen Probleme zu unternehmen, um so mehr als die uns interessierenden Quellen überzeugend veröffentlicht worden sind. Dies erlaubt uns, bei allen noch ungelösten Problemen doch mit einer gewissen Sicherheit vorzugehen.

2. Die hethitische Monarchie[1]

a) Das Problem des Ursprungs, des Aufbaus und des Wesens des hethitischen Königtums und ferner seine Wirksamkeit auf dem praktischen Gebiet sind nicht leicht zu lösen, auch angesichts des gemischten Charakters der Bevölkerung des Landes Ḫatti. Immerhin sind genügend Elemente vorhanden, um zumindest Beziehungen auf phänomenologi-

---

[1] C. J. Gadd, Ideas of Divine Rule in the Ancient Near East, 1948, Kap. III; L. Delaporte, Les peuples de l'Orient méditerranéen, 3. Aufl. 1948, S. 196 ff.; A. Alt, Hettitische und ägyptische Herrschaftsordnung in unterworfenen Gebieten, 1949 (Kl. Schr. III, 1956, S. 99–106); A. Scharff–A. Moortgat, Ägypten und Vorderasien im Altertum, 1950, S. 350 ff.; E. Cavaignac, Les Hittites, 1950, S. 56 ff.; S. Moscati, L'Oriente antico, 1952, S. 50 ff.; A. G. Güterbock, Authority and Law in the Hittite Kingdom, in: Suppl. JAOS 17 (1954), S. 16–24; M. Riemschneider, Die Welt der Hethiter, 1954, passim; A. Goetze, Kleinasien, 2. Aufl. 1957, Kap. III, 1 S. 85 ff.; O. R. Gurney, Hittite Kingship, in: Myth, Ritual and Kingship, hrsg. von S. H. Hooke, 1958, S. 105–121; Ders., Art. ḥēt, ḥittim, Enc. Bibl. 3 (1958), Sp. 320–355; Ders., Art. Hethiter, RGG 3. Aufl. 3 (1959), Sp. 299–303;

schem und ideologischem Gebiet zwischen den Stadtstaaten Kanaans und der Regierungsform des Großreiches festzustellen. Diese Beziehungen möchte ich als ideologischen Parallelismus beschreiben, wobei das Problem der gegenseitigen Beeinflussung oder Herkunft von einem gemeinsamen Urbild her vorläufig noch offen bleiben muß.

b) Die hethitischen Texte, von den ältesten bis zu den jüngsten, die uns erreicht haben, sind sich über die dynastische Erblichkeit des Königtums einig. Bei einer kritischen Lektüre besonders der älteren Texte kann man sich aber dem Eindruck nicht entziehen (und ein nicht geringer Teil der gegenwärtigen Forschung hat sich diesen Eindruck zu eigen gemacht), der uns aus fast jeder Spalte entgegentritt: daß dieses Prinzip nicht immer selbstverständlich, ja das Endergebnis eines schweren und langen, bis zum Anfang der zweiten Hälfte des 2. Jt. dauernden Kampfes zwischen zwei Staatskonzepten gewesen ist. Sollten wir nämlich annehmen, daß die Hethiter von Anfang an eine absolute und erbliche Monarchie besessen haben, befinden wir uns vor der Unmöglichkeit, zwei Tatsachen zu erklären: I. die gut belegte Entwicklung, die das Land von einer feudalen Völkerföderation zur einheitlichen Monarchie führte, und II. das Gefühl der Unsicherheit, ja der Krise, das in den früheren Zeiten den Tod eines jeden Königs begleitete und oft schon vor dem Beginn der eigentlichen Nachfolge in Form von Verschwörungen und Aufständen einsetzte. In dieser unruhigen Atmosphäre komplottierten und kämpften die verschiedenen Parteien mit allen ihnen zur Verfügung stehenden Mitteln, damit ihr Anwärter den Thron erhalten würde. Dies beweist zur Genüge, daß das Problem der Thronnachfolge eben nicht gelöst war.

c) Viele zeitgenössischen Autoren – unter ihnen A. GOETZE – rechnen deswegen mit der Möglichkeit, daß es früher bei den Hethitern eine Art Wahlkönigtum gegeben habe und daß für seine Gestaltung eine aus adligen Kriegern zusammengestellte Versammlung (*pankuš* – »die Gesamtheit [der Krieger]«) das Wort und die Macht hatte. Falls dieses zutrifft, hätten wir bei den Hethitern schon jene Staatsform, die einerseits bei manchen indogermanischen Völkern bis zu unserm Mittelalter nachgewiesen[2] und anderseits von der traditionellen semitischen grundsätzlich verschieden ist. Letzteres muß natürlich mit Vorsicht behauptet werden, da es ja bekanntlich eine »traditionell semitische« Form des Königtums in Wirklichkeit nie gegeben hat.

F. CORNELIUS, Das Hethiterreich, FF 33 (1959), S. 111–113; O. R. GURNEY, The Hittites, 3. Aufl. 1961, S. 63 ff. (mit Bibl.); H. OTTEN, Das Hethiterreich, in: H. SCHMÖKEL (hrsg.), Kulturgeschichte des Alten Orient, 1961, S. 313–446, bes. S. 364 ff.; M. LIVERANI, Introduzione alla storia dell'Asia anteriore antica, 1963, S. 138–141; H. OTTEN, Art. Hethiter, BHH 2 (1964), Sp. 299–355.

[2] Der Vergleich wird von MOORTGAT a. a. O. S. 352 f. gemacht. Für die »Ältesten«, die in der Versammlung saßen, vgl. H. KLENGEL, Die Rolle der »Ältesten«

Nach dem alt-hethitischen System soll der König sich also auf eine aristokratische Kriegerschicht gestützt haben; sie regierte ihrerseits oft über Völker, die von ihr ethnisch verschieden und als Bundesgenossen, Vasallen oder Heloten in das Großreich eingegliedert waren.

d) Die Existenz eines solchen Wahlkönigtums wird allerdings von einigen Forschern verneint. Gurney und Liverani beanstanden mit Recht, daß wir aus den zur Verfügung stehenden Quellen von ihm nichts erfahren. Der erstere deutet die bei jedem Thronwechsel aufkommde Unsicherheit und Unordnung durch die Spannung zwischen der Krone, die ihre dynastischen Rechte zu fördern versuchte, und der Versammlung, deren Bestreben natürlich in entgegengesetzter Richtung lief: ihre Privilegien zu retten und zu fördern. Liverani begnügt sich damit, die Unsicherheit festzustellen; sie besteht aus »Unordnung und Aufstand gegen die Behörde ... und nicht aus rechtskräftigen Institutionen« (S. 139).

Wie dem auch sei, es dauerte lange, bis die hethitische Monarchie zu einer inneren Festigkeit gelangte, ob wir nun die eine oder die andere These als erwiesen annehmen.

3. Für unsere Untersuchung wichtige hethitische Könige

a) Gegen Anfang des 16. Jh. (nach der hier verwendeten »niedrigen« Chronologie von W. F. Albright und F. Cornelius) finden wir den König Labarnaš, der mit Recht als Gründer der hethitischen Monarchie bezeichnet wird (Moortgat, vgl. Goetze und Liverani). Er begann eine kontinuierliche, organische Außenpolitik, die nach der Unterwerfung ganz Kleinasiens strebte. Ihm gelang es, die Grundlagen zum zukünftigen, stark institutionalisierten, in der königlichen Person zentralisierten hethitischen Staat zu legen. Durch ihn wurde die Monarchie von der Versammlung losgelöst und auf dynastischer Basis neugegründet: dem König und niemand anderem oblag es, sich um die Nachfolge zu kümmern, während die Versammlung als Gegenleistung zur Anerkennung ihrer Privilegien von seiten des Königs die so gestaltete Thronnachfolge annahm. Diese Reform soll so wichtig gewesen sein, daß der Name des Königs (auch in der Variante Tabarnaš) als Synonym für »Herrscher« durch die ganze hethitische Geschichte bestehen blieb, etwa so wie der Name Caesar in Rom. Nur relativ spät erhielt der König den Titel »Sonne«, auf den wir

---

(LÚMEŠŠU.GI) im Kleinasien der Hethiterzeit, ZA 57 (1965), S. 223–236. Nach V. V. Ivanov, L'organisation sociale des tribus indo-européennes d'après les données linguistiques, Cahiers d'Histoire mondiale 5 (1959–60), S. 789–800, bes. S. 792 ff., soll der Ursprung der Versammlung bei einer früheren Stammesbildung zu suchen sein; er argumentiert aber hauptsächlich mit etymologischen Daten, was ungenügend ist.

noch zurückkommen müssen. Auch der Name der Frau Labarnaš', Tawananna, wurde bald zum Synonym für »Königin«³.

b) Sein Sohn Hattušiliš I. (etwa 1580–1550) versuchte die Außenpolitik seines Vaters fortzusetzen und begann einen Feldzug gegen Aleppo. Einige Gebiete dieses Stadtstaates konnte er zwar besetzen, aber sonst scheiterte die Expedition völlig. Gleichzeitig hatte sich aber die innere Lage des Reiches entschieden verschlimmert, und der König sah sich genötigt, die Königinmutter und den Kronprinzen zu beseitigen; der letztere wurde durch den zweitältesten Sohn ersetzt, der später unter dem Namen Muršiliš I. (etwa 1550–1530) den Thron besteigen sollte. Er wurde durch den hethitischen Feldzug gegen Babylon bekannt. Hattušiliš mußte noch, und dies bezeugt die Stärke der Versammlung bis zu seiner Zeit, dem *pankuš* über die zuletzt getroffenen Maßnahmen Bericht erstatten, was u. a. auch das Gewicht der Königinmutter im Hethiterreich bezeugt⁴.

c) Es ist nicht verwunderlich, daß eine Staatsform wie die des Labarnaš sich nur nach langem Ringen und unter jedem erdenklichen Widerstand verwirklichen konnte, der begreiflicherweise zum größten Teil von der Versammlung kam. Nur Anfang des 15. Jh., als Telepinuš den Thron bestieg, konnten sowohl das dynastische Prinzip der Nachfolge als auch die Beziehungen zwischen Thron und Versammlung endgültig festgelegt werden⁵. Unter ihm entsteht das Recht der Versammlung, den König zu richten, falls er des Mordes angeklagt würde, besonders wenn das Verbrechen innerhalb der königlichen Familie stattgefunden hatte. Als Entgelt für diese Befugnis verzichtete der *pankuš* darauf, eigene Anwärter für die Thronnachfolge aufzustellen und zu unterstützen.

d) Dadurch wurde die Haupttätigkeit der Versammlung auf die gerichtliche Sphäre verlegt und beschränkt, auch wenn hier ihre Zuständig-

---

³ I. ENGNELL, Studies in Divine Kingship in the ancient Near East, 1943, S. 58, hat behauptet, um die Göttlichkeit des hethitischen Königs zu beweisen (wir kommen noch auf das Problem zurück), daß das Logogramm SALAMA. DINGIRLIM, das in Ḫatti oft für die Königinmutter gebraucht wird, mit dem sumerischen für »Mutter einer Gottheit« gebrauchten identisch sei, wie B. HROZNÝ 1922 vorgeschlagen hat. Diese Identität ist allerdings nach dem letzten Stand der Forschung nicht mehr aufrecht zu halten, vgl. GOETZE a. a. O. S. 93 Anm. 1.

⁴ Dieser Tatbestand ist im Alten Orient außergewöhnlich und hat nur in Ugarit, im neuassyrischen Reich und in Juda Parallelen. In Ḫatti trägt die Königinmutter den Titel *Tawananna* bis zu ihrem Tode, vgl. H. DONNER, Art und Herkunft des Amtes der Königinmutter im Alten Testament, in: Festschrift J. FRIEDRICH, 1959, S. 105–145, bes. S. 110 ff. und 122 ff. Die Rolle der Bat Šebaʿ I Reg 1 11 ff. und besonders der Athalia II Reg 11 1 ff. in Juda erklärt sich aus diesen Parallelen. Auch dies muß wohl durch die kanaanäische Königsideologie (vgl. den Beleg in Ugarit) nach Israel gekommen sein, wenn wir auch, außer von Ugarit, über das ganze nichts weiteres wissen.

⁵ Zum Text des Telepinuš-Ediktes vgl. OTTEN a. a. O. S. 338 f. und 344 f.

keit keine Schranken kannte. Dies konnte sie aber kaum vom Verfall auf politischem Gebiet retten. Eine ähnliche Funktion werden wir auch in Altassyrien und Babylon bei derartigen Versammlungen beobachten (vgl. unten K. III, 1 d).

e) Die hethitischen Quellen stimmen darin überein, daß sie dem König keines jener Elemente zuschreiben, die aus ihm einen Gott hätten machen können. Dennoch vertrat der Monarch zusammen mit der Königin den Wettergott und die Sonnengöttin, deren letzter Titel später auf ihn überging[6]. Dies stimmt vollkommen mit dem schon Beobachteten überein. Hätte es im Ḫatti-Land eine göttliche Monarchie gegeben, so wären alle Schwierigkeiten stark eingeschränkt, wenn nicht vollkommen ausgeschaltet worden[7].

4. Hethitisches und syro-palästinisches Staatswesen

a) Wenn wir einmal vom Umfang des hethitischen Reiches und von der Geringfügigkeit den syro-palästinischen Stadtstaaten absehen, wird es offensichtlich, wie ähnlich die beiden Staatsformen dem objektiven Beobachter erscheinen[8]. Wir haben gesehen, daß sich der kanaanäische Stadtstaat durch den König und die Versammlung der Adligen regierte. Das hethitische Beispiel erlaubt uns nun zu klären, weshalb es oft solche schweren Kämpfe zwischen dem Monarchen und den *marijannu* gab, wie wir sie aus der Idri-mi Statue und aus den Amarna-Briefen kennen (vgl. oben K. I, 3). Einen ähnlichen Konflikt finden wir im Alten Testament am Ende des 12. Jh., Jdc 9 im Falle Abimælæks (vgl. oben Einleitung K. II, 3 und II. Teil K. I, 4 b).

---

[6] Ob der König in ältester Zeit göttliche Prädikate getragen habe, wie dies ENGNELL a. a. O. S. 57 ff. behauptet, indem er die Frucht der Vereinigung des Sturmgottes mit der *Tawananna* bildete, ist schwer zu beweisen, um so mehr als, wie wir oben (Anm. 3) sahen, einer der vom Gelehrten erwähnten Gründe zu diesem Zwecke nicht zu brauchen ist. Ähnlich ergeht es dem Titel »Sonne«, den der König in der letzten Periode trägt: Keilschriftlich wird er zwar mit dem Determinativ ILU wiedergegeben, was nicht im Sinne von Göttlichkeit ausgelegt werden kann, wie ENGNELL es möchte, vgl. GÜTERBOCK a. a. O. S. 16.

[7] Ich möchte hier von jeder apodiktischen Behauptung absehen, da bei religionsgeschichtlichen Definitionen immer ein großer Spielraum für irrationale Faktoren offen zu bleiben hat. Das ägyptische Beispiel, dem wir uns alsbald zuwenden werden, zeigt aber ganz genau, wie ein Gottkönigtum eine große Beständigkeit der Institutionen erwirkte, deren Grundlagen es eigentlich bildete. Denn die Rechte eines noch so großen Menschen (und solche sind auch im Königtum selten) sind anfechtbar, doch wer würde es wagen, die eines Gottes streitig zu machen (auch dies geschah allerdings, wenn auch selten)?

[8] R. HENTSCHKE, Die sakrale Stellung ..., S. 70 a, ist bereit, die Ähnlichkeit der Institutionen zwischen Ugarit und dem Hethiterreich anzunehmen, wie im vorigen Kapitel Anm. 4 gesehen. Dortselbst auch eine Kritik.

b) Wir haben auch gesehen, wie sich diese Doppelheit König – Versammlung der Adligen durch die ganze erste Hälfte des 1. Jt. hindurch in Kanaan verfolgen läßt, wobei in Hatti wie in Syrien-Palästina, die aristokratische (später in Phönikien, die großbürgerliche) Eigenart der Mitgliederschaft der Versammlung unterstrichen werden muß.

c) Auch im syro-palästinischem Gebiet weiß man nichts von einer Göttlichkeit oder einer Vergöttlichung des noch lebenden Königs. Nur aus Ugarit haben wir den Beleg einer göttlichen Adoptionsideologie, über deren praktische Folgen wir aber noch nicht unterrichtet sind.

d) Der einzige große Unterschied zwischen dem hethitischen Großreich und den Stadtstaaten Syriens und Palästinas besteht also darin, daß die Hethiter es mittels einer Föderation zu einer Großmacht brachten (besonders wenn wir die oben 2 b und c vorgetragene Deutung der älteren Geschichte des Reiches annehmen), die Kanaanäer hingegen nicht und dadurch leicht unter die Oberhoheit eines der Großstaaten kamen: der Hethiter im Norden und Ägypter im Süden.

Nun ist aber diese staatsgestaltende Ähnlichkeit nur verständlich für die Gebiete nördlich des Orontes, die tatsächlich immer unter hethitischer Oberhoheit standen. Sie ist hingegen nicht leicht erklärlich in den südlichen, unter ägyptischer Herrschaft stehenden Teilen. Dies ist um so bemerkenswerter, wenn man den großen Einfluß der ägyptischen bildenden Künste auf die nördlichen und südlichen Gegenden in Betracht zieht[9]!

e) Bei dem heutigen Stand der Wissenschaft kann eine befriedigende Lösung nur in einer Richtung gesucht werden. Wir haben oben gesehen (K. I, 3 a–c), daß das zweigeteilte Staatswesen in den Stadtstaaten Kanaans häufig mit der Hyksos-Herrschaft in Zusammenhang gebracht wird, wenigstens was die Chronologie betrifft. Das Hyksosreich wird aber heute in dem viel breiteren historischen Zusammenhang jener Völkerwanderungen untersucht, welche am Anfang des 2. Jt., u. a. durch Bewegung arischer Gruppen, denen sowohl die Hethiter als auch vermutlich ein Teil der Hurriter[10] angehörten, ins Leben gerufen wurden. Die letzten

---

[9] Diese Einflüsse sind offensichtlich, auch wenn ursprünglich die ägyptische und die syrische Kunst grundsätzlich verschieden sind (wie seinerzeit von A. Scharff, Wesensunterschiede ägyptischer und vorderasiatischer Kunst, 1943, nachgewiesen wurde). Vgl. zuletzt H. Frankfort, The Art and the Architecture of the Ancient Orient, 2. Aufl. 1958, Kap. 10 S. 132 ff., bes. S. 136 ff.; W. Helck, Die Beziehungen Ägyptens und Vorderasiens im 3. und 2. Jahrtausend, 1962, S. 69 ff., und Schaeffer, Nouveaux témoignages ..., Syria 43 (1966), S. 1–18, bes. S. 14 ff.

[10] Das verwickelte Problem der Völkerwanderungen während der ersten Hälfte des 2. Jt. und das des Ursprunges der Hyksos kann hier nur gestreift werden. Wichtig sind hierzu: J. H. Breasted, A History of Egypt, 2. Aufl. 1935, Teil XV; K. Galling, Hyksosherrschaft und Hyksoskultur, ZDPV 62 (1939), S. 89–115; T. Säve-Söderberg, The Hycsos Rule in Egypt, JEA 37 (1951), S. 53–71; Scharff-Moortgat a. a. O. S. 110–115; É. Drioton – J. Vandier, L'Égypte, 3. Aufl. 1952, S. 288–301;

Ausläufer dieser Bewegungen sollen die Hyksos gewesen sein, obwohl sie einen ethnisch schon stark gemischten Zug aufweisen. Diese Bewegungen treffen mit der Einführung des Streitwagens im alten Nahen Osten zusammen, zuletzt in Ägypten unter der 18. Dynastie. Diese Waffe brauchte aber besonders ausgebildete und begüterte Krieger, was die Voraussetzungen zur Bildung jener Kampfelite schuf, die, wie im europäischen Mittelalter das Rittertum, sich bald zur führenden Oberschicht entwickelte. Durch die Gewährung von Lehen wurde ihre wirtschaftliche Position immer stärker.

f) Diese Führerschicht bildete sich fast gleichzeitig innerhalb von ein paar Jahrhunderten in Ḫatti, Mitanni und Syrien-Palästina. Sie hatte das starke Selbstbewußtsein, daß der König nur als einer der Ihren galt und deswegen der Versammlung zu gehorchen hatte. In Ägypten, falls es dort je dieses System gegeben hat, wurde es von den Pharaonen der Restauration sofort abgeschafft, ohne eine einzige Spur zurückzulassen. Aber in den syro-palästinischen Gebieten, die Ägypten indirekt durch die Lokalbehörden verwaltete, blieb es bestehen. Deswegen dürfen wir wohl nicht von Abhängigkeit Kanaans von Ḫatti oder umgekehrt reden, sondern einfach von ortsbedingten Eigenentwicklungen eines ursprünglich gleichen Systems.

g) Natürlich gilt auch hier, was oben (K. I, 4 e–5 a) von den Beziehungen zwischen der frühisraelitischen Monarchie und dem Königtum der kanaanäischen Stadtstaaten gesagt wurde: Das aristokratische Bild der hethitischen Versammlung und das demokratische Gefüge der israelitischen schließen jede ursprüngliche Beziehung aus, was besonders wichtig ist angesichts der vielen ideologischen Verbindungen, die man zuletzt zwischen den Hethitern und Israel aufgedeckt zu haben glaubt.

5. Ägypten[11]

a) Das ägyptische Königtum bildet heute für die Forschung das beinahe typische Beispiel eines sakralen Königtums, ja eines Gotteskönigtums. Eine einzige Ausnahme bildet G. POSENER, dessen Thesen aber von

---

A. ALT, Die Herkunft der Hyksos in neuer Sicht, 1954 (Kl. Schr., III 1956, S. 72–98) (vgl. die Rezension von G. LANCZKOWSKY, OLZ 51 [1956], Sp. 389–393); H. BRUNNER, Art. Hyksos, RGG 3. Aufl. 3 (1959), Sp. 498 f.; M. LIVERANI a. a. O. S. 154–157, und M. KRAUSE, Art. Hyksos, BHH 2 (1964), Sp. 755. W. HELCK, Die Beziehungen ..., S. 92 ff., vgl. bes. S. 102 ff., führt verschiedene wichtige Gründe an für die Behauptung, der Hauptbestand der Hyksos sei aus Hurritern zusammengesetzt gewesen; dem steht jedoch M. LIVERANI, Introduzione alla storia ..., S. 154 f., kritisch gegenüber, indem er die Ankunft der Hurriter nach der der Hyksos ansetzt.

[11] A. MORET, Du charactère religieux de la royauté pharaonique, 1902; É. CHASSINAT, Deux bas-reliefs historiques du Temple d'Edfou, in: Mélanges A. MASPÉRO, I, 1 1935,

Daumas mit Recht abgelehnt werden: Es geht nicht, sagt Daumas, eine westliche, moderne Gottesvorstellung zu nehmen, die in Ägypten nicht nachgewiesen werden kann, und dann zu schließen, daß Ägypten kein sakrales bzw. göttliches Königtum gekannt habe und daß die betreffende Terminologie nur einen übertriebenen Hofstil widerspiegle. Das Problem auf diese Art zu stellen und zu lösen, bedeutet, die feine, innere Dialektik des altorientalischen Gottheitsbegriffes zu ignorieren. In ihm (vgl. oben Einleitung K. I Anm. 1) ist der Unterschied zwischen Gott und Mensch nicht so scharf wie in der spätjüdischen und in der christlichen Theologie. Dadurch kann der Pharao Gottheit und Menschheit in sich vereinen; ja, beides begegnet sich in seiner Person – ein Gedanke, der im Alten Orient überall vorhanden ist, aber nur in Ägypten gänzlich und konsequent durchdacht und verwirklicht wird.

b) Dieses Gottkönigtum erscheint in Ägypten von der 5. Dynastie an (Mitte des 3. Jt.). Der König ist der leibliche Sohn des Rēʿ, des Sonnengottes und Demiurgen oder des Osiris und in diesem Fall mit Horus identisch, dessen Falkenbild auch sein eigenes wird. Wir können uns hier nicht mit den komplizierten Problemen befassen, die sich wiederum auf religionsgeschichtlichem, geschichtlichem und theologischem Gebiet stellen.

S. 513–523, bes. S. 515 Anm. 2; Breasted a. a. O. S. 56 ff. und 74 ff.; J. A. Wilson, Egypt, in: The Intellectual adventure of ancient Man, 1946, Kap. III; Gadd a. a. O.; H. Frankfort, Kingship and the Gods, 1948, I. Teil; Ders., Ancient Egyptian Religion, 1948, Kap. II; Scharff-Moortgat a. a. O. S. 40 ff.; H. Frankfort, The birth of civilization in the Near East, 1951, S. 80 ff.; Ders., The Problem of similarity in ancient Near Eastern Religion, 1951, *passim* und bes. S. 15 ff.; J. A. Wilson, The Burden of Egypt (Paperback als The culture of ancient Egypt), 1951, *passim*; Drioton-Vandier a. a. O. S. 78 ff. und *passim;* W. Wolf, Die Welt der Ägypter, 1954; H. Brunner, A. Jacobssohn, S. Morenz, Art. Ägypten, RGG 3. Aufl. I (1957), Sp. 105–121, bes. Sp. 110; H. W. Fairman, The Kingship rituals of Egypt, in: Myth, Ritual and Kingship a. a. O., S. 74–104; G. Posener, Dictionnaire de la civilization égyptienne, 1959, S. 218 ff.; G. Lanczkowsky, Das Königtum im Mittleren Reich, in: La Regalità sacra, 1959, S. 269–280; J. A. Breasted, Development of Religion and Thought in Ancien Egypt, 1959 (Neuausgabe des 1912 zum erstenmal veröffentlichten Textes), S. 146 ff. und 160 ff.; G. Posener, De la divinité du Pharaon, 1950. Wir können uns hier wiederum nicht mit Einzelheiten befassen. Wichtig ist zum Verständnis solcher Situationen in Ägypten und anderswo die richtige Einfühlung. Eine m. E. unübertroffene Darstellung dieser Problematik findet sich in einem wenig beachteten Artikel von T. H. Gaster, Divine Kingship in the Ancient Near East, Review of Religion 9 (1944/45), S. 267–281; vgl noch M. Krause, Art. Ägypten, BHH I (1962), Sp. 31–47, bes. Sp. 44 ff.; und A. Daumas, Le sens de la royauté égyptienne, à propos d'un livre récent, in RHR 160 (1963), S. 129–148. Besonders eindrucksvoll wurde das ägyptische Gott-Königtum zuletzt dargestellt von R. Anthes, Mythology in Ancient Egypt, in: S. N. Kramer (hrsg.), Mythologies of the Ancient Worlds, 1961, S. 15–92, bes. S. 33 ff., und von S. Morenz, Die Geburt des ägyptischen Gottkönigs, FF 40 (1966), S. 366–371.

Es muß genügen, kurz auf die völlige Andersartigkeit dieses Königsbegriffes hinzuweisen, nicht nur dem israelitischen, sondern dem ganzen westasiatischen gegenüber. Dies ist ausreichend, um das ägyptische Modell für die ganze Gegend auszuschließen[12].

---

[12] Diese Beobachtung ist besonders wichtig, wenn wir, wie gesagt, den starken Einfluß Ägyptens auf die bildenden Künste und auf die Staatsorganisation und -verwaltung beobachten. Für die ersteren vgl. P. MATTHIAE, Ars Syra, 1962, *passim,* bes. S. 58 ff., 74 ff., und 93 ff.; und S. MOSCATI, Historical Art in the Ancient Near East, 1963, S. 102 ff.; der letzte unterstreicht den Einfluß des ägyptischen Königskonzeptes auf die bildenden Künste des Landes; für das zweite Element vgl. oben I. Teil, K. II, Anm. 28, was Israel und Juda betrifft. Über die politischen Beziehungen zwischen den hethitischen und ägyptischen Großreichen in Syrien-Palästina in der zweiten Hälfte des 2. Jt. vgl. jetzt A. GOETZE, Cambridge Ancient History, Rev. Ed., Bd. II C. XVII, XXI a und XXIV, 1965. Die Unterschiede zwischen dem babylonischen und hethitischen System einerseits und dem ägyptischen andererseits dürfen natürlich nicht apodiktisch, dogmatisch, ohne die vielen Schattierungen zu beachten, hervorgehoben werden, vgl. A. BENTZEN, King ideology – »Urmensch« – »Troonsbestijgingsfeest«, Stud. Theol. 3 (1949), S. 143–157.

KAPITEL III

Die »primitive Demokratie« im prähistorischen Mesopotamien

1. Einleitung

a) Das alte Zweistromland bietet uns einen besonders interessanten Ansatz zum Studium unseres Problems, da in den sumerischen Stadtstaaten der Vorzeit eine Regierungsform erscheint, die Th. Jacobsen[1] vor beinahe einem Vierteljahrhundert in einem zu Recht bekannt gebliebenen Aufsatz als »primitive Demokratie« bezeichnet hat. Wir haben uns mit ihr kurz im K. I, 3 a der Einleitung befaßt. In den sumerischen Stadtstaaten während des 3. Jt. und am Anfang des 2. Jt. kann man allerdings eine starke Tendenz feststellen, die gerade das Gegenteil einer Demokratie bildet: Die wirtschaftliche, politische und bald auch die militärische Macht konzentriert sich immer mehr in den Händen der führenden Schichten, während die fortdauernde Kriegsnot dem Vorsteher der Stadtregierung, dem *en-si*, oder dem Befehlshaber des Heeres immer größere Macht verlieh, so daß er bald zum *lu-gal* (buchstäblich »Großmensch«, dann »König«) heranwuchs.

---

[1] T. Jacobsen, Primitive Democracy in Ancient Mesopotamia, JNES 2 (1943), S. 159 bis 172; Ders., Mesopotamia, in: The Intellectual adventure of ancient Man, 1946, S. 125 ff.; S. N. Kramer (unter Mitarbeit von T. Jacobsen), Gilgameš and Agga, AJA 53 (1949), S. 1–18 (derselbe Text in ANET S. 44 ff. und bei S. N. Kramer, The Sumerians, 1963, S. 187–190); H. Frankfort, Kingship and the Gods, 1948, S. 215 bis 230; A. Moortgat, Rezension in ZA 49 (1950), S. 314–319; H. Frankfort, The Birth of Civilization in the Near East, 1951, S. 49 ff.; J. de Fraine, L'aspect religieux..., S. 59 ff.; Scharff-Moortgat a. a. O. S. 236 ff.; H. Schmökel, Das Land Sumer, 1955, S. 81 ff.; S. N. Kramer, From the Tablets of Sumer, 1956 (Paperback: History begins at Sumer, 1961), Kap. V; T. Jacobsen, Early political development in Mesopotamia, ZA 52 (1957), S. 91–140; S. Smith, The practice of Kingship in early Semitic Kingdoms, in: Myth, Ritual and Kingship, hrsg. von S. H. Hooke, 1958, S. 22–63; G. Evans, Ancient Mesopotamian Assemblies, JAOS 78 (1958), S. 1–11 und 114–115; H. Schmökel, Kulturgeschichte..., S. 85 ff.; M. Liverani a. a. O. S. 41 ff.; S. N. Kramer, »Vox populi« and the Sumerian literary documents, RA 58 (1964), S. 149–156; Ders., The Sumerians..., S. 36 ff., 74 ff., und 186 ff.; vgl. aber die kritische Rezension von Kramer, The Sumerians..., bei M. Lambert, RA 59 (1965), S. 133–136. Eine wichtige Einschränkung des Begriffes ist die von H. Klengel, Die Rolle der »Ältesten«..., ZA 57 (1965), S. 223–236,

b) Diese bestimmt alles andere als demokratische Entwicklung, die von der Forschung (und auch von Jacobsen selbst) eindeutig festgestellt wurde, scheint aber nicht alle Gebiete umfaßt zu haben: Im altassyrischen Recht, wie es bei den assyrischen Handelskolonien Kappadoziens (Kaniš-Kültepe) des beginnenden 2. Jt. belegt ist, wurden die gerichtlichen Verhandlungen vor einer Versammlung (*puḫrum*) geführt, die aus den Ältesten der Kolonie (*šibūtūm*) bestand; Teilnehmer waren aber auch die Bürger im allgemeinen (*ṣahir rabi* – buchstäblich »junge und alte«). Der *puḫrum* trat auf Geheiß der Mehrheit der Ältesten zusammen und wurde durch einen Herold einberufen. Sogar die Abgesandten des Mutterlandes mußten sich ihrer Gewalt fügen. Sie beschränkte sich allerdings, wie gesagt, auf das Gerichtswesen. Weitere Materialien, die von der Versammlung reden, finden sich hie und da hauptsächlich über Wahrsagungstexte verstreut und sind gattungsmäßig nicht leicht zu bewerten[2]. Doch sogar noch zur Zeit Ḥammurapis von Babylon (etwa 1728–1686), als die Person des Großkönigs schon alle Gewalt an sich gerissen hatte, finden wir besonders in dem nach ihm genannten Kodex besondere Gerichtshöfe, die für ortsbedingte Angelegenheiten zuständig waren, bei denen die undifferenzierte Anwendung von »Stadt« und »Versammlung« zur Genüge zeigt, daß es sich um ein ganz ähnliches Gebilde handelt.

c) Jacobsen bringt noch ein weiteres Beispiel: das der Götterversammlung[3]. Auch in ihr finden wir eine Art Demokratie, in der die verschiedenen Mitglieder frei das Wort ergreifen und, wo nötig, ihren Anwärter für ein Amt vorschlagen und wählen.

---

bes. S. 235. Nach ihm handelt es sich nicht um Vorgänger der heutigen demokratischen Regierungsformen, sondern um Verfallserscheinungen der alten Gentilverfassung. Auf dieses Problem kommen wir später (unten 3a) zurück. Auf die Einzelheiten kann ich hier nicht eingehen, doch es scheint mir, daß Klengel zwischen städtischen und nomadischen Institutionen nicht scharf genug unterscheidet. Dies geschieht vielleicht auch deshalb, weil beide oft eine identische Terminologie aufweisen (z. B. ab-ba uru = *šibūt āli*), vgl. ferner noch von ihm: Zu den *šibūtum* in altbabylonischer Zeit, Orient. 29 (1960), S. 357–375. Mit diesem Problem werden wir uns noch im folgenden Kapitel befassen; es sei vorläufig darauf hingewiesen, daß einer gleichen oder ähnlichen Terminologie unter verschiedenen soziologischen, wirtschaftlichen und politischen Bedingungen nicht immer gleiche oder ähnliche Begriffe entsprechen. Vgl. noch unten Anm. 25.

[2] P. Koschaker, Altbabylonische Rechtsurkunden, in Krit. Vierteljahrss. f. Gesetzgbg. und Rechtswiss. 16 (1914), S. 402–442; A. Walther, Das altbabylonische Gerichtswesen, 1917, Kap. II, S. 45 ff.; A. L. Oppenheim, Zur keilinschriftlichen Omenliteratur, Orient. N. S. 5 (1936), S. 199–299, bes. S. 199 ff. und 224 ff.; G. Evans a. a. O. *passim*; zu den juristischen Texten vgl. ANET S. 217b–218a. Zu den altassyrischen Handelskolonien im allgemeinen vgl. P. Garelli, Les Assyriens en Cappadocie, 1963.

[3] Gilgameš-Epos XI, 116 ff., *Enuma eliš*, III–IV (ANET S. 194 und 64 ff.).

d) Die Gerichtsversammlungen müssen öffentlich gewesen sein, und jedermann durfte das Wort ergreifen: Wie erklärt sich sonst das babylonische Sprichwort: »Steh nicht auf in der Versammlung, stell dich nicht hin am Orte des Prozesses!« (ANET S. 426 b, Z. 20 f.)? Die Versammlungen scheinen nur auf den Ort, nicht auf das, was den Wert des Prozesses betraf, beschränkt gewesen zu sein und durften sogar Todesstrafen verhängen[4]. Jacobsen weiß sogar von einem Fall zu berichten, in dem die Versammlung selbst zur Vollstreckung eines Todesurteils schritt! Ihre Beziehungen zur königlichen Justiz scheinen im allgemeinen gut und auf gegenseitige Hilfe gestützt gewesen zu sein. Jacobsen betont hierzu mit Recht den demokratischen Charakter dieser Institution, was in einer Zeit, in der die ganze staatliche Entwicklung in entgegengesetzter Richtung verlief, besonders auffallend war. Wir haben oben gesehen (K. II, 3 c–d), daß die Entwicklung des hethitischen *pankuš* in einer ähnlichen Richtung verläuft: von der vermutlichen Ausübung der Regierungsgewalt zum Gerichtswesen.

2. Die »primitive Demokratie«[5]

a) Als Erklärung der demokratischen Ordnung im altassyrischen Gerichtswesen und für ihre Überreste noch z. Zt. Ḥammurapis möchte nun Jacobsen, gefolgt von einem großen Teil der heutigen Orientalistik, zwei Texte heranziehen: Der erste ist die Sage von Gilgameš und Agga, aus der wichtige Nachrichten über die Verfassung der prähistorischen Stadtstaaten Sumers erschlossen werden können; der zweite, vom Ende des 2. Jt., berichtet ganz kurz über die Wahl eines Königs in Kiš. Aus diesen beiden Texten soll hervorgehen, daß beide Städte ursprünglich durch eine »primitive Demokratie« regiert wurden, die später verfiel und abstarb, doch deren Resten wir eben in den genannten demokratischen Gerichtsversammlungen begegnen. Von dieser Regierungsform sollen in ältester Zeit sowohl der König als auch die ganze Regierung des Stadtstaates abhängig gewesen sein.

b) Wir werden uns hier zuerst, der Einfachheit halber, mit dem Text von Kiš befassen[6]. Er ist der kürzeste und der jüngste und wird uns innerhalb einer Textreihe aus der Zeit von Naram-Sin (etwa 2280

---

[4] Vgl. den Cod. Ḥammurapi § 5 und 202 (ANET S. 166 und 175).

[5] Vgl. Jacobsen, Kramer, Frankfort, Moortgat, Evans a. a. O.

[6] Zum ersten Mal veröffentlicht von H. Bossier, Inscriptions de Narâm-Sin, RA 16 (1919), S. 157–164 und 206, bes. S. 162 ff. Für ihn sind viele Stellen unverständlich, vgl. noch H. G. Güterbock, Die historische Tradition bei den Babyloniern und Hethitern bis 1200, ZA 42 (1934), S. 1–91, bes. S. 77–79. Für die Chronologie vgl. zuletzt J. A. Brinkman, Mesopotamian Chronology, bei A. L. Oppenheim, Ancient Mesopotamia, 1964, S. 335–352.

bis 2244, nach BRINKMAN etwa 2254–2218) überliefert. Er steht also außerhalb seines ursprünglichen Zusammenhangs. In wenigen Zeilen wird in ihm berichtet, wie die Versammlung der Stadt Kiš auf der Tempelwiese des Enlil zusammentrat und dort einen gewissen Iphurkiš, einen Bewohner der Stadt, zum König machte. Heute ist die Erklärung des Textes verhältnismäßig einfach, da die meisten textlichen Schwierigkeiten, die ihn noch vor kurzer Zeit z. T. unverständlich machten, inzwischen gelöst wurden. Dennoch bietet er für den Historiker eine unüberbrückbare Schwierigkeit: Er steht, wie gesehen, außerhalb seines ursprünglichen Zusammenhangs und ist ganz isoliert. Wir wissen also nichts davon, unter welchen Umständen, weshalb und zu welchem Zweck diese Wahl stattfand und ob sie etwas Gewöhnliches oder Außerordentliches war. Dies ist natürlich besonders zu bedauern, da es sich allem Anschein nach um einen chronistisch-annalistischen und nicht um einen legendär-sagenhaften Text handelt, der also historisch ohne weiteres gut verwendbar wäre. Unter den jetzigen Umständen trifft letzteres jedoch kaum zu.

c) Die Überlieferung von Uruk, deren Hauptdarsteller Gilgameš ist, zeigt uns diesen Helden mancher mythischen Erzählungen als König des Stadtstaates und im Kampf mit Agga von Kiš; mit ihm zusammen erscheint er auch auf der sumerischen Königsliste. Der vor kurzem neu entdeckte erste Teil der Tummal-Inschrift aus Nippur hat sowohl die grundsätzliche Geschichtlichkeit der Gestalt Gilgameš' bestätigt, als auch die verschiedenen Synchronismen zeitgenössischer Herrscher zum Teil in eine neue Perspektive gestellt[7]. Bis dahin wären also die Hauptprobleme gelöst.

d) Rein statistisch gesehen ist diese Feststellung jedoch nicht so einfach, wie sie scheinen mag; in allen anderen Fällen erscheint Gilgameš ausnahmslos entweder in Berichten, die eindeutig mythisch sind, oder

---

[7] Vgl. oben Anm. 1 und GÜTERBOCK a. a. O. Der Text wurde zum erstenmal veröffentlicht von T. FISH, A Ryland's cuneiform tablet, concerning the conquest of Kish under Agga, BJRL 19 (1935), S. 262–272, vgl. M. WITZEL, Gilgamesch erobert Kisch und bereitet dessen Dynastie (unter Agga) ein Ende, Orient. N. S. 5 (1936), S. 331–346. T. JACOBSEN a. a. O. (1943) S. 165 Anm. 35–36 kritisiert an beiden einige verkehrte Lesungen. Vgl. noch S. N. KRAMER, Gilgamesh and Agga, und The Sumerians ..., S. 187–190; dortselbst S. 46 ff. vgl. den Tummal-Text. Zum Tummal-Text vgl. noch: D. O. EDZARD, Enmebaragesi von Kiš, ZA 53 (1959), S. 9–27; S. N. KRAMER, Gilgamesh: some new Sumerian data, in: P. GARELLI a. a. O. (unten Anm. 8) S. 60–68; E. SOLLBERGER, The Tummal Inscription, JCS 16 (1962), S. 40–47; W. C. HAYS, M. B. ROWTON, F. H. STUBBINGS, Chronology: Egypt, Western Asia, Aegean Bronze Age (Cambridge Ancient History, Rev. ed., Bd. I, Kap. VI), 1962, S. 30 ff. und 54 ff. Zum ganzen Problem vgl. zuletzt die kurzen Bemerkungen bei J. KLÍMA, Gesellschaft und Kultur des alten Mesopotamiens, 1964, S. 234.

sonst in Legenden, die an der Schwelle zum Mythos stehen[8]. Nur der Text von Gilgameš und Agga befindet sich also in einem anderen Zusammenhang und gehört zu einer anderen Gattung. Derselbe Tatbestand ergibt sich auch, wie LIVERANI mit Recht bemerkt, aus dem Alter der überlieferten Texte: Die mythischen gehören in die protodynastische, die legendären in eine viel spätere Zeit (Anfang des 2. Jt.), was die Skepsis verschiedener neuerer Forscher ihrer Geschichtlichkeit gegenüber zur Genüge erklärt; oft hört man nämlich heute noch den Satz, Gilgameš sei nicht eine zur Gottheit erhobene, geschichtliche Gestalt (eine Art sumerischer Romulus), sondern im Gegenteil eine einmal zum Menschen degradierte Gottheit[9]! Demgegenüber dürfte der neu entdeckte Tummal-Text uns doch wohl erlauben, die entgegengesetzte Richtung einzuschlagen[10] und an der grundsätzlichen Geschichtlichkeit der Gestalt Gilgameš', wie sie uns im Agga-Text erscheint, festzuhalten, auch wenn er anderswo immer in mythischen Zusammenhängen erscheint und es noch verschiedene, nicht gelöste chronologische Probleme gibt.

e) In unserem Text verhandelt Gilgameš vor einer wichtigen Entscheidung (hier: einer Kriegserklärung) mit einer anscheinend aus zwei Teilen bestehenden Versammlung (*un-kin*): einer Art Senat, dem die Ältesten (*ab-ba uru*), und einer Art niedrigen Kammer, der die waffenfähigen Männer (*gu-ruš uru*) angehören. Die erste Frage gilt natürlich

---

[8] ANET ibid.; W. G. LAMBERT, Gilgameš in religious, historical and omen texts and the historicity of Gilgameš, in: P. GARELLI (hrsg.), Gilgameš et sa légende, 1960, S. 39–56, bes. S. 48 f. Für eine kritische Studie der Gilgameš-Überlieferungen vgl. J. J. STAMM, Das Gilgamesch-Epos und seine Vorgeschichte, Asiatische Studien 6 (1952), S. 9–29; M. D. (U.) CASSUTO, Art. Gilgameš in Enc. Bibl. 2 (1954), Sp. 490–495 (hebr.); S. H. HOOKE, Middle Eastern Mythology, 1963, S. 36 ff.; S. N. KRAMER, Sumerian Mythology, 2. Aufl. 1961, S. 13, 33 ff. und 79. Die beiden letzten halten Gilgameš für einen »Helden«; ähnlich S. MOSCATI, I fondamenti orientali delle civiltà classiche, Cultura e Scuola 5 (1962), S. 88–98, bes. S. 90 ff.: Gilgameš' Taten erinnern an die des Herakles; KRAMER ibid. und unten Anm. 18 betont, daß nur er hier in einem nicht-mythischen Zusammenhang steht. Für eine ausgezeichnete Übersicht über die neuere Gilgameš-Literatur vgl. zuletzt L. MATOUŠ, Zur neueren Literatur über das Gilgameš-Epos, BO 21 (1964), S. 3–10.

[9] F. M. T. DE LIAGRE BÖHL, Das Problem des ewigen Lebens im Zyklus und Epos des Gilgamesch, 1948, und Mythos und Geschichte, 1950, beide in Opera Minora, 1953, S. 234–262 und 223–231; ferner sein Art. Gilgamesch, RGG 3. Aufl. 2 (1958), Sp. 1578 f. Siehe weiter M. LIVERANI a. a. O. S. 35 ff., um nur die neueren zu erwähnen. Vgl. aber schon T. FISH, Some ancient Mesopotamian Traditions concerning man and society, BJRL 30 (1946/47), S. 41–56, bes. S. 42 ff., und noch früher H. G. GÜTERBOCK a. a. O. S. 11: »Zusammenfassend läßt sich von der Tradition über die älteste Zeit sagen, daß sie viele bloße Namen und wenige Gestalten enthält, und daß diese Gestalten größtenteils dem Mythus angehören, oder ... einer örtlichen Sage«.

[10] G. R. CASTELLINO mündlich; LAMBERT a. a. O. und MATOUŠ a. a. O.

der Existenz eines solchen Doppelorgans als Regierungsinstitution überhaupt; falls man diese Frage bejahend beantworten kann, stellt sich die zweite Frage, wie sich die Versammlung zusammensetzte und was ihre genaue Zuständigkeit war. Schon in der ersten Frage ist sich die Forschung uneinig. Wir wollen sie aber als Arbeitshypothese bejahen und uns der zweiten zuwenden. Nach JACOBSEN handelte es sich, wie gesehen, um ein Regierungsorgan, dem der ganze Stadtstaat einschließlich des Königs unterstand[11]; nach DIAKONOW soll sie sich hingegen besonders bei der Schlichtung von Schwierigkeiten, die es unter den Familien und Sippen der Oberschicht wegen Bodenankauf, -verkauf und -verteilungen bzw. -verwaltung gab, betätigt haben. KRAMER möchte in seinem letzten Buch über Sumer beide Möglichkeiten in Betracht ziehen, was allerdings wegen ihres inneren Widerspruches kaum möglich sein dürfte. Wenn JACOBSEN ferner behauptet, daß der König (im einzig belegten Fall des Ipḫurkiš) durch die Versammlung gewählt wurde und (im Falle Gilgameš') ihr unterstellt war, so ist dies alles andere als klar, denn er handelt ja in unserem Fall nach dem Geheiß der »unteren« Kammer gegen den Entscheid der »oberen«! Man müßte also die Möglichkeit von Zuständigkeitskonflikten zwischen den beiden Kammern annehmen, wobei es dem König oblag, sich nach einer der beiden zu richten, was, milde gesagt, ein wenig merkwürdig anmutet.

f) Aber auch die Zusammensetzung der Versammlung, immer angenommen, sie habe unter der genannten Form existiert, ist alles andere als einfach zu bestimmen. Nach den erwähnten Studien DIAKONOWS gab es in Sumer vier soziale Schichten: »Adlige«, Freie, »Klienten« und Sklaven. Die Adligen besaßen als Sippen oder als Individuen den größten Teil des Ackerbodens und bildeten sowohl wirtschaftlich als auch politisch die Oberschicht. Ein weiterer großer Teil des Bodens (doch nicht so groß, wie noch vor kurzem angenommen wurde) gehörte dem Stadttempel. In beiden Fällen wurde der Acker von den »Klienten« bebaut. Was an Boden übrigblieb, wurde von den »Freien« bewirtschaftet. Nach KRAMER, der die Ergebnisse DIAKONOWS zum größten Teil annimmt, bildete vermutlich der Adel die »obere« Kammer, während die »Freien« in der »niedrigen« saßen. In diesem Fall müßte, so scheint mir, die obere Kammer die stärkere gewesen sein, was allerdings, wie gesehen, im Falle Gilgameš' nicht zutrifft[12]. Wenn KRAMER nun behauptet, daß der Adel *vermutlich*

---

[11] Vgl. ferner FRANKFORT, Kingship ..., S. 218; DE FRAINE, Le charactère ..., S. 59 f.; KRAMER, From the Tablets ... a. a. O. Für eine nach marxistischen Wirtschaftskonzepten geführte Untersuchung der ökonomischen und sozialen Lage des altsumerischen Stadtstaates vgl. I. M. DIAKONOW, Society and State in ancient Mesopotamia, Sumer, 1959, Kap. II–III (Russisch, Engl. Zusammenf. S. 298 ff.).

[12] DIAKONOW a. a. O. und KRAMER, The Sumerians ..., S. 76 ff. Ähnliche Bedenken äußert jüngstens A. FALKENSTEIN, Zu »Gilgameš und Agga«, AfO 21 (1966), S. 47

in der »oberen« Kammer saß, so befinden wir uns selbstverständlich auf alles anderem als sicherem Boden; denn die Etymologie der Namen beider Versammlungen deutet nicht so sehr auf wirtschaftliche oder politische Macht, als auf »Alter« und »Waffenfähigkeit« der Mitglieder[13], so daß die Sache sich eher noch im Dunkeln befindet, ganz abgesehen von der Frage, ob der geschichtliche Kern dieser sagenhaften Erzählung für eine Rekonstruktion auch politischer oder wirtschaftlicher Institutionen reicht. Schon dieses würde eine Untersuchung für sich beanspruchen.

g) Was ferner die durch JACOBSEN herangezogene Götterwelt betrifft, wo eine Versammlung oft tagt, aber nicht nur um gewöhnliche Geschäfte zu erledigen, sondern einmal sogar um einen Anführer im Kampfe gegen das Chaos zu wählen (und so wurde Marduk zum obersten Gott), so soll ihre Ordnung menschliche Institutionen widerspiegeln, denn nach ihrer eigenen Organisation hätten die Menschen die Götterwelt gestaltet. Dies ist an sich ganz gut möglich, trifft aber nicht notwendigerweise zu, wie aus der Religionsgeschichte klar hervorgeht: Man denke nur an die Ilias und die Odyssee, wo es auch Götterversammlungen gibt, niemand jedoch für den spätägäischen oder altgriechischen Stadtstaat je auf eine »primitive Demokratie« geschlossen hat[14]. Der Boden ist hier also zu unsicher, auch wegen des qualitativen Unterschiedes zwischen Göttern und Menschen, um zu einer Untersuchung herangezogen werden zu können.

g) Zurück also zum Gilgameš-und-Agga-Text, mit dem wir uns dennoch – trotz aller vorgetragenen Bedenken und trotz seiner vielen prähistorischen und deswegen legendär-sagenhaften Elemente, bei denen es nicht klar ist, wie weit der historische Kern reicht – nach der Entdeckung des fehlenden Tummal-Textes auf einigermaßen gesichertem

---

bis 50, wenn er behauptet »daß es sich bei der ‚Versammlung der jungen Männer'« nicht »um eine Institution handelt, die sich mit der ‚Versammlung der Alten' zu einem Zweikammer-System verband«. Sonst hätte sich ja die Meinung der Jungen gegen die gegenteilige des »Senats« nicht durchsetzen können.

[13] Auch KRAMER dorts. S. 186 nennt sie »Elders«, wenn auch sofort darauf »Senators«.

[14] *Enuma eliš* III, 133 ff. (ANET S. 66); vgl. noch E. LIPIŃSKI, Yahweh mâlāk *(sic!)*, Biblica 44 (1963), S. 405–460, bes. S. 420 ff. Bei A. HEIDEL, The Babylonian Genesis, 2. Aufl. 1950, S. 10 ff., findet sich eine gute Darstellung des Zweckes des babylonischen sogenannten Schöpfungsepos. JACOBSENS Argument ist an sich nicht neu, und erinnert stark an das von XENOPHANES von Kolophon (6. Jh. v. Chr.) über den Ursprung der Götter. Nach dem letzteren sollen bekanntlich die Menschen ihre eigenen körperlichen und moralischen Eigenschaften immer wieder auf die Götter projiziert haben, was auch die Tiere, wenn sie dazu fähig wären, tun würden. Seit XENOPHANES ist diese These öfters wiederholt, ein zwingender religionsgeschichtlicher Beweis aber kaum erbracht worden. JACOBSEN möchte nun die Regierungsinstitutionen bei den Göttern auf einen ähnlichen Prozeß zurückführen, was aber noch weiter in diese Richtung geht.

Boden befinden. JACOBSEN selbst und seine Nachfolger geben zu, daß die »demokratische« Form sich mit der Zeit nicht halten konnte, also aus der Frühgeschichte und der Geschichte Sumers praktisch verschwunden ist[15]. Ihre »direkte« Form, die jeder Vertretung ermangelte und keine Geheimwahl besaß, machte es bei der ständigen Ausdehnung des Gebietes der Stadtstaaten unmöglich, weiter wirksam zu sein. Die Versammlungen wurden ferner vor Aufgaben gestellt, die weit über ihre ursprünglichen Befugnisse hinausgingen. Andererseits trug der Krieg zur ständigen Verstärkung der angeblich nur *pro tempore* existierenden Königsgewalt und Heeresmacht bei. Die Unfähigkeit, sich dieser neuen Situation anzupassen und sich dementsprechend neu zu gestalten, soll fast automatisch zum Verfall der Versammlungen und auf ihre Beschränkung auf das lokale Gerichtswesen geführt haben.

3. Fragen zur »primitiven Demokratie«

a) Die Aussage von P. ARTZI[16], daß die »primitive Demokratie« heute eine allgemeine Anerkennung genießt, ist viel zu optimistisch formuliert. Erstens gibt es verschiedene Forscher, die sie als ungenügend belegt oder in ihrem Wesen nach als unklar betrachten; unter anderen T. FISH, A. FALKENSTEIN, H. SCHMÖKEL, M. LIVERANI, A. L. OPPENHEIM, H. KLENGEL und weitere[17]. Zweitens haben wir gesehen, was für Probleme sich mit dieser Rekonstruktion der Prähistorie Sumers ergeben. Die Hauptkritiken der erwähnten Forscher lassen sich folgendermaßen zusammenfassen: Nach T. FISH soll die Versammlung eher der Ausdruck einer Oligarchie gewesen sein und also an sich nichts Demokratisches gehabt haben; in ähnliche Richtung gehen DIAKONOW, der sie als Ausdruck der wirtschaftlich stärkeren Sippen auffaßt, und KLENGEL, der in ihr nur ein Zeichen der Auflösung der alten Gentilverfassung sieht. Dies sind besonders schwerwiegende Schlüsse! SCHMÖKEL betont, daß Gilgameš,

---

[15] JACOBSEN a. a. O. (1957) und EVANS a. a. O.

[16] P. ARTZI, »Vox populi« in the El-Amarna Tablets, RA 58 (1964), S. 159–166.

[17] T. FISH, Some ancient Mesopotamian traditions ..., S. 53 ff., und schon: Food for the Gods in ancient Sumer, BJRL 27 (1942/43), S. 308–322 (Aufsatz, in dem er auf die Verschiedenheit der Regierungsämter von Stadt zu Stadt hinweist); Some aspects of Kingship in the Sumerian city and Kingdom of Ur, BJRL 34 (1951/52), S. 37–43; A. FALKENSTEIN, La cité-temple sumérienne, Cahiers d'Histoire mondiale I, 4 (1954), S. 784–814 (der höchstens eine beratende, nicht aber irgendwelche regierende Funktion der Versammlung annimmt); H. SCHMÖKEL a. a. O. S. 85 ff.; M. LIVERANI a. a. O. S. 40 ff.; A. L. OPPENHEIM, Ancient Mesopotamia, 1964, S. 112 ff. (der von der »primitiven Demokratie« sagt: »An assembly of this type, which was not ‚democratic' in the Western sense of this much abused term ...«; und die vorgebrachten Beweise als »meager evidence« betrachtet!); KLENGEL a. a. O. (Anm. 1).

wie wir sahen, bei allem äußeren Respekt doch unabhängig von der Versammlung handelt, weswegen ihre Regierungsgewalt dem König gegenüber alles andere als selbstverständlich erscheint. LIVERANI endlich spricht dem Bericht den Wert als Quelle für den Geschichtsforscher völlig ab, wonach sich natürlich jede weitere Diskussion erübrigt. In den nächsten Abschnitten möchte auch ich einige Fragen aufwerfen, die hauptsächlich die angewandte Methode, nicht die Arbeit an den Texten betreffen. Ich nähere mich dem Problem also rein als Historiker, nicht als Linguist oder als Philologe. Auf linguistisch-philologischem Gebiet bildet die Arbeit an den genannten Texten ein bewunderungswertes Beispiel, was die Forschung zu vollbringen vermag, wenn sie mit solcher Kompetenz betrieben wird.

b) Eine erste Frage ist die nach der Gattung unseres Textes. Sie wurde bis jetzt nicht oder ungenügend gestellt. Bei JACOBSEN erscheint öfters das Wort Mythos und diejenigen, die unseren Text geschaffen bzw. überliefert haben, heißen auf Englisch »Mythopoets«. Schon diese Terminologie dürfte einen Teil der Kritiken verursacht haben, denn, ohne auf das Problem näher einzugehen, ist die Gattung Mythos der Inbegriff der Ahistorizität, der Ungeschichtlichkeit, weil sich der Mythos außerhalb der historisch-geschichtlichen Kategorien von Zeit und Raum abspielt. Daß es sich bei Gilgameš und Agga nicht um einen Mythos handeln kann, ist klar, denn beide sind, wie gesehen, geschichtliche Gestalten. Ferner spielt die Handlung sich in und um die Stadt Uruk ab, also in einem klar umschriebenen Raum, auch wenn die Chronologie unklar ist. Deswegen habe ich mich oben der Gattung Sage-Legende bedient, deren historischer Kern vermutlich die handelnden Personen (aber, nach dem Tummal-Text, anscheinend nicht ihren Synchronismus) umfaßt, während wir nicht wissen, wie viele der beschriebenen Institutionen auch dazu gerechnet werden dürfen. Noch mehr, wie gesehen, ist diese Erzählung die einzige, in der Gilgameš außerhalb eines mythischen Zusammenhangs beschrieben wird[18]. Dies bildet einerseits den Vorzug dieses Textes, anderseits stimmt es den Leser natürlicherweise skeptisch.

c) Es ist allerdings auch schwer, mit JACOBSEN anzunehmen, daß, wer solche Erzählungen verfaßt oder überliefert, notwendigerweise über Situationen seiner eigenen Umgebung berichtet[19]. Wir sahen schon, daß dies angesichts der Götterwelt zutreffen *kann*, aber nicht notwendigerweise *muß* und berufen uns auf die homerische Überlieferung; dasselbe gilt in unserem Fall, und wenn es beweist, daß die »primitive Demokratie« in späteren Zeiten nicht weitergelebt zu haben braucht, kann sich die Mög-

---

[18] Vgl. oben Anm. 8–9 und KRAMER, Einleitung in ANET S. 44 und The Sumerians ..., S. 186 ff.
[19] So auch DIAKONOW a. a. O., der eine Kontinuität der Versammlungen annimmt.

lichkeit ergeben, daß in einer Geschichte wie der unsrigen tatsächlich historische Elemente erhalten sind. Eine Möglichkeit ist aber noch keine Wirklichkeit.

d) Eine dritte Frage ist die nach dem institutionellen Zusammenhang zwischen dem prähistorischen Sumer und der altassyrischen und altbabylonischen Gerichtsbarkeit. Man bemerke erstens, daß bei Gilgameš und Agga keine Rede davon ist, daß die Versammlung sich auf gerichtlichem Gebiet betätigte, was natürlich nicht ausschließt, daß sie es auch getan haben *mag*. Weiter stellt sich die grundsätzliche Frage nach dem Fortleben älterer Institutionen durch die Jahrtausende[20]. Denn wenn es auch zutrifft, daß zwischen Sumerern und Semiten keine schweren rassischen Konflikte auftraten, wie dies früher oft behauptet, jedoch von JACOBSEN[21] korrigiert wurde, so hat es doch verschiedene, grund-

---

[20] Es muß unterstrichen werden, daß nach DIAKONOW a. a. O. und Sale of Land in pre-Sargonic Sumer, in: Papers presented by the Soviet delegation at the 23rd. Intern. Congress of Orientalists, Moskwa 1954, S. 19 ff., die Versammlung (wo sie sich historisch belegen läßt) nur die führenden Sippen vertritt, deren Eigentumsprobleme sie behandelt. Ihr war der *en-si* oder *lu-gal* also nicht unterstellt. Für eine gute Darstellung der russischen Keilschriftforschung über das Thema vgl. F. I. ANDERSEN, The early Sumerian city-state in recent Soviet historiography, Abr Naharaim 1 (1959/60), S. 56–61.

[21] Vgl. den grundlegenden Aufsatz von T. JACOBSEN, The assumed conflict between Sumerians and Semites in early Mesopotamian history, JAOS 59 (1939), S. 485–495; D. O. EDZARD, Sumerer und Semiten in der frühen Geschichte Mesopotamiens, Genava 8 (1960), S. 241–258; LIVERANI a. a. O. S. 44 ff. (der die entgegengesetzten Meinungen »nicht überzeugend« findet); zuletzt KRAMER, The Sumerians ..., S. 59 ff. Das Problem des Übergangs zwischen den beiden Kulturen wird noch behandelt bei S. MOSCATI, L'Oriente antico, 1952, S. 15 ff.; H. SCHMÖKEL a. a. O. S. 90 ff. und G. R. CASTELLINO, La civiltà mesopotamica, 1962, S. 17 ff. Der erste und der dritte unterstreichen den Unterschied zwischen dem sumerischen und dem akkadischen Begriff des Königtums. D. O EDZARD a. a. O. S. 250 behauptet sogar, daß das Königtum des von einem Vater semitischen Namens gezeugten Lugal-zaggesi sich begrifflich mehr an den akkadischen Gedanken eines Weltkönigtums als an den traditionellen sumerischen eines Stadtkönigtums anlehnt. Ein ähnliches Problem existiert bekanntlich auch auf dem Gebiet der Kunstgeschichte und ist noch nicht gelöst worden: H. FRANKFORT, The Art and Architecture of the Ancient Orient, 2. Aufl. 1958, S. 42 ff., findet in der akkadischen Kunst jene »säkulare Großartigkeit«, die in Mesopotamien ohne Vorgänger ist und dem neuen, kosmischen Begriff des Königtums angemessen erscheint. Man bemerke ferner, daß dies zusammen mit der weiteren Anwendung der alten Modelle und Techniken Sumers feststellbar ist! Eine weniger starke Stellung ist die von E. STROMMENGER, Das Menschenbild in der altmesopotamischen Rundplastik von Mesilim bis Hammurapi, Baghdader Mitteilungen 1 (1960), S. 1–103, bes. S. 46 f., 56 ff. und 60 ff. Das Problem der engen Beziehungen zwischen der neusumerischen (Ur III und Isin-Larsa) und der reichsakkadischen Kultur ist natürlich ein anderes. Ähnlich G. GARBINI (mündlich), dem ich den Hinweis verdanke.

legende Änderungen im Übergang von einem Volk zum anderen gegeben. Ich erwähne nur den Gedanken des beinahe kosmischen Großreiches, das zwischen dem 25. und dem 23. Jh. Gestalt annahm, unter Eannatum von Lagaš (etwa 2400) erdacht und von Lugal-zaggesi von Umma weitergeführt und versucht, aber erst durch Sargon I. (nach BRINKMAN etwa 2334–2279) und seinen Enkel Naram-Sin verwirklicht wurde. Bei der Realisierung dieses Gedankens konnte natürlich kein Platz für »demokratische« Staatsbegriffe übrigbleiben, und man sieht nicht ein, wieso spätere Gerichtsversammlungen auf eine angebliche prähistorische, sumerische Stadtdemokratie zurückzuführen seien, von deren Gerichtswesen wenig bekannt ist. Was wir z. B. von Lagaš um 2500 erfahren, zeugt nicht gerade für eine Volksgerichtsbarkeit, während der Ur-Nammu-Kodex (etwa 2050) und die verschiedenen *ditilla* aus der Ur-III-Zeit nichts von einer Gerichtsversammlung laut werden lassen. Nach KRAMER[22] lag die ganze Gerichtsbarkeit früher in Händen der Richter, später in denen des Großkönigs und örtlich in denen des *en-si*. Eine Kontinuität läßt sich also nicht einmal für Sumer beweisen.

4. Die »primitive Demokratie« und das Alte Testament

a) Sowohl die Schwierigkeiten, einen geschichtlichen Zusammenhang zwischen dem vordynastischen sumerischen Stadtstaat und der altassyrischen sowie frühbabylonischen Gerichtsbarkeit festzustellen, als auch die ungelösten Probleme, die sich mit dem Bestehen und der Kompetenz der Versammlung verbinden, bringen natürlicherweise mit sich, daß es noch unwahrscheinlicher ist, irgendeine Verbindung auf diesem Gebiet zwischen Sumer und Israel zu entdecken[23]. Versuche sind allerdings in dieser Richtung unternommen worden, doch handelt es sich mehr um ein Abtasten

---

[22] KRAMER, The Sumerians ..., S. 85 ff. *Ditilla* ist ein »abgeschlossener Prozeß«. Nach demselben, »Vox populi« and the Sumerian literary documents, RA 58 (1964), S. 149–156, soll das Reformdokument gegen Urukagina von Lagaš, das gegen die Mißbräuche des *en-si* protestiert, aus der Versammlung entstanden sein. KRAMER gibt aber zu, daß das Dokument über die Art, auf die der Protest sich verwirklicht, schweigt (S. 152 f.), daß aber auf Grund von JACOBSENS Forschungen »kein Zweifel« besteht, daß es die Versammlung in ihren beiden Teilen war.
[23] Dies wurde auf verschiedenen Wegen versucht, vgl. C. U. WOLF, Traces of Primitive Democracy in ancient Israel, JNES 6 (1947), S. 98–108 (ein sonst wertvoller, wenn auch wenig beachteter Aufsatz); R. GORDIS, Democratic Origins in ancient Israel: the Biblical '*ēdāh*, in: A. MARX Jubilee Volume, I 1950, S. 369–388; E. I. J. ROSENTHAL, Some aspects of the Hebrew Monarchy, JJS 9 (1958), S. 1–15, bes. S. 7 (aber nur als eine Möglichkeit: »It is not impossible that we find ...«) und von mir selbst a. a. O. (1959). Vgl. zuletzt A. MALAMAT, Kingship and Council in Israel

des Terrains, als um organisch aufgestellte und ausgearbeitete Thesen. So ist es gewiß fruchtbar für die Wissenschaft gewesen, daß sie einmal unternommen wurden, auch wenn sie nicht die erhofften Ergebnisse erbrachten.

b) Bei aller äußerlichen Ähnlichkeit, die man nach dem Gesagten höchstens phänomenologisch feststellen könnte, muß man noch aus einem anderen Grund sehr vorsichtig sein: In Sumer haben wir es mit Städten, in Israel mit seßhaft werdenden Halbnomaden zu tun[24]; in Sumer soll sich die Versammlung hauptsächlich aus den Oberschichten zusammengesetzt haben, im frühen Israel wissen wir nicht oder nur wenig von derartigen sozialen Unterschieden. Es handelt sich aber bei Israel um

---

and Sumer, JNES 22 (1963), S. 247–253 (der beide Formen als »similar from a typological point of view«, S. 251, betrachtet; dies scheint mir jedoch die äußerste Grenze zu sein, die man auf diesem Gebiet erreichen darf. So auch die Rezension des folgenden Werkes von P. AMIET, Syria 43 (1966), S. 130; Ders., Organs of Statecraft in the Israelite Monarchy, BA 28 (1965), S. 34–65. A. FALKENSTEIN, Zu »Gilgameš und Agga«, AfO 21 (1966), S. 47–50, glaubt, es liege einfach eine literarische Figur vor, die im Falle I Reg 12 II Chr. 10 die Verblendung des jungen Herrschers, in Kiš die Entschlossenheit Gilgameš' hervorheben will. Auch D. G. EVANS, Rehoboam's advisers at Shechem and political Institutions in Israel and Sumer, JNES 25 (1966), S. 273–279, der für Sumer (oben Anm. 1) auf der Seite JACOBSENS steht, kritisiert MALAMAT und weist jede Möglichkeit eines historischen Zusammenhangs zwischen sumerischen und israelitischen Institutionen zurück.

[24] Dies ist wiederum eine Aussage, die nicht apodiktisch aufgefaßt werden darf, als ob sich Israel unter David und Salomo innerhalb weniger Jahrzehnte von einer im wesentlichen ländlich-halbnomadischen zu einer städtischen Kultur entwickelt hätte! Schon während der Richterzeit und besonders bei den »kleinen« Richtern haben wir Zeichen einer solchen Entwicklung. W. RICHTER, Zu den »Richtern Israels«, ZAW 77 (1965), S. 40–72, bes. S. 41 ff., hat nämlich gezeigt, daß die »kleinen« Richter zum größten Teil aus »Städten« stammen. Hierzu ist aber zu sagen, daß RICHTER zwischen Dorf- und Stadtkultur nicht genügend unterschieden hat; das hängt wohl damit zusammen, daß beide mit dem Wort עיר bezeichnet werden (vgl. schon auf Akkadisch: alu), weswegen die Möglichkeit einer Verwechslung besteht; die erstere bildet eine typische Phase der Übergangszeit vom Nomadentum zum seßhaften Bauerntum und gehört eigentlich noch, wenigstens ideell, zum ersteren, vgl. P. FRONZAROLI, L'ordinamento gentilizio semitico e i testi di Mari, Archivio glottologico italiano 45 (1960), S. 37–60 und 127–149, bes. S. 37 ff. Nur zur Zeit Davids und Salomos werden also Dorf und Stadt einander gegenübergestellt. G. E. MENDENHALL, The Hebrew conquest of Palestine, BA 25 (1962), S. 66–87, kommt übrigens zu der wichtigen Feststellung, daß der wahre Unterschied nicht zwischen Nomaden und Dörfern, sondern zwischen Städten und Dörfern liegt, vgl. bes. S. 70 f. Die Situation ist der oben Anm. 1 zum Aufsatz von H. KLENGEL beschriebenen sehr ähnlich und auch hier wird das Problem durch die Verwendung einer identischen Terminologie erschwert.

Begebenheiten, die nur zum geringsten Teil zur Prähistorie des Volkes gehören und die deswegen mit der Zeit viel leichter geklärt werden sollten[25]. Zu dem möchte das nächste und letzte Kapitel beitragen.

---

[25] Wir können uns hier nicht mit Israels Gerichtswesen und -versammlungen befassen. Ihre Existenz ist auch in Israel gut bezeugt, vgl. I Reg 21, wo aber die beratenden Ältesten sich vom Königshaus einschüchtern lassen; und Ruth 4, wo ein solcher Gerichtshof mit Bürgern besetzt wird. Vgl. L. KÖHLER, Die hebräische Rechtsgemeinde, 1931 (Neudr. in Der hebräische Mensch, 1953, S. 143–171). Im ganzen semitischen und nichtsemitischen westasiatischen Bereich haben wir es also anscheinend mit einer patriarchalischen, ortsbedingten, »demokratischen« Gerichtsbarkeit zu tun, die an sich kaum eine demokratische Staatsverfassung voraussetzt. Auch in Israel finden wir alsbald die Berufung auf den König, II Sam 14 1 ff. 15 1–6. Später jedoch, um Mißbräuche zu verhüten, wurde das Berufungsrecht in die Hände der Tempelpriester übergeben, Dtn 17 8–9.

KAPITEL IV

Die alte halbnomadische und nomadische Gesellschaft

1. Einleitung

a) Im letzten Kapitel dieser Abhandlung wollen wir uns nun jener verwickelten Gesellschaftsordnung zuwenden, durch die sich der alte halbnomadische und nomadische Stamm von den anderen Völkern unterscheidet. Durch die Jahrtausende hindurch bis zu unserer Zeit (in der wir anscheinend zur letzten Phase, der einer raschen Seßhaftwerdung, gelangt sind) haben diese Gruppen versucht, das bebaute Land zu plündern und oft gar zu besetzen, um es sich anzueignen und sich dort niederzulassen. Die ältesten Belege reichen bis zu den sogenannten »Amoritern« (sumerisch *mar-tu*, akkadisch *amurru*) Anfang des 2. Jt. zurück, und dort haben wir ein beinahe typisches Beispiel für den Fall, daß diese Gruppen nicht nur plünderten, sondern sich auch in der betreffenden Gegend niederließen und bald durch Königsdynastien an die Spitze der Regierung traten.

b) Das Studium der Institutionen, mit denen diese Gruppen sich verwalteten, ist, wie gesagt, schwierig. Zuerst begegnet uns hier das Problem der Quellen: Nomaden pflegen an einem Ort vorbeizuziehen, beinahe ohne epigraphische oder sonstige Spuren zu hinterlassen. Sie sind definitionsgemäß diejenigen, die sich der mündlichen Überlieferung bedienen: Die Sagen, Epen und Erzählungen des Stammes werden gesungen oder rezitiert, nicht aufgezeichnet. Auch eine archäologische Arbeit ist schwer und meistens ertraglos, da Felle und Stoffe, nicht Mauern das Baumaterial für die Wohnungen und Dörfer boten. Dazu kommt noch die Unstetigkeit, so daß es wiederum schwierig ist, einen bestimmten Ort oder eine bestimmte Gegend nach Resten längerer Besiedlung zu untersuchen.

c) Die meisten Nachrichten stammen in älteren Zeiten also von Bevölkerungen oder Behörden, die besonders enge oder häufige Beziehungen zu ihnen hatten, von Handelsleuten und Reisenden. In modernen Zeiten von Reisenden und Forschern verschiedener Art, besonders Ethnologen und Semitisten. Natürlich handelt es sich um Nachrichten, die bestenfalls aus zweiter Hand stammen, indem sie von Gewährsleuten gesammelt und übermittelt werden. Ferner muß man mit der Möglichkeit rechnen, I. daß der befragte heutige Nomade eine »verschönernde«, also idealisierende Antwort gibt; II. daß der westliche Forscher oder auch der alte Berichterstatter, selbst wenn er wegen Sprach- oder Dialektschwierigkeiten oder der Neuheit des Gegenstandes nicht einfach mißversteht, was ihm berichtet wird, durch Vergleiche mit Begebenheiten und Institutionen seiner eigenen Leute oder anderer Bekannter zu »erklären« versucht, was unter Umständen zu schweren Fehlschlüssen führen kann. Wir werden bald einem typischen Fall begegnen (Anm. 4), in dem ein wohl unter diesen Umständen geborener Fehler die Forschung beinahe anderthalb Jahrtausende bis zum Anfang unseres Jahrhunderts irregeführt hat! Und es wäre kaum verwunderlich, wenn neuentdeckte Quellen mehr solcher Fehler ans Licht brächten.

d) Wenig ist von den alten Halbnomaden oder den Beduinen unmittelbar bekannt. Eine sehr geringe Zahl an meistens ganz kurzen Inschriften und Zitaten aus ihrer Dichtung wurde uns durch klassische arabische Autoren überliefert. Durch sie gelangen wir höchstens einige Jahrhunderte hinter den Islām zurück[1]. Sonst sind wir ausschließlich auf die genannten indirekten Quellen angewiesen: die wenigen sumerischen Berichte über die Amoriter[2], die reichhaltigen Depeschen der Gouverneure an den König von Mari[3], die hier und da in assyrischen und babylonischen Annalen, im Alten Testament und in sonstigen altorientalischen Quellen zerstreuten Nachrichten. Endlich, gegen Ende des 1. Jt. und während der ersten Jahrhunderte unserer Zeitrechnung, finden wir die Berichte von

---

[1] Für die Lage der arabischen Beduinen vor dem Islām vgl. N. RHODOKANAKIS, Das öffentliche Leben in den alten südarabischen Staaten, 1927, S. 109 ff. (hierzu vgl. O. EISSFELDT, The Hebrew Kingdom..., S. 38 ff.); zuletzt J. RYCKMANS, L'institution monarchique en Arabie méridionale avant l'Islam, 1951; W. F. ALBRIGHT, Dedan, in: Geschichte und Altes Testament, Festschrift A. ALT, 1953, S. 1–12; M. HÖFNER, Die Beduinen in den vorislamischen Inschriften, in: F. GABRIELI (hrsg.), L'antica società beduina, 1959, S. 53–68; über die vorislamische Dichtung vgl. C. A. NALLINO, Sulla costituzione delle tribù arabe prima dell'Islamismo, 1893 (in: Raccolta di scritti editi ed inediti, III 1941, S. 64 ff.); G. JACOB, Altarabisches Beduinenleben, nach den Quellen geschildert, 2. Aufl. 1897, S. 222–225; ferner M. GUIDI, Storia e cultura degli Arabi, 1951, S. 123 ff.; F. GABRIELI, Gli Arabi, 1957, S. 18 ff.

[2] Vgl. die Beschreibung des Gottes *mar-tu*, anläßlich seiner Hochzeit mit Adnigkišar, Tochter des Numušda, des Schutzgottes von Kazallu bei S. N. KRAMER, The Sumerians, 1963, S. 253; bei ihr wird das Nomadenleben mit dem kritischen Auge des Kulturmenschen gesehen

[3] Ein diesbezüglich schon klassisches Werk ist das von J. L. KUPPER, Les nomades en Mésopotamie au temps des Rois de Mari, 1957 (eine kritische, doch sehr anerkennende Darstellung von KUPPER findet sich bei I. J. GELB, The early history of the West Semitic peoples, JCS 15 [1961], S. 27–47); vgl. noch H. KLENGEL, Benjaminiter und Hanäer, Wiss. Zeits. Berlin 8 (1958–59), S. 211–227; D. O. EDZARD, Die »zweite Zwischenzeit« Babyloniens, 1957, Teil I (S. 30–69); S. MOSCATI, La questione degli Amorrei, Atti dell'Accad. naz. dei Lincei, Rendiconti VIII, 13 (1958), S. 356 bis 365; G. DOSSIN, Les bédouins dans les textes de Mari, in: GABRIELI, L'antica società ..., S. 35–51.

Reisenden und Verfassern aus der klassischen und hellenistischen Literatur, von altchristlichen und später byzantinischen Autoren wie Mönchen, Einsiedlern usw.[4]. Vom 18. Jh. an haben wir endlich moderne, fast immer wissenschaftlich-kritisch gestaltete Berichte, auch dort, wo dies nicht ausdrücklich erwähnt wird[5]. Doch auch ihnen haftet die zitierte Problematik an.

e) Sogar die von islamischen Klassikern gesammelten altarabischen Dichtungsstücke[6], bei denen es kaum sprachliche Schwierigkeiten von Seiten der Tradenten gab, sind von der Tatsache belastet, daß letztere nur allzuoft polemisch oder apologetisch die alten Zeiten mit den islamischen

---

[4] J. Henniger, La societé bédouine ancienne, in: Gabrieli a. a. O. S. 69–93, bes. S. 71 ff. für die Quellen. Die Wurzel 'rb erscheint zuerst in Inschriften des Zweistromlandes aus dem 9. vorchr. Jh. (aribi), im Alten Testament als ʿarāb (viermal) und als ʿarābî (fünfmal); der Zusammenhang ist meistens unklar. Die Texte über Gešem in Nehemia sind hier nicht mitgezählt. Die späteren hellenistischen, christlichen und byzantinischen Nachrichten zeigen die Araber oft auf Plünderzügen, so daß immer die Gefahr besteht, außerordentliche Ämter als gewöhnlich aufzufassen. Das erwähnte Beispiel eines Mißverständnisses, das durch Jahrhunderte die Wissenschaft bestimmt hat, ist der bekannte sogenannte »Bericht des Einsiedlers Nilus« (Sinai, 4.–5. Jh., Migne, Patrol. Graeca 79, Sp. 583 ff.), nach dem die vorislamischen Sarazener (sic!) dem Morgenstern (al-ʿuzza) Menschenopfer dargebracht hätten, vor dem er seinen eigenen Sohn mit Müh' und Not retten konnte! Diese auch aus anderen Quellen belegte Theorie wurde noch in unserem Jahrhundert angenommen, und zwar von keinen anderen als W. R. Smith, The Religion of the Semites, 2. Aufl. 1894, S. 361 ff., und M. J. Lagrange, Études sur les religions sémitiques, 2. Aufl. 1905, S. 257 ff. Sie hat sich inzwischen als vollkommen falsch erwiesen, vgl. u. a. J. Henniger, Ist der sogenannte Nilus-Bericht eine brauchbare religionsgeschichtliche Quelle?, Anthropos 50 (1955), S. 81–148; Ders., Menschenopfer bei den Arabern?, ibid. 53 (1958), S. 721–805; R. de Vaux, Les sacrifices de l'Ancien Testament, 1964, S. 50 ff. Was man höchstens auf Grund byzantinischer Berichte annehmen kann, ist, daß es sich um eine Sitte handelte, die in gewissen Grenzfällen und -bevölkerungen ausgeübt wurde. Das Beispiel zeigt zur Genüge, wie vorsichtig man mit derartigen Berichten umzugehen hat!

[5] A. P. Caussin de Perceval, Essai sur l'histoire des Arabes pendant l'époque de Mahomet, I–II 1847, III 1849, vgl. II 178 ff. und III 145 ff.; Nallino und Jacob a. a. O.; A. Jaussen, Coûtumes des Arabes au pays de Moab, 1908; A. Musil, Arabia Petraea, 1907/08; Ders., The Northern Ḥeǧiaz, 1926; Ders., Arabia Deserta, 1927; Ders., The manners and customs of the Rwala Bedouins, 1928; vgl. noch H. Lammens, Le berceau de l'Islam, I 1914, S. 206–275; M. von Oppenheim, Die Beduinen, 1939/52; T. Ashkenazi, Tribus semi-nomades de la Palestine du Nord, 1938.

[6] W. M. Watt, Art. Badw III, Encycl. de l'Islam, 2. Aufl. I 1960, S. 916 ff. Zum ganzen Problem trefflich S. Moscati, Chi furono i Semiti? (Mem. Accad. Naz. Lincei, VIII, 1) 1957, S. 29 f.: Dem Semitisten bleibt also nichts anderes übrig, als die Gegebenheiten und die Kultur der Nomaden vor ihrer Seßhaftwerdung zu studieren, einer Zeit also, aus der wir beinahe keine unmittelbaren Quellen besitzen. Dies ist die »besondere Natur der semitischen Wirklichkeit: sie stellt sich sozusagen

verglichen haben, wodurch die Gefahr entstand, daß ein eben »islamisches« Vorverständnis die wirkliche Einfühlung wenn nicht gänzlich zerstörte, so doch ernsthaft einschränkte.

f) Ein zweites großes Problem entsteht durch die chronologischen, geographischen und ethnischen Gegebenheiten der Nomaden: Dürfen wir nämlich, und gegebenenfalls inwiefern, behaupten, daß alle oder wenigstens die meisten Halbnomaden und Nomaden im großen ganzen dieselben oder ähnliche Institutionen unter den gleichen Bedingungen entwickelten? Gilt also das, was wir für eine Gruppe feststellen können, auch für die anderen, und wenn ja, inwieweit? Das Problem scheint praktisch unlösbar, und deswegen ist man angenehm überrascht zu sehen, wie die Forscher in großen Zügen bejahend in diesen Fragen übereinstimmen: Es gibt tatsächlich über Jahrtausende hinweg gemeinsame, konstante Elemente, die uns erlauben, die verschiedenen Gruppen und besonders die Beduinen als Teil eines einzigen historischen, ethnischen, kulturellen und institutionellen Zusammenhanges über den geographischen und chronologischen Abstand hinweg zu betrachten.

g) Ein letztes, nicht so wichtiges Problem ist das der Terminologie: Wen darf man mit dem Titel »Beduine« *(badu)* bezeichnen? Die gegenwärtige Forschung hat sich mehr oder weniger darüber geeinigt, daß der Titel dem arabischen, nomadischen Hirten zukommt, der von starken, kriegerischen Zügen geprägt und für seine Existenz auf das Kamel angewiesen ist[7]. Dennoch fehlt es heute nicht an Forschern, die z. B. auch die Mari-Nomaden als Beduinen bezeichnen, obwohl sie sich des Kamels bestimmt nicht bedient haben[8] und durch die Anwendung des kleinen, in der ganzen Mittelmeergegend gebräuchlichen Esels in ihrer Bewegungsfreiheit stark behindert waren.

h) Der moderne semantische Bereich des Wortes Beduine kennt also zwei Gebrauchsformen: *lato sensu* für den Halbnomaden oder Nomaden

---

gerade in dem Augenblick uns vor, in dem sie sich auflöst«! Vgl. noch, zustimmend, G. GARBINI, La semitistica: definizione e prospettive di una disciplina, AION 15 (1965), S. 1–15, bes. S. 2 ff.

[7] v. OPPENHEIM a. a. O. I S. 22. Die Definition findet sich bei HENNIGER, in: La societé . . ., S. 69 f.; vgl. W. DOSTAL, The evolution of Bedouin life, in: GABRIELI, a. a. O. S. 11–34 (Bibliogr.); H. KLENGEL, Zu einigen Problemen des vorderasiatischen Nomadentums, Arch. Or. 30 (1962), S. 585–596. Einen weiteren Unterschied in der Bedeutung des Wortes »Beduine« bietet G. SAUER, Art. Nomaden, BHH 2 (1964), Sp. 1319: Sie heißen im allgemeinen Nomaden nach der Etymologie des Wortes; nur die Kamelnomaden können Beduinen genannt werden; vgl. noch L. ROST, Art. Beduinen, dorts. I (1962), Sp. 209 f.

[8] Vgl. SAUER a. a. O.; v. OPPENHEIM I S. 23 ff. redet von »halbnomadischen Beduinen«, während DOSSIN a. a. O. und MATOUŠ (unten, Anm. 11) die Mari-Nomaden als Beduinen bezeichnen. So auch A. L. OPPENHEIM, Ancient Mesopotamia, 1964, S. 37 Anm. 4 (auf S. 354).

im allgemeinen im Gegensatz zur seßhaften Bevölkerung, die er beraubt und in deren Gebiet er manchmal versucht sich niederzulassen. In diesem Sinn dürfen wir z. B. die »Amoriter«, die Mari-Nomaden und die Vorfahren Israels als Beduinen bezeichnen, obwohl, wie gesehen, ein wichtiger Teil der Forschung diesen Gebrauch als ungenau verwirft. Mit Beduine *stricto sensu* wird der arabische Kamelnomade bezeichnet[9]. Dieser letzte Typus konnte sich natürlich erst dann entwickeln, als durch wirtschaftlich rentable Zähmung des Kamels die notwendigen Voraussetzungen geschaffen wurden. Damit ist uns aber ein *terminus a quo* gegeben, der nicht höher als die letzten Jahrhunderte des 2. vorchr. Jt. anzusetzen ist[10]. Dies erklärt vielleicht, weswegen einige Forscher auch die vor diesem Termin existierenden Nomaden als Beduinen bezeichnen, da es kaum eine Möglichkeit zur Verwechslung gibt.

2. Die Nomaden zur Zeit des Königreiches Mari[11]

a) Die im Raume Maris um das 18–17. Jh. v. Chr. erscheinenden Halbnomaden sind oft mit anderen semitischen Völkern verglichen worden, besonders was ihre Namengebung und ihre Gentilverfassung betrifft. Dabei sind viele Analogien mit Israel und den sonstigen westsemitischen Völkern zum Vorschein gekommen, was meistens mit dem nomadischen Hintergrund des Gottesvolkes erklärt wird. Uns interessiert besonders ein Vergleich mit den Regierungsformen und mit den dazu beauftragten Personen bei diesen Nomaden. Doch gerade hier begegnen wir jenen

---

[9] La societé ... a. a. O. S. 70 Anm. 6. Ich frage mich jedoch, wie wir noch sehen werden, ob die apodiktische Behauptung Hennigers, die Ahnen Israels seien bestimmt Nomaden, nie aber Beduinen im wahren Sinn des Wortes gewesen, angesichts des doppelten Gebrauchs des Wortes nicht ein wenig zu weit geht.

[10] Henniger dorts. S. 84; er behauptet einen Rückfall Arabiens ins Beduinentum vom 2.–3. nachchr. Jh. an, was heute nur von W. Caskel, Die Bedeutung der Beduinen in der Geschichte Arabiens, 1953, S. 5 ff., bestritten wird. Der letztere behauptet, daß der Ursprung des Beduinentums in diese Zeit verlegt werden muß. Was auch das Datum der Domestizierung des Kamels gewesen sein mag, es ist in den Mari-Texten nicht belegt.

[11] Zu den verschiedenen Texten vgl. Kupper a. a. O. S. 16 Anm. 1 und Northern Mesopotamia and Syria (Cambridge Ancient History, Rev. Ed., Bd. II Kap. 1, Lief. 14), 1963, S. 27. Ferner Fronzaroli, siehe zur folgenden Anmerkung. Für *šibūtum* und *sugāgum* vgl. L. Matouš, Einige Bemerkungen zum Beduinenproblem im alten Mesopotamien, Arch. Or. 26 (1958), S. 631–635; H. Klengel, Halbnomaden am mittleren Euphrat, Das Altertum 5 (1959), S. 195–205; Ders., Zu den *šibūtum* in altbabylonischer Zeit, Orient. 29 (1960), S. 357–375. In allen diesen Fällen wird uns nie berichtet, wie man zu einem solchen Amt gelangte. Bottéro (unten Anm. 13) vergleicht die *šibūt āli* mit den hebräischen זִקְנֵי עִיר.

Schwierigkeiten in den Quellen, von denen im 1. Paragraphen die Rede war, und die daraus entstehenden Probleme lassen sich vorläufig (das heißt, bis zur Entdeckung und Veröffentlichung neuer Schriftstücke) nur zum kleinsten Teil lösen.

b) Zuerst wollen wir uns den von den Häuptlingen getragenen Titeln zuwenden: Was bedeuten sie und welche Ämter stehen dahinter? Die Quellen erlauben uns nur eine Beschreibung der Sachlage, während, was ihre Deutung betrifft, die heutige Forschung wegen der Dürftigkeit der Materialien noch nicht imstande ist, zu allgemein anerkannten Ergebnissen zu gelangen.

c) Unter den Nomadenvölkern im Raume Mari finden wir erstens einen »Rat der Ältesten« *(šībūt āli)*, der aber, wie die akkadische Terminologie zeigt, schon in einem städtischen oder besser in einem dörflichen Zusammenhang (Bottéro) erscheint, also in einer Durchgangsphase zur Seßhaftwerdung. Neben diesem Rat erscheint das Amt des *sugāgum*[12]. Was die Befugnisse des »Rates« waren, wird aus den Quellen nicht deutlich. Also können wir nur aus ähnlichen Einrichtungen bei anderen Völkern hypothetische Schlüsse ziehen. Auch für den *sugāgum* ist es nicht möglich, den genauen Wert des Wortes zu bestimmen, doch pflegt man es fast allgemein mit »Scheich« *(šaīḫ)* zu übersetzen (vgl. unten 3 b). Wir hätten es also hier mit einem Rat der Ältesten und einem Häuptling als obersten Ämtern des Stammes zu tun; dies entspricht allerdings genau dem, was uns auch aus den vorislamischen arabischen Stämmen bekannt ist, wie wir bald sehen werden. Kupper bemerkt hierzu aber, daß die Befugnisse des *sugāgum* sich nicht genau mit denen des Scheichs decken; u. a. stehen ihm die Verwaltung gewisser Ortschaften und nicht näher bestimmte Aufträge innerhalb der königlichen Bürokratie zu. Diese Dreiteilung wird aber von Fronzaroli[12] verworfen, der die Übersetzung »Scheich« beibehält, seinen Auftrag aber auf die Justizverwaltung und die Militärführung ausdehnt und auf diese Weise seine vom Amt des Scheichs unterschiedlichen Befugnisse erklärt.

d) Ich glaube, hier einen Lösungsversuch vorschlagen zu können: Die Schwierigkeiten liegen hauptsächlich darin, daß sich die beschriebenen Nomaden in einer mehr oder weniger fortgeschrittenen Phase der Seßhaftwerdung befanden; dieser Prozeß war z. B. für die Ḫanäer größtenteils vollbracht. Deswegen zeigen sich die alten Stammesämter in einer

---

[12] Kupper, Les nomades..., S. 16 ff., 19, 57 Anm. 2, 60, 62 f. Es scheint mir, daß die Beschreibung des *sugāgum* als »erblicher Scheich, wie er unter den Beduinen üblich ist«, nicht genau ist, vgl. unten 2. Man vgl. noch P. Fronzaroli, Su-ga-gu-um »sceicco«, La Parola del passato 66 (1959), S. 189–193, und Ders., L'ordinamento gentilizio semitico e i testi di Mari, Archivio glottologico italiano 45 (1960), S. 37 bis 60 und 127–149, bes. S. 54 für den zweiten, S. 56 ff. für den ersteren. Bottéro, unten Anm. 13, nennt ihn *muktar*.

Anpassungsphase zur neuen Lage: der Einführung in einen verhältnismäßig entwickelten und zentralisierten Staat. In der neuen Situation ist der Scheich nicht mehr ausschließlich der Anführer des Stammes, sondern erhält sozusagen gewisse »öffentliche« Aufträge von seiten der Zentralregierung, in deren Bürokratie er *volens nolens* eingegliedert wurde. Dies erklärt sowohl das Überleben älterer Titel als auch ihre Überwucherung mit fremden Elementen. Man denke nur an die Stellung, die den Beduinenhäuptlingen in modernen Zeiten erst von seiten der türkischen, später von seiten der Mandatsregierungen zukam.

e) Manchmal haben die »Benjaminiten« (doch auch die Ḫanäer vor ihrer Seßhaftwerdung) ein Amt, das mit akk. *šarrātu* »Könige« oder vielleicht im Sinne des westsemitischen *šarr* »Fürst« bezeichnet wird, was dann dem heutigen Großscheich (*'amīr*), dem Haupt einer Konföderation von Stämmen, entspräche, eine Bildung die oft im Krieg auftritt[13].

f) Ein weiteres Amt, das sich durch die ganze westsemitische Geschichte hindurchzieht, ist das des *šāpiṭum*[14]. Von Bottéro wird es mit dem arabischen *qāḍī* verglichen, von Noth allgemein als »Richter« verstanden. Nach Fronzaroli[15] aber geht der Sinn des Wortes weit darüber hinaus: ein *šāpiṭum* kann zwar auch ein Richter sein, doch dieses ist das Amt des *dajjānum*. Er erscheint als Gouverneur, was ein Zeugnis dafür sein könnte, daß er schon im Stamm ein höheres Amt bekleidete. In diesem Fall hätte der König also nur ein schon existierendes Amt durch Ernennung anerkannt, was allerdings nötig war, da der Mari-Staat Stammesämter als solche nicht ohne weiteres anerkennen konnte. Immerhin sind die Belegstellen für dieses Amt derartig gering, daß wir kaum mehr darüber berichten können.

---

[13] Für die Texte vgl. Kupper a. a. O. S. 32 und Fronzaroli a. a. O. S. 56 ff.; der letztere bezeichnet sie als »Scheichs mit besonderem Ansehen«, der erstere als »Scheichs, deren Gewalt sich während der Kriegszeit auf die Gesamtheit der Stämme durchgesetzt hat«. J. L. Kupper, Le rôle des nomades dans l'histoire de la Mésopotamie ancienne, Journal of economic and social History of the Orient II, 2 (1959), S. 113–121, bes. S. 120 f., definiert *šarrum* als den Befehlshaber im Krieg (ähnlich deswegen dem heutigen '*aqīd*, siehe unten), *sugāgum* als Scheich. Die beiden Ämter lassen sich aber unter den Beduinen kaum so genau voneinander scheiden, vgl. v. Oppenheim I S. 31 und Klengel a. a. O. S. 595 f., der in ihnen sogar zwei verschiedene Titel für denselben Häuptling sieht. Für *šāpiṭum* vgl. J. Bottéro, ARM VII (Textes économiques et administratifs), 1957, S. 241 ff. Er vergleicht ihn mit dem hebräischen שׁוֹפֵט.

[14] M. Noth, Die Ursprünge des alten Israel im Lichte neuer Quellen, 1961, S. 17 f. und 39; zuletzt W. Richter, Zu den »Richtern Israels«, ZAW 77 (1965), S. 40–72, bes. S. 58 ff.; auf S. 67 Anm. 101 eine Kritik an Noth. Ferner Fronzaroli, L'ordinamento..., S. 52 ff. Für das sonst seltene *šāpiṭum* in der Onomastik vgl. H. B. Huffmon, Amorite Names in the Mari Texts, 1965, S. 168.

[15] Fronzaroli a. a. O. S. 18 ff.

g) Das Problem, das wir leider aus den genannten Gründen fallen lassen müssen, ist für unsere Untersuchung von großem Interesse, weil nach der schon erwähnten Studie von W. RICHTER[16] der semantische Raum der Wurzel ṣ̌pṭ weit über die traditionelle Etymologie »richten« hinausläuft und, viel öfter als man glaubt, auch »regieren« heißt. Die Belegstellen dafür erstrecken sich eben von der Marizeit bis Karthago. Es wäre also mit der Möglichkeit zu rechnen, das šāpiṭum in Mari mit einem in seiner Funktion dem israelitischen »kleinen« Richter ähnlichen Amt zusammenzuführen, was vorläufig, beim heutigen Stand der Quellen, ein Maximum dessen bildet, was wir sagen dürfen.

3. Die beduinische Gesellschaft und ihre Regierungsformen[17]

a) Von Mari bis zum vorislamischen Beduinentum vergehen ungefähr zwei Jahrtausende; in Ugarit haben wir nur eine ganz unklare Andeutung im Text PRU II (1957) Nr. 5, S. 17 f., vgl. noch S. XV (Gordon Nr. 1001). Die anderen zerstreuten Nachrichten aus Assyrien, Babylon und dem Alten Testament erscheinen so vereinzelt, daß man mit ihnen vorläufig nicht viel anfangen kann. Dieser große Sprung führt uns aber in ein äußerst interessantes Gebiet und macht uns mit einer hochentwickelten Gesellschaft bekannt, die man ja nicht als »primitiv« bezeichnen darf. Die Lage der vorislamischen Beduinen wurde 1898 von C. A. NALLINO, gefolgt von G. JACOB und A. LAMMENS, in einem musterhaften Aufsatz untersucht und beschrieben[18]; seine Aussagen müssen manchmal nach dem neuesten Stand der Wissenschaft vervollständigt werden, doch sind sie im wesentlichen nicht überholt.

b) In Arabien sind sowohl der alte mesopotamische oder ägyptische Despot wie auch das afrikanische Stammesoberhaupt unbekannt. Das arabische Stammesoberhaupt ist nicht ein unbedingter, absoluter Herr seiner Untertanen; seine Befugnisse und sein Amt werden in der alten Zeit durch seinen Titel sajjīd buchstäblich als »der Redende«, »das Sprachrohr« beschrieben, heute šaiḫ. Es handelte sich um ein Wahlamt, das durch den Rat oder Versammlung der Ältesten eingesetzt wurde; ja, CAUSSIN DE PERCEVAL[19] nennt einen Fall (um 610), in dem ein Scheich durch Akklamation gewählt wurde.

---

[16] A. o. O.; ich selbst habe, wenn auch nur als Arbeitshypothese, auf Grund von ṭpṭ im Ugaritischen eine ähnliche These vertreten in meinem When the Judges ruled, 1965, S. 31 ff.

[17] C. S. COON–W. M. WATT, Art. Badw I und III, Enc. Islam 2. Aufl. I (1960), S. 896 bis 919.

[18] A. a. O.; vgl. JACOB und LAMMENS a. a. O. und WATT ibid. Vgl. noch HENNIGER, La societé…, S. 82 ff.

[19] CAUSSIN DE PERCEVAL a. a. O. II S. 178 ff. und v. OPPENHEIM I S. 26 ff.; T. ASHKENAZI, La tribu arabe: ses éléments, Anthropos 41–44 (1946–49), S. 657–672, bes.

Der *sajjīd/šaiḫ* war für das Wohlergehen des Stammes verantwortlich und vertrat ihn nach außen. Der Natur des Amtes entsprechend, gelang es einer Familie selten, das Scheichtum für mehr als vier Generationen inne zu haben. Sogar zur Zeit der Abassiden (nach der Mitte des 8. Jh.) mußte man ein dynastisches Prinzip im Königtum mit allen möglichen Mitteln zu rechtfertigen versuchen! Und nach dem Zeugnis des modernen Reisenden und Ethnologen W. THESINGER[20] willigte ein Teil der Lokalbevölkerung in Oman (Südarabien) erst im 18. Jh. n. Chr. ein, eine Erbfolge in der Bestimmung des *Imām* anzunehmen und beharrte bis dahin starr auf dem Wahlprinzip!

c) Die Hauptentscheidungen lagen bei der Versammlung *(maǧlis* oder *nadwāh):* das Leben des Stammes, die Wahl eines Militärführers neben dem Stammesoberhaupt *(qā'id,* häufiger *rā'īs* [vgl. oben die Einl. K. II, 4], heute *'aqīd),* ein Amt, das nur zur Zeit der Gefahr bestand. Neben dem Häuptling erschien noch der *ḥakām* »Richter« oder besser »Schiedsrichter, Vermittler (zwischen beiden Parteien)«. In der Versammlung saßen die Herren *(sarīh* oder *wuǧūh),* als solche durch Abstammung dazugehörig (davon kommt das noch heute große Interesse für Stammbäume, aus denen die Reinheit des Blutes, 'aṣīl, ersichtlich war)[21], oder die Familienhäupter und die Ältesten. Wir haben es also mit einer Mischung von Oligarchie und Demokratie zu tun. Der Scheich konnte in seiner Person auch das Amt des Heerführers oder des Richters vereinigen, ohne daß dies notwendig gewesen wäre.

d) Diese Organisation gleicht nun »de façon frappante« (HENNIGER)[22] der des heutigen Beduinentums, auch wenn es natürlich große Unterschiede gibt. Das heutige Beduinentum läßt sich allerdings gut als die letzte Form einer Weiterentwicklung der Originalinstitution verstehen, ein Prozeß, der hauptsächlich vom Islām ausging. Ihr Hauptmerkmal ist die Umbildung des Wahlamtes des Scheichs in ein dynastisch-erbliches, wie dies heute allgemein der Fall ist[23]. Immerhin ist damit die Versammlung nicht ganz ausgeschaltet, wie man nach der westlichen Logik denken würde; in der Sippe der *ša'lān* der Ruwala (Nordarabien)[24]

---

667. M. WEBER, Das antike Judentum, 1922, S. 14 f., vergleicht m. W. als einziger das Charisma Sauls (vgl. oben I. Teil K. I, 5 b-c) mit der Begabung des *sajjīd/šaiḫ*.
[20] W. THESINGER, Arabian sands, 1964, S. 273. Es handelt sich besonders um die *Ibadi*, eine Sekte der *Ḫaraǧi*.
[21] v. OPPENHEIM I S. 27 ff.
[22] Ders. S. 26 ff. und HENNIGER, La societé..., unterstreichen die Beständigkeit des beduinischen Lebens durch die Jahrhunderte.
[23] v. OPPENHEIM I S. 30 zeigt anhand der in seinen Bänden aufgezählten »Scheichfamilien«, wie stark heute das erblich-dynastische Prinzip ist.
[24] MUSIL, Arabia Deserta..., S. 238 ff.; The Life... of the Rwala, S. 50 ff.; The Northern Ḥeǧiaz..., S. 6 ff. Im letzteren Werk beschreibt er anhand eines Beispieles aus dem Ḥawēṭāt, was für Schwierigkeiten hierdurch entstehen können.

hat sie das Recht, aus der Scheichfamilie denjenigen zu wählen, den sie für das Amt für fähig hält, wodurch immer noch eine wirksame Kontrolle ausgeübt wird. Man denke nur daran, daß es in polygamischen Familien oft mehrere Anwärter auf das Amt geben kann. Andere Gruppen haben die Versammlung nicht so in Ehren gehalten[25], und dennoch wäre es auch bei ihnen undenkbar, daß ein Scheich despotisch regierte; auch dort werden die Hauptentscheidungen zusammen mit der Versammlung besprochen. Auch unter den Halbnomaden des nördlichen Palästina, die vor dem letzten Weltkrieg[26] schon im Ansiedeln begriffen waren, hatte der Scheich zwar eine fast absolute Gewalt, beriet sich aber ständig mit den Ältesten und mußte immer wieder sein Können beweisen und sich so in seiner Stelle legitimieren. Es handelt sich dabei noch um die alten Tugenden, die einen Scheich groß machen: Freigebigkeit, Freundlichkeit, Gastlichkeit, Mut, Geschick, Gesundheit usw. JAUSSEN[27] berichtet uns Folgendes über die Antwort, die er auf seine Frage erhielt, wie man zum Scheich würde: nicht durch Abstammung, sondern »durch Intelligenz und Faust«, was die Erinnerung daran lebendig hält, daß ursprünglich der Beste herangezogen wurde, um das Amt zu bekleiden. Die Wirklichkeit empfand JAUSSEN aber viel sachlicher: Das erbliche Prinzip sei fest verwurzelt, auch wenn das Amt nicht notwendigerweise vom Vater auf den Sohn überging. Er bemerkt auch, daß zu den »alten« Tugenden zwei neue Bedingungen hinzugekommen waren: ein großes persönliches Vermögen und viele Nachfolger. Sie bezeugen natürlich den Verfall der alten Einrichtung zum Demagogischen. Nach dem 2. Weltkrieg konnte dennoch der schon genannte THESINGER[28] feststellen, daß unter den Yahalif der Scheich 'Alī bin Saī bin Rašīd, der ihm als ein geborener Führer erschien, in seinem Amt keine größere Macht hatte als der heutige Vorsitzende in einem Ausschuß (im angelsächsischen Raum natürlich).

e) Es sind wenige, doch wichtige Beispiele, die zeigen, wie auch in Arabien das zum größten Teil auf demokratischer Basis ruhende Scheichtum sich immer mehr zu einer dynastisch-erblichen Institution entwickelte, bis diese – und nicht die Wahlform – die Oberhand erhielt. Dennoch behält die Versammlung starke eigene Rechte, die bis zur Absetzung eines als unfähig oder unwürdig empfundenen Häuptlings reichen. Die heutige, in der Auflösung begriffene beduinische Ordnung beweist also noch recht gut, wo sich ursprünglich die Macht befand.

---

[25] MUSIL, Arabia Petraea..., III S. 334 ff. Das von den Türken eingeführte Recht der Regierung, diese Ernennungen gutzuheißen, ist künstlich und interessiert uns hier nicht.
[26] ASHKENAZI a. a. O. S. 51 ff.
[27] JAUSSEN a. a. O. S. 127 ff. und 139 ff.
[28] THESINGER a. a. O. S. 311.

4. Die alte nomadische Gesellschaft und das Alte Testament

a) Der Vergleich zwischen der alttestamentlichen, besonders vorexilischen Gesellschaft und derjenigen, die in den verschiedenen Nomadenarten dargestellt ist, drückt immer wieder eine große seelische und z. T. auch praktische Verwandschaft beider Lebensformen aus. Solch ein Vergleich fand zuletzt ungefähr vor 20 Jahren statt[29], und seine Ergebnisse brauchen hier im einzelnen nicht wiederholt zu werden. Die Verwandtschaft erstreckt sich von den älteren und weniger alten Stammessprüchen (Gen 49 Dtn 33 und z. T. Jdc 5) bis zu vielen prophetischen Aussagen. Israel ist sich immer seiner Aufteilung in Stämme bewußt gewesen und geblieben, auch noch zu jenen Zeiten, als sie als ethnische

---

[29] S. NYSTRÖM, Beduinentum und Jahwismus, Lund 1946, besonders die ersten drei Kapitel; die anderen behandeln das Überleben dieses Gedankens bis zum Exil (587 v. Chr.). Das Problem des Königtums wird von ihm nicht erwähnt. R. HENTSCHKE, Die sakrale Stellung des Königs in Israel, Ev.-Luth. Kirchenzeitung 9 (1955), S. 70 b ff., und G. FOHRER, Israels Staatsordnung im Rahmen des Alten Orients, Österr. Zeits. f. öff. Recht 8 (1957), S. 138 ff., und Der Vertrag zwischen König und Volk in Israel, ZAW 71 (1959), S. 19 ff., haben als letzte den Zusammenhang zwischen dem ältesten Königtum in Israel und den Institutionen des Beduinentums richtig erkannt, doch ohne das Thema auszuarbeiten, wie ich es hier versuchen möchte. HENNIGER, La societé ..., S. 70 Anm. 6, kritisiert ihn, weil er das Wort Beduine für Israel gebraucht hat. Vgl. noch J. PEDERSEN, Israel, its Life and Culture, I–II 1926, S. 222 ff., und III–IV 1940, S. 33 ff.; R. DE VAUX, Les Institutions de l'Ancien Testament, I 1957, S. 15 ff.; V. MAAG, Malkût Jhwh, in: Suppl. Vet. Test. 7 (1960), S. 129–153, bes. S. 134 ff. Wir können uns hier nicht im einzelnen mit der wichtigen neuen These auseinandersetzen, die in den letzten Jahren von G. E. MENDENHALL, The Hebrew Conquest of Palestine, BA 25 (1962), S. 66–87, und Response to R. DE VAUXS Method in the Study of Early Hebrew History, in: The Bible in modern Scholarship, hrsg. von J. P. HYATT, 1965, S. 30–36, vorgetragen wurde. Ich habe früher ihm gegenüber eine wohl zu scharfe Stellungnahme vertreten, vgl. mein La conquista israelitica della Palestina nei sec. XIII–XII e le scoperte archeologiche, Protestantesimo 17 (1962), S. 193–208, bes. S. 208, die ich heute anders gestalten würde. Eine eingehende Behandlung wurde vor kurzem noch gegeben von M. WEIPPERT, Die Landnahme der israelitischen Stämme ..., Kap. II, 3, S. 38 ff. des vervielfältigten Exemplars. Dazu kurz folgendes: Nach MENDENHALL soll die »Landnahme« viel mehr aus Aufständen der von den Stadtstaaten unterdrückten Lokalbevölkerung als durch Einwanderung und »Landnahme« halbnomadischer Elemente entstanden sein. Letztere dürften höchstens eine ganz geringe Minderheit gebildet haben. Dies würde natürlich gut mit der heute fast allgemein angenommenen These übereinstimmen, daß nicht nur der Zwölfstämmebund, sondern sogar manche Stämme selbst erst auf palästinischem Boden gegründet wurden. Demgegenüber läßt sich aber sagen, daß, wie wir sehen werden, die nomadische Ideologie bis zum Exil, ja noch kurz darauf so stark war, daß man beinahe postulieren muß, daß hauptsächlich die eingewanderten Halbnomaden, wenn es wahr ist, daß sie die Minderheit bildeten, die

Einheiten schon längst verschwunden waren und nur noch in Schrift, Tradition und Epos weiterlebten (vgl. das oft angeführte Beispiel des Paulus, Röm 11 1 und Phil 3 5). Die prophetische Botschaft ist voller Lob für die nomadische Periode, auch dort, wo andere Überlieferungsschichten sie mit dem »Murren in der Wüste« zu verbinden wußten. Für die Propheten und die dtr. Schule war die Wüstenzeit die Idealperiode, wodurch beide oft als konservativ, ja als reaktionär bezeichnet wurden. Besonders Hos 2 14 13 5 und Jer 2 2 ff. 31 2 reden von der Wüstenzeit als vom goldenen Zeitalter und verkündigen eine kommende Wiederkehr als eschatologisch-reinigendes Element. Diese ganze Thematik, die von NYSTRÖM ausgezeichnet im einzelnen ausgearbeitet wurde[30], erreicht ihren Höhepunkt mit der Verherrlichung der Rekabiten durch Jeremia (Kap. 35); der Urtext dieses Kapitels gehört ins Ende des 7. Jh. Seine verschiedenen Bearbeitungen sind aber ein Zeichen dafür, was für ein Interesse auch später, als man bestimmt nicht mehr von einer Rückkehr zum Nomadentum reden konnte, der Gegenstand verursachte[31]. Überhaupt erscheinen die Rekabiten als wichtige Stütze des traditionellen Jahwismus (vgl. ihre Stellungnahme II Reg 10 15 ff.).

---

aufständische, seßhafte Bevölkerung, das spätere »Israel«, derartig beeinflußten, daß das Wüstenideal den Kern der «Orthodoxie» bilden konnte! A. L. OPPENHEIM a. a. O. S. 111 hebt mit Recht hervor, daß die nomadische Vorgeschichte Israels dem Volke immer wieder vor Augen geschwebt hat, was, bei ähnlichen Voraussetzungen, im Zweistromland nie geschehen ist. Eine Geschichte der Rekabiten versucht M. Y. BEN-GAVRIÊL, Das nomadische Ideal in der Bibel, Stimmen der Zeit 171 (1962–63), S. 253–263. Er hält für gesichert, daß, wenigstens in ihrem Kern, die Rekabiten von den Kenitern abstammen, vgl. I Chr 2 55.

30 A. a. O. Kap. IV; DE VAUX a. a. O. S. 30 ff. Sogar im israelitischen Kultus und zwar in einem der Hauptfeste wie Passa, sind nomadische Reste belegt, vgl. L. ROST, Weidewechsel und altisraelitischer Festkalender, ZDPV 66 (1943), S. 205–215 (jetzt in: Das kleine Credo und andere Studien zum Alten Testament, 1965, S. 101–112). Das Weiterleben einer tribalistischen Gesinnung sagt natürlich an sich nicht viel; MENDENHALL a. a. O. S. 69 ff. zeigt an manchen Beispielen, daß das Stammesbewußtsein auch dort existieren kann, wo von einem nomadischen Ursprung in geschichtlicher Zeit keine Rede mehr ist.

31 Zu den Problemen dieses wichtigen Textes vgl. die neueren Kommentare: A. PENNA, Geremia, 1952; J. P. HYATT, The Book of Jeremiah, 1956; W. RUDOLPH, Jeremia, 2. Aufl. 1958; A. WEISER, Der Prophet Jeremia, 4. Aufl. 1962, alle z. St. und endlich E. HAMMERSHAIMB, On the Ethics of the Old Testament Prophets, in: Suppl. Vet. Test 7 (1960), S. 75–101, bes. S. 96 ff. Für die Beziehungen Altisraels zu den Halbnomaden und Nomaden vgl. zuletzt R. DE VAUX, Method in the Study of early Hebrew history, in: The Bible and Modern Scholarship, hrsg. von J. P. HYATT, 1965, S. 15–29, bes. S. 25 ff.; J. HEMPEL, Geschichten und Geschichte im Alten Testament bis zur persischen Zeit, 1964, S. 185 ff. und 228 ff. (letztere Stelle besonders was die Religion der Vorfahren Israels betrifft).

b) Andererseits unterscheidet sich Israel klar vom echten, aber wie gesehen, relativ späten Beduinentum; so ist es ihm verboten, Kamelfleisch zu genießen (Lev 11 4 Dtn 14 7)[32], was dem Beduinen nicht verwehrt ist. Die Zähmung und allgemeine Verwendung des Kamels von seiten der Nomaden verursachte also einen tiefen Einschnitt nicht nur auf wirtschaftlichem, sondern auch auf sozial-ethischem und religiösem Gebiet und zog eine scharfe Trennungslinie zwischen denen, die das Kamel verwendeten, und den Nachkömmlingen derjenigen, die sich vor seiner Zähmung und Verwendung im Kulturland niedergelassen hatten. Israels Ahnen hatten sich eben nicht zum Kamelnomadentum bekennen können, und seine Erben lehnten das Tier ab.

c) Wir müssen nun fragen, ob der Ursprung der alten demokratischen Institutionen in Israel nicht in seiner halbnomadischen Vergangenheit zu suchen ist. Falls dies zuträfe, wäre das charismatische Element das unterscheidende Merkmal zwischen Israel und allen andern Völkern, auch denjenigen, die ein Wahlkönigtum hatten (vgl. oben, K. I, 5 e–f).

Wir haben gesehen, daß die Quellen uns noch nicht erlauben, irgendwelche Schlüsse aus den Institutionen des Nomadentums von Mari zu ziehen, wenn wir auch versuchsweise mit der heutigen Forschung gewisse Ämter mit den bei den Nomaden bezeugten identifizieren dürfen. Was also Mari betrifft, kann die vorliegende Arbeit kaum über das Versuchsstadium hinauskommen. Aber was die vorislamischen Beduinen betrifft, so ist es verhältnismäßig einfach, eine unbedingte Analogie festzustellen. Das altbeduinische Amt des *sajjīd/šaiḫ* und das des *ra'īs/'aqīd* entsprechen eigentlich beinahe genau dem des »kleinen« Richters und dem des »Retters«, aus denen ja, wie gesehen, das Königtum erwuchs[33]. Auch das israelitische Königtum war bis Jerobeam I. ein Wahlkönigtum mit den Ausnahmen Salomo und Rehabeam und mußte mit einer Versammlung verhandeln; letztere war keine aristokratische, sondern eine hauptsächlich demokratische Institution. Auch die Entwicklung des judäischen Königtums zur Dynastie entspricht einem ähnlichen Prozeß im Beduinentum, und in beiden Fällen bedeutet eine gesicherte Nachfolge nicht das Aussterben der Versammlung, die in Juda fast bis zum Ende auf der Seite des Königtums steht und es unterstützt. Diese Entsprechung ist derartig vielfältig, daß man wenigstens die Arbeitshypothese aufstellen darf, daß der Ursprung des israelitischen Königtums in den alten nomadischen Institutionen des Volkes zu suchen ist.

d) Wenn das israelitische Wahlkönigtum eine Entsprechung bei seinen östlichen Nachbarn hat, wie ALT es für Edom wahrscheinlich gemacht

---

[32] Das Alter dieses Verbotes wird heute allgemein anerkannt, obwohl der Zusammenhang verhältnismäßig jung ist, vgl. K. KOCH, Die Priesterschrift von Exodus 25 bis Leviticus 16, 1959, S. 74 ff., und M. NOTH, Das dritte Buch Mose, 1962, z. St.
[33] RICHTER a. a. O. (1965) *passim*.

hat (vgl. oben, K. I, 5 f), dann stimmt auch dies mit dem überein, was wir gerade gesagt haben; die edomitische Königsliste enthält manche arabischen Namen und zeigt uns, in welcher Richtung wir weiter zu suchen haben.

Register

In das Register wurden nur die in den Überschriften der Kapitel und der Paragraphen *nicht* erwähnten Gegenstände und Texte und nur jene Verfasser, deren Thesen mit einiger Ausführlichkeit besprochen wurden, aufgenommen.

A. Texte

1. Das Alte Testament

Gen 36 31-39	124 f.
Ex 32 1 ff.	96 f.
Dtn 17 14-20	32, 34 f., 115
Jdc 8 22 f.	17 ff., 36 f.
Jdc 9	69, 116/Anm. 4, 122 f.
Jdc 10 1-5 und 12 8-15	12
Jdc 11–12	14
Jdc 19–21	11 f.
Jdc 21 25	14
I Sam 13 5-14	54 ff.
I Sam 15	55 ff.
II Sam 2 1-5	64 f.
II Sam 5 3	69
II Sam 7	73, 105
II Sam 9 1 ff.	72
II Sam 16	64
II Sam 21 1-14	72
II Sam 24	74
I Reg 1 11 f.	78, 118
I Reg 3 1 ff.	79 ff.
I Reg 4 7-25	74
I Reg 9 15-24	86
I Reg 11 28 ff.	93 ff.
I Reg 12	83, 91 ff.
I Reg 13	97
I Reg 14 30	96
I Reg 15 25-33	99
I Reg 16 6 ff.	99
II Reg 9	101
II Reg 10 1-8	101 f.
II Reg 11	108 ff.
II Reg 15 5	108
II Reg 16 10-15	109
II Reg 23	85
23 31-33	110, 118 ff.
Am 7 13	96 f.
Hos 8 4	101/Anm. 22, 103
Hos 13 10	103
Ps 2 7	81
I Chr 21 29 und II Chr 1 3-5	80
II Chr 8 7 ff.	86
II Chr 25 5 ff. und 26 11 ff.	108

2. Der alte Orient

a) Sumer

Gilgameš und Agga	139 ff., 142 ff.
Ipḫurkiš	138 f.
Sumerische Königsliste	3
Tummal-Inschrift	139, 142 f.

b) Akkad, Assur und Babel; westsemitische Texte akkadischer Sprache

ʿAmarna	120 f.
Annalen von Šalmanazer III. bis Sargon II.	100/Anm. 19
Annalen von Sennacherib	123/Anm. 26
Enuma Eliš I, 85	117/Anm. 3
III–IV	137/Anm. 3
III, 133 ff.	142/Anm. 14
Gilgameš-Epos XI, 116	137/Anm. 3
Idrimi	120 ff.
Ugarit Nr. 16.144 (PRU III, 76)	68/Anm. 21
Vertrag zwischen Aššur-Nirari V. und Matiʾilu	123/Anm. 26

c) Ägypten
Šišak-Liste 94/Anm. 10 und 11
Wen Amon-Bericht 122

d) Ugarit
Gordon Nr. 125 10 118
Gordon Nr. 128 II 25 117
Gordon Nr. 1001 156
Gordon I 'Aqht 40 ff. 118
PRU II Nr. 5 156

e) Westsemitische Texte (Phönikisch und Aramäisch) des 1. Jt.
'Aḥiram 122
Bar Hadad I. 123

Bar Rakab 123
Kilamuwa 123
Meša' 56, 100/Anm. 19, 123/Anm. 20
Sefire 123
Zakir 123 f.

f) Israel und Juda
Javne-Jam, Ostrakon 111
Lakiš, Ostraka 110 f.
Samarien, Ostraka 102/Anm. 24
Tell Arad, Ostraka 111/Anm. 14

g) Jüdisch-hellenistisch
Josephus Flavius 122

B. Gegenstände, Namen und Verfasser

(Für Namen, die Verfasser von Inschriften bezeichnen, s. unter A. 2, Texte)

Abner 66 ff.
Absalom 75
Ahaz 109
ALT, A., über Beziehungen zwischen Ägypten und Kanaan 119 f.
  über Charisma im Nordreich 102/Anm. 24
  über David 61/Anm. 6 (als Flüchtling)
  79 (Thronnachfolge)
  über das Nordreich 99/Anm. 17 und 18, 101 f.
  über Salomo 79
  über das Südreich 100/Anm. 19
Amalek 56 ff.
Amarna, s. unter Texte, A. 2, b
Ammon/-iter 41 ff.
Amnon 75, 77
Amphiktyonie 9, 11, 16 f., 33, 44/Anm. 41, 69/Anm. 24
Aqaba, Eroberung 1917 43/Anm. 38
Aramäer 126
Athalia 108, 130

Beduine 152 ff.
Bannung 56
Bat-šeba' 78, 130
Benjamin 93/Anm. 7, 104

BEYERLIN, W., über Jdc 8 22 17/Anm. 9
  über Königscharisma 46/Anm. 46, 82/Anm. 2
BUBER, M., über I Sam 8–11 29/Anm. 1, 31

CARLSON, R. A., über Davidgeschichte 74/Anm. 35
Charisma/-tikertum 6, 44 f., 51 f., 66, 109/Anm. 8

David, Beamtentum 72
  Charismatiker 64 ff.
  als Flüchtling 61/Anm. 6
  Großreich 73 ff., 79
  und Philister 62 ff., 70 ff.
  und Saul 50 f., 63 ff.
Demokratie (s. auch „Primitive D.") 6, 45 f., 69 ff., 92, 109/Anm. 8
Deuteronomist und Königtum 35
  und Jerobeam I. 88, 94, 97
Dynastie 49 ff., 77 f., 117 ff., 120 f., 157 ff.

Edom, Königtum 124 f.
EISSFELDT, O., über Salomos Heer 87
'Ešba'al 64 ff., 66/Anm. 14

Register

Fraine, J. de, über Volksversammlung 109/Anm. 8
Fronarbeit 85 ff.

„Ganz-Israel" s. Amphiktyonie
Gericht: Versammlung – Verhandlung 20/Anm. 14 a, 130 f., 138, 146, 148/Anm. 25
Gese, H., über David 70 f./Anm. 25
Gezer 84
Gibeon/-iten 48 f., 69, 80 ff.
Gilgameš 139 ff.
„Goldenes Kalb" 96 ff.
Götterversammlung 121/Anm. 15, 137, 142
Gottheit 3/Anm. 1, 11, 117 f.

Ḥammurapi 137
Harem, Besitz von 68 f.
Ḫattusiliš I. 130 f.
„Hebräer" 53
Hebron 65/Anm. 11
Hurriter 132/Anm. 10
Hyksos 132 f.

Idrimi s. unter Texte
Inkubation 80 f.
'Išbošet s. 'Ešba'al
Israel s. Königtum, Nordreich

Jerubba'al 15 ff., 24/Anm. 24
Jerobeam I. 91, 93 ff.
Jerusalem 105 f.
Joab 77/Anm. 2
Jonathan 61
Juda s. Königtum, Südreich

Kamel 15, 152 f., 161
Keretîm – Peletîm 75
Königin-Mutter 108/Anm. 5, 130
„Königsnovelle" 81 f.
Königtum, Amt und Privatperson 87
    Chronologie 30/Anm. 1
    und Dtr. 35
    Erneuerung 46, 82
    und Gottheit 3 ff., 117 f.
    Institution 7 ff., 49
    (s. auch Dynastie)

Kosmisches 145 f.
und Kultus 55, 57, 83 ff.
im Nordreich (Israel) 34, 90 f., 101 ff., 107/Anm. 4
Sakrales 7, 133 ff.
Südreich (Juda) 7, 100/Anm. 19, 105 ff., 107/Anm. 4, 108 ff.
Ursprung 3
Ko-regenz 77
Korvée s. Fronarbeit
Künste, bildende
    135/Anm. 12 (Syrien-Palästina)
    145/Anm. 21 (Sumer und Akkad)

Labarnaš 129 ff.
Los 37
Mefîbošet 72
Mendenhall, G. E., über Landnahme 147/Anm. 24, 159/Anm. 29
Migdal Šekem 23/Anm. 24
Mikal 51, 60/Anm. 4
Mythos 144 ff.

Nathan 71/Anm. 25, 74, 78
Nielsen, E.
    über Abimelek 22/Anm. 21
    über ʿam ha'areṣ 106 f./Anm. 4
Nilus-Bericht 151/Anm. 4
Nomaden 151/Anm. 6
Noth, M.
    über Amphiktyonie 12 f.
    über Saul 49

Philister 62 ff., 66, 70 ff.
Press, R.
    über I Sam 8 10 17-27 32
    über I Sam 11 44/Anm. 42
„Primitive Demokratie" 8, 93, 141 ff.

von Rad, G., über Charisma
    im Nordreich 102/Anm. 24
Rehabeam 90 ff.
Reichsverwaltung 73 (David), 85 ff. (Salomo)
„Retter" (s. Richter) 12
Richter (s. auch Retter) 11 ff., 32
    „große" 12 ff.
    „kleine" 12
Richter, W., über Königtum in Israel und Juda 107/Anm. 4

Register

Salomo, Bauarbeiten	85/Anm. 14
Handel	85
Heerwesen	87
Heirat	82
Verwaltung s. Reichsverwaltung	
Samaria	100 ff.
Samuel	31 ff., 39 ff., 52 f.
Saul und „große" Richter	44 f.
Königtum als Institution	49 ff.
Psychologie	52
Strategie	47 ff.
Šebaʿ	75
Sichem	21 ff.
Ṣiqlag	62, 73
Šišak I.	94 f., 105
Stadtstaat, kanaanäischer	23 f., 82 f., 117 f., 119 ff., 127
Synkretismus	84 ff., 89, 95 ff., 101
Tabernaš s. Labarnaš	
Tawananna	130
Tell taʿjīnāt, Tempel	85/m. 13
Tempel und Palast	83 ff.
Theokratie (Israel)	5, 18
Thronnachfolge s. Dynastie	
Ugarit und Kanaan/Israel	116 f.
Uria der Hethiter	74
Uzzia/Azaria	108
Vasallenverträge	70 ff.
Volksversammlung	7, 18 ff., 44, 69, 128 (s. auch Götterversammlung)
WEBER, M., über Charismatikertum	6, 46 f.
WEISER, A., über I Sam 8 1 ff.	32/Anm. 9
XENOPHANES	142/Anm. 14
Zwölfstämmebund s. Amphiktyonie	

C. Wörter

1. Hebräisch

ʾel	3/Anm. 1
ʾælæf	43
bāʿalê šekæm	23/Anm. 23
zaqen	153/Anm. 11
ḥæsæd	67
ḥæræm	56
ṭôb	65/Anm. 12
môʿed	122
mǎs	86/Anm. 18
môšîaʿ	13
mlk	15, 24
mlk, hif.	23/Anm. 22, 67, 91, 93
mšl	15, 17
nagîd	33/Anm. 26, 40, 78 f.
naśîʾ	111
sôper	72/Anm. 28
ʿbh	92/Anm. 6
ʿîr	147/Anm. 24
ʿlh	65
ʿśh ṭôb	65/Anm. 12
ʿrb	151/Anm. 4
rôʾš	25, 157
śarr	155
šʾl – šaʾûl	31/Anm. 4
špṭ	13, 81, 108, 115, 155 f.

2. Sumerisch

abba uru	137/Anm. 1, 140
ditilla	146/Anm. 22
ensi	136 f.
guruš	140
lugal	136 f.
unkin	140

3. Akkadisch

alu	147/Anm. 24
amurru	149
aribi	151/Anm. 4
dajjānum	155
ṭabuta epešu	65/Anm. 12
kalbu	110/Anm. 13
puḫrum	137
ṣahir rabi	137

sugāgum	154
šibūtūm	137, 153
šibūt āli	137/Anm. 1, 153/Anm. 11
šāpiṭum	155 ff.
šāpirum	72/Anm. 28
šarrātu	155

4. Hethitisch

pankuš	128 ff., 130, 138

5. Ugaritisch und Westsemitisch

jṣb	117/Anm. 7
marijannu	119, 131
pḫr	121/Anm. 5

6. Arabisch

'amīr	155
badu s. Beduine	
sajjīd	156 f., 161
'aqīd	157, 161
qādī	155
rā'īs	157, 161, vgl. hebr. rô'š
šaīḫ	154, 156 f., 161

Beihefte zur Zeitschrift für die alttestamentliche Wissenschaft

Herausgegeben von GEORG FOHRER

80. KÖNIGTUM GOTTES IN UGARIT UND ISRAEL. Zur Herkunft der Königsprädikation Jahwes.
Von *Werner Schmidt*. 2., neubearbeitete Auflage. X, 105 Seiten. 1966. Ganzleinen DM 28,–

90. TETRATEUCH, PENTATEUCH, HEXATEUCH. Die Berichte über die Landnahme in den drei israelitischen Geschichtswerken.
Von *Sigmund Mowinckel*. VI, 87 Seiten. 1964. DM 18,–

91. ÜBERLIEFERUNG UND GESCHICHTE DES EXODUS. Eine Analyse von Exodus 1–15.
Von *Georg Fohrer*. VI, 125 Seiten. 1964. Ganzleinen DM 24,–

92. ERWÄHLUNGSTHEOLOGIE UND UNIVERSALISMUS IM ALTEN TESTAMENT.
Von *Peter Altmann*. IV, 31 Seiten. 1964. DM 9,–

93. DAS ALTISRAELITISCHE LADEHEILIGTUM.
Von *Johann Maier*. X, 87 Seiten. 1965. Ganzleinen DM 21,–

94. VATKE UND WELLHAUSEN. Geschichtsphilosophische Voraussetzungen und historiographische Motive für die Darstellung der Religion und Geschichte Israels durch Wilhelm Vatke und Julius Wellhausen.
Von *Lothar Perlitt*. X, 249 Seiten. 1965. Ganzleinen DM 42,–

95. STAMMESSPRUCH UND GESCHICHTE. Die Angaben der Stammessprüche von Gen 49, Dtn 33 und Jdc 5 über die politischen und kultischen Zustände im damaligen „Israel".
Von *Hans-Jürgen Zobel*. XII, 163 Seiten. 1965. Ganzleinen DM 34,–

96. DIE LEXIKALISCHEN UND GRAMMATIKALISCHEN ARAMAISMEN IM ALTTESTAMENTLICHEN HEBRÄISCH.
Von *Max Wagner*. X, 176 Seiten. 1966. Ganzleinen DM 46,–

97. DIE ZIONSTHEOLOGIE DER KORACHITEN IN IHREM TRADITIONSGESCHICHTLICHEN ZUSAMMENHANG.
Von *Gunther Wanke*. VIII, 120 Seiten. 1966. Ganzleinen DM 28,–

98. DER ERZVATER ISRAEL UND DIE EINFÜHRUNG DER JAHWE-VEREHRUNG IN KANAAN.
Von *Horst Seebass*. X, 112 Seiten. 1966. Ganzleinen DM 30,–

99. STUDIEN ZUR ALTTESTAMENTLICHEN PROPHETIE (1949–1965).
Von *Georg Fohrer*. XII, 303 Seiten. 1967. Ganzleinen DM 60,–

100. JÜDISCHE LEHRE UND FRÖMMIGKEIT IN DEN PARALIPOMENA JEREMIAE.
Von *Gerhard Delling*. VIII, 77 Seiten. 1967. Ganzleinen DM 24,–

101. WESEN UND GESCHICHTE DER WEISHEIT. Eine Untersuchung zur altorientalischen und israelitischen Weisheitsliteratur.
Von *Hans Heinrich Schmid*. XIV, 250 Seiten. 1966. Ganzleinen DM 52,–

102. NEHEMIA. Quellen, Überlieferung und Geschichte.
Von *Ulrich Kellermann*. XII, 227 Seiten. 1967. Ganzleinen DM 50,–

103. IN MEMORIAM PAUL KAHLE.
In Vorbereitung.

105. DAS FERNE UND NAHE WORT. FESTSCHRIFT LEONHARD ROST
Hrsg. von *Fritz Maass*. – Im Druck.

106. YARIH UND NIKKAL UND DER PREIS DER KUṮARĀT-GÖTTINNEN.
Ein kultisch-magischer Text aus Ras Schamra.
Von *Wolfram Herrmann*. Etwa 80 Seiten. Im Druck.

Lieferungsmöglichkeiten und Preise der früheren Hefte auf Anfrage

VERLAG ALFRED TÖPELMANN · BERLIN 30

THEOLOGISCHE BIBLIOTHEK TÖPELMANN

Herausgegeben von *K. Aland, K. G. Kuhn, C. H. Ratschow* und *E. Schlink*

NACHGELASSENE REDEN UND AUFSÄTZE
   Von *Julius Schniewind*. Mit einem Vorwort von *G. Heinzelmann* herausgegeben von *E. Kähler*. VI, 207 Seiten. 1952. DM 16,– (1)

DIE GESTALT SIMSONS BEI LUTHER. Eine Studie zur Bibelauslegung
   Von *Rudolf Herrmann*. 30 Seiten. 1952. DM 3,80 (2)

SAKRAMENT NACH LUTHER
   Von *Erich Roth*. 38 Seiten. 1952. DM 4,50 (3)

NATÜRLICHES UND GEPREDIGTES GESETZ BEI LUTHER
   Eine Studie zur Frage nach der Einheit der Gesetzesauffassung Luthers mit besonderer Berücksichtigung seiner Auseinandersetzung mit den Antimonern
   Von *Martin Schloemann*. VII, 137 Seiten. 1961. DM 16,– (4)

ÜBER DEN GLAUBENSWECHSEL IN DER GESCHICHTE DES CHRISTENTUMS
   Von *Kurt Aland*. 147 Seiten. 1961. DM 12,– (5)

DIE BOTSCHAFT DES THOMAS-EVANGELIUMS
   Von *Ernst Haenchen*. 76 Seiten. 1961. DM 7,80 (6)

DAS HEIL DES MENSCHEN UND SEIN TRAUM VOM GEIST
   Ferdinand Ebner, ein Denker in der Kategorie der Begegnung
   Von *Theodor Schleiermacher*. XII, 189 Seiten. 1962. DM 24,– (7)

SCHLEIERMACHERS CHRISTLICHE SITTENLEHRE IM ZUSAMMENHANG SEINES PHILOSOPHISCH-THEOLOGISCHEN SYSTEMS
   Von *Hans-Joachim Birkner*. 159 Seiten. 1964. DM 22,– (8)

DIE PHILOSOPHISCHEN WURZELN DER THEOLOGIE ALBRECHT RITSCHLS
   Ein Beitrag zum Problem des Verhältnisses von Theologie und Philosophie im 19. Jahrhundert
   Von *Paul Wrzecionko*. 264 Seiten. 1964. Ganzleinen DM 36,– (9)

LUTHERS KONZILSIDEE IN IHRER HISTORISCHEN BEDINGTHEIT UND IHREM REFORMATORISCHEN NEUANSATZ
   Von *Christa Tecklenburg Johns*. 214 Seiten. 1966. Ganzleinen DM 28,– (10)

DER BEGRIFF DER FREIHEIT IM NEUEN TESTAMENT
   Von *Kurt Niederwimmer*. VIII, 240 Seiten. 1966. Ganzleinen DM 48,– (11)

GOTT EXISTIERT. Eine dogmatische Studie
   Von *Carl-Heinz Ratschow*. IV, 87 Seiten. 1966. DM 12,– (12)

DAS EVANGELIUM UND DER ZWANG DER WOHLSTANDSKULTUR
   Von *Wolfgang Trillhaas*. VIII, 82 Seiten. 1966. DM 12,– (13)

THESEN UND THESENANSCHLAG LUTHERS. Geschehen und Bedeutung
   Von *Heinrich Bornkamm*. VIII, 70 Seiten. 1967. DM 6,80 (14)

VERLAG ALFRED TÖPELMANN · BERLIN 30

Die althebräische Literatur und ihr hellenistisch-jüdisches Nachleben
Von *Johannes Hempel.* Quart. Mit Abb. u. Taf. 203 Seiten. 1967. Lwd DM 36,-

Geschichte Israels
Von den Anfängen bis zur Zerstörung des Tempels (70 n. Chr.). Von *Ernst Ludwig Ehrlich.* 2. Aufl. Im Druck *(Sammlung Göschen Band 231/231 a)*

Israelitische und Jüdische Geschichte
Von *Julius Wellhausen.* 9. Aufl. Okt. VIII, 371 Seiten. 1958. Lwd. DM 19,80

Die Composition des Hexateuchs und der historischen Bücher des Alten Testaments
Von *Julius Wellhausen.* 4., unveränd. Aufl. Gr.-Okt. VI, 314 Seiten. 1963. Lwd. DM 36,-

Die kleinen Propheten
Übersetzt und erklärt. Von *Julius Wellhausen.* 4., unveränd. Aufl. Okt. VIII, 222 Seiten. 1963. Lwd. DM 28,-

Die Agada der Tannaiten
Von *Wilhelm Bacher.* 2 Bände.
I. Von Hillel bis Akiba. Von 30 vor bis 135 nach der gew. Zeitrechnung. 2., verb. u. verm. Aufl. Okt. X, 496 Seiten. 1903. Nachdr. 1965. Lwd. DM 72,-
II. Von Akibas Tod bis zum Abschluß der Mischna 135–220 nach der gew. Zeitrechnung. Okt. VIII, 578 Seiten. 1890. Nachdr. 1966. Lwd. DM 78,-
(Verlag Alfred Töpelmann)

Tradition und Tradenten in den Schulen Palästinas und Babyloniens
Studien und Materialien zur Entstehungsgeschichte des Talmuds. Von *Wilhelm Bacher.* Okt. XII, 704 Seiten. 1914. Nachdr. 1966. Lwd. DM 98,-
(Verlag Alfred Töpelmann)

Geschichte der Juden im Zeitalter des Talmud
In den Tagen von Rom und Byzanz. Von *Michael Avi-Yonah.* Gr.-Okt. XVI, 290 Seiten. 1962. Lwd. DM 38,- *(Studia Judaica Band 2)*

Ursprung und Anfänge der Kabbala
Von *Gershom Scholem.* Gr.-Okt. X, 434 Seiten. 1962. Lwd. DM 48,- *(Studia Judaica Band 3)*

König Herodes
Der Mann und sein Werk. Von *Abraham Schalit.* Mit etwa 4 Abb. u. Ktn. Etwa 880 Seiten. 1968. In Vorb. *(Studia Judaica Band 4)*

Judentum im Mittelalter
Beiträge zum christlich-jüdischen Gespräch. Hrsg. von *Paul Wilpert* unt. Mitarb. von *W. P. Eckert.* Gr.-Okt. Mit 16 Abb. XII, 484 Seiten. 1966. Lwd. DM 98,-
(Miscellanea Mediaevalia 4)

Die Religion und die Rollen
Eine psychologische Untersuchung der Frömmigkeit. Von *Hjalmar Sundén.* Gr.-Okt. VIII, 451 Seiten. 1966. Lwd. DM 68,-
(Verlag Alfred Töpelmann)